Karl Justus Obenauer

Goethe in seinem Verhältnis zur Religion

Verlag
der
Wissenschaften

Karl Justus Obenauer

Goethe in seinem Verhältnis zur Religion

ISBN/EAN: 9783957005380

Auflage: 1

Erscheinungsjahr: 2015

Erscheinungsort: Norderstedt, Deutschland

Hergestellt in Europa, USA, Kanada, Australien, Japan
Verlag der Wissenschaften in Hansebooks GmbH, Norderstedt

Cover: Tizian "Ländliches Konzert "

Karl Justus Obenauer

Goethe
in seinem Verhältnis zur Religion

Erstes bis drittes Tausend

Verlegt bei Eugen Diederichs in Jena 1921

Den Suchenden

Einleitung

> „Das Sterbliche dröhnt in seinen
> Grundfesten, aber das Unsterbliche
> fängt heller zu leuchten an und er=
> kennt sich selbst." (Novalis)

Was ist in Goethes Erscheinung das Unsterbliche, und wie erkennt es sich selbst in dem Menschen von heute? —

Es wird immer eines der erstaunlichsten Phänomene der gesamten Geistesgeschichte überhaupt sein, wie Goethe über der Entwicklung von Jahrhunderten steht und seine Kraft in sie einfließen läßt. Hier wirkt ein Ewiges leuchtend aus den Sternbildern dreier Jahrhunderte in die Epochen, und dieses Ewige ist immer noch die stärkste und lebendigste Macht unserer gesamten Überlieferung. Nur sind wir uns bewußt, daß wir Goethe heute anders sehen als das 19. Jahrhundert. Das Zeitliche in Goethe hat sich stärker von dem Ewigen abgelöst. Das Zeitliche hat verloren, das Ewige an Glanz gewonnen. Wir sehen Goethe heute weder als den Apoll des 18. noch als den Olympier des 19. Jahrhunderts. Er ist heute erlöst aus jener olympischen Vereinsamung, jener marmornen Erstarrung, jener fälschenden Vergötterung. Wir wollen den geistigen Menschen Goethe, wir brauchen ihn neben uns. Erstaunen wir nicht zu sehr, wenn jene allzu glatten, allzu mythologischen Bilder wie die Masken sich lösen und dahinter die vergeistigten, aber durchaus nicht so klassizistisch einfachen Linien eines viel schöneren, viel lebendigeren Goethebildes heraustreten. In diesen Linien sieht das 20. Jahrhundert Goethes unsterbliche Geistesgestalt. Und von diesem Bilde geht eine ganz starke Kraft aus, die unmittelbar ins Innerste der Zeit wirkt.

Goethe selbst sagt (1831, zu v. Müller): „Wer meine Schriften und mein Wesen überhaupt verstehen gelernt, wird doch bekennen müssen, daß er eine gewisse innere Freiheit gewonnen."

Worauf gründet sich diese innere Freiheit, die Goethe gibt?

Er gesteht, er habe ein weit höher Bedürfnis gefühlt, in das innerste Wesen der Menschen und Dinge einzudringen als sprechend, überliefernd, lehrend oder handelnd sich zu äußern. Dies sei der Schlüssel zu vielem, was an ihm und seinem Leben problematisch erscheinen müsse.

Die Erkenntnis des innersten Wesens der Dinge hat Goethe nie gerne mitgeteilt. Er hat mit Bewußtsein Esoterisches bewahrt. Auch als Künstler. Um völlig verstanden zu werden, hätte er zum zweiten Teil des Faust selbst einen Kommentar schreiben müssen. Goethe will erraten, Goethe will nachgelebt sein. Das innerste Wesen der Menschen und Dinge erschließt sich nur einem höheren Sinn. Wer Goethe ganz verstehen will, muß diesen höheren Sinn erst in sich entwickeln lernen. Er wird ihn dann in den Werken des Dichters wiederfinden. Die Menge der Zuschauer werde Freude an den Bildern der Erscheinung haben, „dem Eingeweihten wird zugleich der höhere Sinn nicht entgehen".

Was man manchmal fälschlich so gedeutet hat, als ob er sich nicht ganz hätte hingeben können, beruht eben darauf. Es erweckt den Schein, als ob er sein Geheimnis gerne bewahrt hätte, um anderen gegenüber im Vorteil zu sein. Er drückt sich über das Letzte mit einer Vorsicht aus, die vielen wunderlich, ja unbegreiflich erscheinen muß. Er fühlt sich als den Verwalter eines Schatzes, den er nicht ganz öffnen, den er noch weniger verschleudern dürfe. Er fragt sich, ob seine Zeit das Höchste auch aufnehmen könne. Da kommt er zu dem Ergebnis: man solle höhere Maximen nur aussprechen, insofern sie der Welt zugute kommen. „Andere sollen wir bei uns behalten, aber sie mögen und werden auf das, was wir tun, wie der milde Schein einer verborgenen Sonne ihren Glanz verbreiten."

In dem metaphysischen Grund seiner Existenz erkennt er andererseits zugleich sein geheimes Arbeits=, sein eigentliches Lebensprinzip.

Er sagt: „Ich habe immer mit stillem Lächeln zugesehen, wenn sie mich in metaphysischen Gesprächen nicht für voll annahmen, da ich aber ein Künstler bin, so kann mir's gleich sein. Mir könnte vielmehr daran gelegen sein, daß das Prinzipium verborgen bliebe, aus dem ich und durch das ich arbeite. Ich lasse jedem seinen Hebel und bediene mich der Schraube ohne Ende schon lange."

Goethe hat stets eher Neigung zu widersprechen, wenn jemand sich über letzte Dinge ausläßt, nur weil es selten in der rechten Weise geschieht. „So wie etwas ausgesprochen wird, sogleich wird ihm auch widersprochen, wie der Ton gleich sein Echo hat. Seitdem man die dunkeln Empfindungen und Ahnungen des unendlichen Zusammen=hangs der Geister= und Körperwelt allgemeiner und öffentlicher auszusprechen anfängt, ist keiner, der nicht das in Worten bestritte, was er in Empfindung und Ahnung gelebt und geleistet hätte" (zu Riemer).

Goethe war sich zu jeder Zeit darüber klar, daß er den stärksten Glanz der Wahrheit, den er erfahren hatte, in sich verdecken und ver=schließen mußte. Noch an seinem Lebensende schreibt er an Boisserée (1831): „Des religiösen Gefühls wird sich kein Mensch erwehren, da=bei aber ist es ihm unmöglich, solches in sich allein zu verarbeiten; deswegen sucht oder macht er sich Proselyten. Das letztere ist meine Art nicht, das erstere aber habe ich treulich durchgeführt." In der Ge=samtheit seiner Glaubens= und Gedankenwelt hat Goethe sich Schüler nie anders zu erziehen versucht als durch seine Schriften.

Nichts lag Goethe ferner als Prophetentum. Er hat einen solchen Wesensunterschied gefühlt zwischen seiner Zurückhaltung und der Ex=pansion solcher Menschen wie Lavater, daß er auf die Erkenntnis dieses Wesensunterschiedes später die Konzeption des Mahomet zurückführt.

Bei seiner überfreien Gesinnung habe es ihm nicht verborgen bleiben können, daß solche Menschen geistige, ja geistliche Mittel zu irdischen Zwecken gebrauchen. „Indem ich nun beide (Lavater und Basedow) beobachtete, wurde der Gedanke rege, daß freilich der vorzügliche Mensch das Göttliche, was in ihm ist, auch außer sich verbreiten möchte. Dann aber trifft er auf die rohe Welt, und um auf sie zu wirken, muß er sich ihr gleichstellen; hierdurch aber vergibt er jenen hohen Vorzügen gar sehr, und am Ende begibt er sich ihrer gänzlich. Das Himmlische Ewige wird in den Körper irdischer Absichten eingesenkt und zu vergänglichen Schicksalen mit fortgerissen." Er glaubt vorauszusehen, wie auch diese Propheten das Obere dem Unteren auf=opfern müßten. „Das Irdische wächst und breitet sich aus, das Gött=liche tritt zurück und wird getrübt."

Diese Versuchung hat, so meint man, für Goethe überhaupt nicht bestanden. Er wußte, daß das Äußere, das Untere, nur durch langsame stille Bildung zu entwickeln und nicht gewaltsam umzuschaffen war. Er kannte die Welt und war sich vollkommen klar, was er in seiner Zeit erreichen konnte. Er begegnete ihr mit jener höchsten Unbefangenheit des Weisen, der sie durchschaut und zugleich fühlt, was er geben darf und kann.

Nicht als ob er es nicht auch zu Zeiten als tragisch hätte empfinden müssen, daß er ein Letztes nicht auswirken, das Intimste seines Geistes nicht ganz offenbaren konnte. Er schreibt an Meyer: „Ich war von jeher überzeugt, daß man entweder unbekannt oder unerkannt durch die Welt gehe." (1795) Faust spricht darüber deutlich genug.

> Der Gott, der mir im Busen wohnt,
> kann tief mein Innerstes erregen,
> der über allen meinen Kräften thront,
> er kann nach außen nicht bewegen;
> und so ist mir das Dasein eine Last,
> der Tod erwünscht, das Leben mir verhaßt.

Wenn Goethe sich rühmen darf, daß ihn kein Dogma beschränke, wenn er sich nie durch ein System gebunden und beengt fühlte, sondern das einmal Errungene von immer neuen Seiten zu sehen suchte, so konnte er das vor allem, weil er Künstler war und keine Berufung fühlte, die Einheit seiner Glaubens- und Gedankenwelt in logischen Zusammenhängen zu vertreten. Sich vor Widersprüchen zu scheuen, erschien ihm philisterhaft. Das Bewußtsein, diese Einheit zu leben, das unmittelbare Gefühl einer einheitlichen Persönlichkeit genügt ihm. Hier liegt nun die nächste große Schwierigkeit.

Goethe sagt einmal in einer rein naturwissenschaftlichen Studie (sein Verhältnis zur Geologie betreffend): „Alles was wir aussprechen, sind Glaubensbekenntnisse."

Was meint Goethe damit?

Er will damit keineswegs den subjektiven Charakter unseres Wissens aussprechen. Für Goethe gibt es keinen Dualismus zwischen Glauben und Wissen; der Glaube ist ja „ein heilig Gefäß, in welches ein jeder sein Gefühl, seinen Verstand, seine Einbildungskraft, so gut er vermag zu opfern bereit steht." (Dichtung und Wahrheit)

Es bezeichnet jenes Wort seine Art, nichts nur analytisch, vom Ganzen des Lebens losgetrennt, als Spezialproblem zu behandeln, so sehr er für die bestimmten Grenzen einzelner Gebiete eintritt. Goethe kann alles nur im tiefsten Zusammenhang mit dem ungeheuren Weltganzen erleben. Das Denken ist das Bewußtwerden unendlicher Verhältnisse, durch die alle geistig wirkenden Kräfte in Verbindung miteinander stehen. Er verliert das Gefühl nie, daß der Mensch, der Mikrokosmos, mit dem großen Ganzen der Welt, dem Makrokosmos, auf vielfache, komplizierte, durchaus nicht vage, sondern sehr genaue Weise geistig verbunden ist. Daß das endliche Wesen Ausdruck des Unendlichen ist.

Goethe teilt die wissenschaftlich tätigen Menschen in vier Klassen: erstens in die Nutzensuchenden (die Praktiker, die Arbeiter an der Zivilisation, die Mehrzahl der Naturwissenschaftler); zweitens die Wißbegierigen (die fast alle im Spezialistentum endigen); drittens die Anschauenden (die schon produktiv an der Kultur arbeiten, weil die Anschauung auf die bildenden Kräfte der Welt gehen muß, wenn sie die Erscheinung durchdringen will); viertens die Umfassenden, die man in einem stolzen Sinne die Erschaffenden nennen könne; diese verhalten sich im höchsten Grade produktiv; „indem sie nämlich von Ideen ausgehen, sprechen sie die Einheit des Ganzen schon aus, und es ist gewissermaßen die Sache der Natur, sich in diese Ideen zu fügen."

Goethe selbst gehört zu den Umfassenden, die die Einheit des Weltganzen durch alle Erlebnisse tragen und das Ganze im Einzelnen immer antizipieren. Eben deshalb gibt es für ihn jenen Dualismus von Glauben und Wissen nicht. Die geistigen Wirkungskräfte des Makrokosmos sind kein Ding an sich, jenseits aller Erfahrbarkeit. Es gibt nur verschiedene Organe, mit denen wir das Eine ergreifen können. „Die Abgründe der Ahnung, ein sicheres Anschauen der Gegenwart, sehnsuchtsvolle Phantasie, liebevolle Freude am Sinnlichen sollen bei der wissenschaftlichen Tätigkeit nicht ausgeschlossen sein." Alle Organe müssen nur wieder in einen Sinn zusammenfließen, in jenen höheren Sinn zusammengefaßt werden können, wir dürfen uns nur nicht von den vereinzelten Organen zerspalten lassen. „Schauen, wissen, ahnen, glauben,

und wie die Fühlhörner alle heißen, mit denen der Mensch
ins Universum tastet, müssen denn doch eigentlich zusammen=
wirken."

Es ist Goethes Geheimnis, wie er die verschiedensten Geistes= und
Seelenkräfte in sich harmonisiert und zusammenwirken läßt und wie
es ihm dadurch gelingt, allem genug zu sein und jene unendlich reiche
Lebenseinheit in sich und in der Welt nie zu verlieren. Es ist der Zauber,
das Magische seines großen Menschentums, daß er als Forscher nie
die Tiefen geistiger Geheimnisse, die die Religion bewahrt, vergißt, daß
er als religiöser Mensch nie die Weite des forschenden Bewußtseins
aufgibt. Niemand kann an dem Naturforscher Goethe vorübergehen,
der sein Verhältnis zu den religiösen Fragen verstehen will. Goethes
Glaubensbekenntnisse wollen im großen und im ganzen betrachtet sein,
ohne jede Rücksicht auf irgendwelche Abgrenzungen.

Das Wort: "Alles was wir aussprechen, sind Glaubensbekenntnisse"
deutet aber nicht nur auf das Allumfassende von Goethes Welt=
frömmigkeit. Wir haben es hier nicht etwa mit einer Provinz seines
Denkens zu tun, sondern mit seinem Mittelpunkt. Von hier aus lassen
sich erst die Provinzen seines Wirkens lebendig überschauen. Es sei
das höchst Charakteristische seiner Natur, daß, während andere sich mehr
in einer geraden Linie entwickelten, er sich von einem bestimmten Zen=
trum nach den verschiedensten Richtungen bewege. Auch hier, in ihm
selbst, das Unendliche, das im Endlichen nach allen Seiten geht.

Wie es aber schon schwer ist, Goethes "Ideen" dem zu vermitteln,
der kein Organ für sie hat (sie bleiben "dem logischen Denken [uner=
reichbar und selbst in allen Sprachen ausgesprochen unaussprechlich"),
wieviel größere Schwierigkeit macht dieser eigentlichste und innerste
Lebenspunkt, wo Goethe sich so ungern deutlich und zusammenfassend
über das Letzte ausspricht! Wo er eine solche Scheu davor hat! Daher,
in breiteren Kreisen, die nur ganz unbestimmten und meist grundfalschen
Vorstellungen über Goethes Religiosität.

Es ist aber nur zu evident, daß man seine letzten Voraussetzungen
kennen muß, daß man erleben muß, welche dieser Voraussetzungen ihm
am teuersten waren, wenn man die Bedeutung etwa des Faust=Ab=
schlusses nicht immer wieder mißverstehen will:

Hier tut sich eine zweite Schwierigkeit auf, daß Goethes Glaubens=
bekenntnisse im engeren Sinne nur sehr verstreut und aphoristisch ge=
geben sind, oft in vorsichtigen Umschreibungen und Andeutungen, und
wenn ihm anderen Menschen gegenüber in seltenen Augenblicken die
Zunge gelöst war, so ist, was er dann sagt, immer noch von den Fähig=
keiten der Aufnehmenden bedingt.

Goethe fühlte sich, wenn er nicht ganz vereinsamen wollte, auf mehr
indirekte Bekenntnisse beschränkt. Zu diesen gehören die Studien, in
denen er eine moderne Wissenschaft (die Religionspsychologie) vorweg
nimmt, Studien über die seelisch=geistige Verfassung der religiösen
Menschen, die ihm begegnet sind: die Briefe an Lavater, aber auch die
Bekenntnisse einer schönen Seele, Makarie, Philipp Neri. Wir erleben
hier das durchaus Positive seines Verstehens aller dieser Zustände,
wir erkennen die Höhe seines Standorts, wir ahnen seine Überzeu=
gungen und wir erfahren zuletzt, warum Goethe sich überhaupt so schreck=
lich einsam gefühlt hat.

Goethe klagt über diese innere Einsamkeit in den schmerzlichsten
Worten. „Ich mochte mich stellen wie ich wollte, so war ich allein. —
Das endliche Final ist immer, daß man auf sich selbst zurückgewiesen
wird." (Dichtung und Wahrheit) Zu Eckermann: „Über viele Dinge
kann ich nur mit Gott reden," und zu Kanzler v. Müller: „Ich kann
mich eigentlich mit niemand mehr über die wichtigsten Angelegenheiten
unterhalten, denn niemand kennt und versteht meine Prämissen."

Wie oft hat Goethe das Motiv des Schweigenmüssens behandelt!

Das tiefste Gedicht, die „Selige·Sehnsucht", beginnt, feierlich
mahnend:

> Sagt es niemand, nur den Weisen,
> weil die Menge gleich verhöhnet.

Das Gedicht „Verschwiegenheit" schließt:

> Niemand soll und wird es schauen,
> was einander wir vertraut:
> denn auf Schweigen und Vertrauen
> ist der Tempel aufgebaut.

Die Ballade „Der getreue Eckart":

> Verplaudern ist schädlich, verschweigen ist gut.

Auch die Gestalten belädt er mit diesem Schweigenmüssen; Iphi=
genie spricht:

> Vom alten Bande löset ungern sich
> die Zunge los, ein lang verschwiegenes
> Geheimnis endlich zu entdecken. Denn
> einmal vertraut, verläßt es ohne Rückkehr
> des tiefen Herzens sichre Wohnung, schadet,
> wie es die Götter wollen, oder nützt.

Der König (Natürliche Tochter):

> Geheimnis nur verbürget unsre Taten;
> ein Vorsatz, mitgeteilt, ist nicht mehr dein;
> der Zufall spielt mit deinem Willen schon . .

Auch die rührendsten Worte Mignons kommen aus dieser schweigen=
den Tiefe. Sie reden von eigenster schmerzlichster Erfahrung:

> Heiß mich nicht reden, heiß mich schweigen,
> denn mein Geheimnis ist mir Pflicht;
> ich möchte dir mein ganzes Innre zeigen,
> allein das Schicksal will es nicht.

In den Wanderjahren heißt es: „Jeder weiß nur für sich, was
er weiß, und das muß er geheim halten; wie er es ausspricht, sogleich
ist der Widerspruch rege, und wie er sich in Streit einläßt, kommt er
in sich selbst aus dem Gleichgewicht und sein Bestes wird, wo nicht ver=
nichtet, doch gestört.”

Was ihn von seinem Freund Lavater trenne, sei dies: Während
Lavater das Seine gewaltig lehre, sei er still und verschweige,
was ihm Gott und die Natur offenbare.

„Einen sehr tiefen Sinn — so heißt es in den Annalen — hat jener
Wahn, daß man, um einen Schatz wirklich zu heben und zu ergreifen,
stillschweigend verfahren müsse, kein Wort sprechen dürfe, wieviel
Schreckliches und Ergötzliches auch von allen Seiten erscheinen möge.
Ebenso bedeutsam ist das Märchen, man müsse bei wunderhafter Wage=
fahrt nach einem kostbaren Talisman in entlegensten Bergwildnissen
unaufhaltsam vorschreiten, sich ja nicht umsehen, wenn auf schroffem
Pfade fürchterlich drohende oder lieblich lockende Stimmen ganz nahe
hinter uns vernommen werden.”

Dies alles meint nicht nur ein höchstes Gebot, das alle Mystik kennt, das Gebot des Schweigens, weil im tiefen Schweigen, im ledigen Gemüt der Geist allein einsprechen kann; es meint zugleich ein bewußtes Verschweigen.

> Zu verschweigen meinen Gewinn
> muß ich die Menschen vermeiden.

> Soll man dich nicht aufs schmählichste berauben,
> verbirg dein Gold, dein Weggehn, deinen Glauben.

> Wer schweigt, hat wenig zu sorgen;
> der Mensch bleibt unter der Zunge verborgen.

> Es ist den Lippen besser, daß sie schweigen,
> indes der Geist sich fort und fort beflügelt.

Auch erscheint ihm das Wesentliche deshalb unaussprechlich, weil es die Menschen nicht hören wollen.

> Ist's denn so groß das Geheimnis, was Gott und der Mensch und
> die Welt sei?
> Nein! Doch niemand hört's gerne; da bleibt es geheim.

Die das Geheimnis aber wie er verstehen, sollen es in Stille und Schweigen nutzen lernen.

> Was ich euch offenbaret,
> war längst ein frommer Brauch,
> und wenn ihr es gewahret,
> so schweigt und nutzt es auch.

All diesen Erfahrungen aber, seinen kostbarsten Besitz, seine geistigsten Erlebnisse, Ahnungen und Überzeugungen nicht preisgeben zu dürfen, wirkt ein anderes entgegen, dem wir verdanken, daß man das so oft und ernst Behütete, bei vorsichtiger Einfühlung und aller Ehrfurcht vor dem intimsten Innern, vor dem heiligsten Bezirk einer so großen Entelechie doch nacherleben kann: dies andere ist der Trieb des Dichters.

> Erst sich in Geheimnis wiegen,
> dann verplaudern früh und spat,

Dichter ist umsonst verschwiegen,
dichten selbst ist schon Verrat.

Goethe hat es als das Wesen des großen Dichters empfunden, das Verborgene offenbaren und das Verschwiegene heraussagen zu müssen. Er zeigt es bei Shakespeare, aber Shakespeare ist in diesem Fall für den Dichter überhaupt gesetzt, für die Idee des Dichters. Es ist zugleich die höchste Idee des Dichters, die ausgesprochen wurde.

„Shakespeare gesellt sich zum Weltgeist; er durchdringt die Welt wie jener; beiden ist nichts verborgen.“ Aber wenn des Weltgeistes Geschäft ist, Geheimnisse vor, ja oft nach der Tat zu bewahren, so ist es der Sinn des Dichters, „das Geheimnis zu verschwätzen“. Alle trügen ihr Herz in der Hand, oft gegen alle Wahrscheinlichkeit; selbst das Unbelebte dränge sich hinzu: „genug, das Geheimnis muß heraus, und sollten es die Steine verkünden“.

So erlebt Goethe den Urtrieb des Dichters: als die andere Seele, die das Geheimnis nicht bewahren kann. Und so sind wir noch mehr auf den Dichter angewiesen als auf den Forscher, wenn wir von der Gesamtheit seiner Glaubensbekenntnisse sprechen wollen.

Hat der Dichter nun wirklich alles verplaudert? Hat er nicht die Bilder, empfängt er nicht selbst wieder den Schleier, das reinste Licht zu mildern und das Offenbare wieder zu verhüllen? Ist das Unaussprechliche nicht mehr? Ist es nicht auch ein Wissen um ein göttlichgeistiges Einwirken in die Welt, für das unser Bewußtsein erst reif werden muß? Oder zugleich die Erfahrung, daß das Lebendigste, Spontanste des Glaubens sich verflüchtigt, so wie man darüber spricht? Sowie es nicht mehr als beseeligende, beschwingende Kraft im tiefsten Herzen beschlossen ruht? Sind es nicht auch bildlose Erlebnisse, die mitzuteilen die menschliche Sprache kaum zureicht? Wieweit ist das geistige Verbundensein aller Dinge dem Verstand überhaupt mitteilbar?

„Wenn ein höherer Mensch über das geheime Wirken und Walten der Natur eine Ahnung und Einsicht gewinnt, so reicht seine ihm überlieferte Sprache nicht hin, um solches von menschlichen Dingen durch=

aus Fernliegendes auszudrücken. Es müßte ihm die Sprache der Geister zu Gebote stehen, um seinen eigentümlichen Wahrnehmungen zu genügen." (Zu Eckermann)

Deshalb ist das Grundgefühl seiner Religion Demut und die Wurzel seiner Weltfrömmigkeit Ehrfurcht vor dem Wirken und dem Umunssein geheimnisvoller Mächte.

In der Natur bleibt das Geheimnis „heilig öffentlich":

Nichts ist drinnen, nichts ist draußen,
denn was innen, das ist außen.

Die Natur ist vom schöpferischen Geist durchströmt, durchdrungen und gehalten. Natur und Geist bleiben und wirken ewig ineinander. Man soll es ergreifen, es leben, aber in der Stille. „Wenn ihr stille bliebet, so würde euch geholfen," ist sein Lieblingsspruch.

Im Schicksal des Menschen ein Wille zu höherer, zu bewußterer Durchdringung! Über das Wirken der moralischen Weltordnung zu sprechen sei ihm nicht erlaubt. Er müsse es schweigend ehren. Er fühlt, wie übermenschlich die Objektivität sein müßte, die das lautere Wirken des sühnenden Gesetzes und in ihm und über ihm das Walten höherer Wesen bis ins Letzte durchschauen wollte. Deshalb die Maxime des Islam: die Forderung stiller Gottergebenheit.

In der Religion aber, so sagt er zu Falk, lege man sich über die Mysterien ein unverbrüchliches Stillschweigen auf; es sei nicht recht gewesen, sie dem Volk preiszugeben; das Maß des gemeinen Menschenverstandes sei nicht so groß, daß man ihm eine solche ungeheure Aufgabe zumuten könnte, es zum Schiedsrichter in solchen Dingen zu machen.

Wo, in der Anbetung im Geist und in der Wahrheit, das höchste Einssein von Gott und Welt geschehen, wo im Bewußtsein des vollkommenen Menschen, die tiefste Durchdringung aller Reiche sich ereignen soll, da ist auch die gesteigertste Ehrfurcht, da ist auch das völligste Schweigen notwendig.

So muß alle Religion ausgehen von der Bildung zur Ehrfurcht, zum Schweigen, zur Ergebenheit und zur Demut vor den Geheimnissen der geistigen Welt, vor dem Walten unaussprechlicher Mächte. Keine Entsagung ist dies, kein Stehen, keine Umkehr vor dem verschlossenen letzten Tor. Das Geheimnis, das Goethe meint, will immer nur tiefer gefühlt, geschaut, erfahren und getan sein.

In diesem Sinn gilt das erzieherische Wort:

„Das Geheimnis hat sehr große Vorteile; denn wenn man dem Menschen gleich und immer sagt, worauf alles ankommt, so denkt er, es sei nichts dahinter. Gewissen Geheimnissen, und wenn sie offenbar wären, muß man durch Verhüllen und Schweigen Achtung erweisen."

1. Der junge Goethe

Die erste religiöse Krise in Goethes Leben fiel außerordentlich früh. Man erinnere sich an die Beschreibung des Erdbebens von Lissabon in Dichtung und Wahrheit, ein Geschehen, das durch seine ganz außerordentliche Wirkung auf die Gemüter von damals uns ahnen läßt, wie friedlich die Zeiten waren, in denen der Knabe aufwuchs. Goethe, sechseinhalbjährig, mußte immer wieder von diesem Unglück reden hören. Seine Phantasie, die sich diese Bilder konkret ausmalt, wird stark erregt und es verdunkelt sich die Vorstellung eines väterlich allgütigen Gottes, die man dem Kinde überliefert. Dieser Kontrast: hier der väterliche Gott, dort das Bild einer grausamen und sinnlosen Zerstörung menschlichen Lebens durch die Natur, erschüttert sein kindliches Gerechtigkeitsgefühl. Gott, der Schöpfer, der Erhalter Himmels und der Erden, den ihm die Erklärung des ersten Glaubensartikels so weise und gnädig vorstellte, „hatte sich, indem er die Gerechten mit den Ungerechten gleichem Verderben preisgab, keineswegs väterlich bewiesen". Er selbst habe lange vergebens versucht, „das junge Gemüt gegen diese Eindrücke ins Gleichgewicht zu bringen". — So Goethe in Dichtung und Wahrheit.

Bettina von Arnim aber erzählt noch folgendes. Als der kleine Wolfgang aus einer Predigt kam, in der die Weisheit des Schöpfers gegen die arg betroffene Menschheit gleichsam in Schutz genommen wurde und man ihn daheim fragte, wie er die Predigt verstanden habe, soll er geantwortet haben:

„Am Ende mag alles noch viel einfacher sein, als der Prediger meint. Gott wird wohl wissen, daß der unsterblichen Seele durch böses Schicksal kein Schaden geschehen kann."

Man erkennt hier den Anfang und Ursprung seines unerschütterlichen Glaubens an den Sinn und die Gerechtigkeit des Lebens.

Allerdings, Goethes große Sensibilität vor dem äußeren Bild des Todes, sein Schaudern vor häßlichen Krankheiten ist bekannt. Der bloße Gedanke an einen Aussätzigen ist ihm unerträglich. Voller Grauen und Angst flieht der Knabe die Fleischbänke des Frankfurter Marktes. Als er von der Kampagne in Frankreich 1792 zurückkommt, leidet er noch dergestalt an den Bildern des Krieges, daß er ein so reines Stück wie die Iphigenie weglegt und es einfach nicht zu lesen vermag. Einer Ergriffenheit, die Iphigeniens Worte in ihm hätten auslösen müssen, fühlt er sich nicht gewachsen.

Und doch muß man sagen: Goethe hat sich durch den Tod, durch Unglück im Großen nie mehr bis zum Grunde erschüttern lassen. Wenn der Tod durch seinen Lebenskreis schreitet, weiß er sich sofort wieder tief zu fassen. Ein langer Krieg hätte ihn verändern, er hätte seine geistige Existenz nicht in Frage stellen können.

Wenn der Anblick des fremden Todes für manchen der entscheidende Anstoß wird, das Unsterbliche im Geist zu suchen, so können wir sagen: Goethe hat schon sehr früh ein für allemal mit dem Tod abgerechnet. Er besitzt dem Tod gegenüber eine innere Gewißheit des Geistes, die ihn unverwundbar macht. Er bringt es mit auf die Welt. Er steht so in dem unversiegbaren Leben des geistigen Alls drinnen, daß er gar nichts nur Zerstörendes im Tod sehen kann. Leben ist der Natur schönste Erfindung, „der Tod ihr Kunstgriff, viel Leben zu haben".

> Des Todes rührendes Bild steht
> nicht als Schrecken dem Weisen und nicht als Ende dem Frommen.
> Jenen drängt es ins Leben zurück und lehret ihn handeln,
> diesem stärkt es zu künftigem Heil im Trübsal die Hoffnung:
> beiden wird zum Leben der Tod.

Dies ist Goethes Standpunkt vor dem Tod. Er schreibt 1826 an Nees von Esenbeck: „Man mag so gern das Leben aus dem Tode betrachten und zwar nicht von der Nachtseite, sondern von der ewigen Tagseite her, wo der Tod immer vom Leben verschlungen wird." Der Tod führt, als bloße Funktion des Lebens, als Durchgang und Zeichen einer Metamorphose, immer in das Leben zurück. Die dunklen Mächte der Zerstörung wollen das Böse und schaffen das Gute. Den Quell des Lebens kann der Tod nie fassen, er faßt immer nur Hüllen, indessen sich der Geist schon neuen Zuständen anpaßt. Daher sein: Gedenke zu leben! im Gegensatz zu dem memento mori früherer Jahrhunderte. Daher sein Sprichwort: also muß man des Todes Bitterkeit vertreiben. In der Logenrede „Zu brüderlichem Andenken Wielands" heißt es, „daß derjenige, der in so heiterer Umgebung gelebt und dieser Heiterkeit ge= mäß auch von uns geschieden, unter die glücklichsten Menschen zu zählen und keineswegs mit Klage, sondern mit dem Ausdruck der Freude und des Jubels zu bestatten sei." Die Trauerfeier Mignons endigt mit dem Gesang der Jünglinge: „Schreitet, schreitet ins Leben zurück! nehmt den heiligen Ernst mit hinaus, denn der Ernst, der heilige, macht allein das Leben zur Ewigkeit."

„Eine Grabschrift ist ja eigentlich eine Lebensschrift, indem sie die Grabstätte durch die Erinnerung an das Leben beleben soll. Dient sie also als Gegengewicht des Todes, warum sollte sie nicht auch dem Leben= digen ein Übergewicht geben?" (an Prinzessin von Solms, 1812). Des= halb erfreut ihn, auf antiken Sarkophagen und Urnen, die Darstellung dionysischen Lebens: das Gewühl der nach Früchte haschenden Faunen und zwischen flatternden Vögeln, Cymbeln schwingend, Bacchantinnen:

> So überwältiget Fülle den Tod, und die Asche da drinnen
> scheint, im stillen Bezirk, noch sich des Lebens zu freuen.

So typisch wie jenes erste Knabenerlebnis ist ein zweites. Es ist die Geschichte, wie er sich zum eigenen Gottesdienst einen kleinen Altar errichtet.

Einleitend hierzu bemerkt Goethe, wie der Religionsunterricht, den er genossen, eigentlich nur eine Art trockener Moral war: „an einen geistreichen Vortrag ward nicht gedacht und die Lehre konnte weder der Seele noch dem Herzen zusagen". Lebendige Menschen, die mehr suchten, ergaben sich mancherlei Absonderungen (Pietismus und Herrn= huter Brüdergemeinde). Die Originalität dieser Bewegungen machte auf den jungen Goethe Eindruck, aber — und dies ist das bezeichnende — er fühlt sich dadurch angeregt, selbst sich seinen ihm ganz allein eigenen Weg zu suchen, selbst dem Gott der Natur, dem Schöpfer Himmels und der Erden auf seine Weise sich zu nähern. Während jene, von deren Streben er vernimmt, in der Entwicklung der Gemütskräfte ein innigeres und direkteres Verhältnis zu Christus suchen als es innerhalb der Kirche gesucht und gelebt wird, will der junge Goethe in einer mehr anschaulich und geistig umfassenden Weise dem Gott der Natur sich nähern und sagt, er habe überhaupt, als ganz junger Mensch, sich mehr an den ersten Glaubensartikel gehalten.

Es ist der Gott, der mit der Natur in unmittelbarer Verbindung stehe, sie als sein Werk anerkenne und liebe, dieser schien ihm der eigentliche Gott, der ja wohl auch mit dem Menschen wie mit allem übrigen in ein genaueres Verhältnis treten könne, und für denselben ebenso wie für die Bewegung der Sterne, für Tages- und Jahreszeiten, für Pflanzen und Tiere Sorge tragen werde. „Eine Gestalt konnte der Knabe diesem Wesen nicht verleihen; er suchte ihn also in seinen Werken auf und wollte ihm auf gut alttestamentarische Weise einen Altar errichten." Und nun folgt die Erzählung, wie der Knabe mit dem Musikpult des Vaters und den einzelnen Stücken einer Naturaliensammlung einen Altar errichtet und die „Abgeordneten der Natur" auf den Fächern des Pultes übereinanderschichtet. „Naturprodukte sollten die Welt im Gleichnis vorstellen, über diesen sollte eine Flamme brennen und das zu seinem Schöpfer sich aufsehnende Gemüt des Menschen bedeuten." Eine Räucherkerze wird bei Sonnenaufgang mit dem Brennglas entzündet; „ihr gelindes Verbrennen und Verdampfen schien noch mehr das, was im Gemüte vorgeht, auszudrücken als eine offene Flamme".

Die Andacht war groß, ja, bei der Wiederholung der geheimen Feier, zu groß, denn der Knabe, der Priester und Gemeinde zugleich darstellt, bemerkt zu spät, daß die Kerze ein tiefes Loch in das Pult hineinbrennt. Das Vertrauen und der Mut zu neuen Opfern war damit gedämpft und der alte Goethe bemerkt dazu, er habe diesen Zufall als eine Warnung nehmen können, wie gefährlich es sei, sich Gott auf dergleichen Wegen nähern zu wollen. Hiermit ist Goethes Stellung zum Kultus überhaupt angedeutet.

Wie höchst bezeichnend ist dies alles: wie er hier in einer sich am Schauen entzündenden Andacht in klaren Gefühlen die Natur mit sich hinauftragen, wie er sie in seinem feinen Kinderherzen nicht unerschlossen und unerlöst zurücklassen will, um allein zu Gott zu gehen, wie er alle

Reiche im Geist symbolisch zusammenfaßt, um sich selbst mit ihnen zu dem Urquell des Ganzen zu erheben. So kommt die tiefe ihm einge= borene Religiosität in ganz originaler Weise zum Durchbruch; so früh leuchtet, in dem Bewußtsein des Kindes schon, der Weg vor ihm auf, den er einmal gehen muß, auf dem er Gott in der Natur auf seine Weise lieben, schauen, verehren und ihm dienen wird. So glücklich scheint uns der Mensch, dem sich im frühsten Leben schon das Innerste und Ureigenste seines Geistes zu offenbaren beginnt.

Goethes Verhältnis zur Bibel ist bekannt und oft besprochen. Er erzählt in Dichtung und Wahrheit, wie er als junger Mensch gar kein Verhältnis zur abstrakten Philosophie finden konnte und sagt, die frühsten Weisen und die ältesten Schulen hätten ihm besonders deshalb so gut gefallen, weil bei ihnen Poesie, Religion und Philosophie eine Einheit bildeten, und er führt hierzu nicht nur die Hesiodischen und Orphischen Gesänge an, sondern auch das Buch Hiob, die Sprichwörter Salo= monis und das Hohe Lied.

Dies ist also das eine, was ihn zur Bibel hinzieht: ein im Leben selbst hervortretender Glaube, die gelebte Einheit von Philosophie und Religion, die auf die natürlichste Weise zur Dichtung wird. Die Ge= schichte der Patriarchen fesselt den Knaben wie nichts anderes. „Ihre Lebensweise auf dem Meere der Wüsten und Weiden gab ihren Ge= sinnungen Breite und Freiheit, das Gewölbe des Himmels, unter dem sie wohnten, mit allen seinen nächtlichen Sternen, ihren Gefühlen Er= habenheit, und sie bedurften mehr als der tätige, gewandte Jäger, mehr als der sichre, sorgfältige, hausbewohnende Ackersmann des uner= schütterlichen Glaubens, daß ein Gott ihnen zur Seite ziehe, daß er sie besuche, an ihnen Anteil nehme, sie führe und rette."

Die Größe dieser Männer liege in dem unerschütterlichen Glauben, daß sich Gott ihrer und der ihrigen besonders annehme.

„Die allgemeine, die natürliche Religion bedarf eigentlich keines Glaubens: denn die Überzeugung, daß ein großes, hervorbringendes, ordnendes und leitendes Wesen sich gleichsam hinter der Natur ver= berge, um sich uns faßlich zu machen, eine solche Überzeugung dringt sich einem jeden auf; ja wenn er auch den Faden derselben, der ihn durchs Leben führt, manchmal fahren ließe, so wird er ihn doch gleich und überall wieder aufnehmen können. Ganz anders verhält sichs mit der besondern Religion, die uns verkündigt, daß jenes große Wesen sich eines einzelnen, eines Stammes, eines Volkes, einer Landschaft entschieden und vorzüglich annehme. Diese Religion ist auf den Glauben gegründet, der unerschütterlich sein muß, wenn er nicht sogleich von Grund aus zerstört werden soll. Jeder Zweifel gegen eine solche Religion ist ihr tödlich. Zur Überzeugung kann man zurückkehren, aber nicht zum Glauben. Daher die unendlichen Prüfungen, das Zaudern der Erfüllung so wiederholter Verheißungen, wodurch die Glaubensfähigkeit jener Ahnherren ins hellste Licht gesetzt wird."

Diese ausgesprochene Vorliebe des jungen Goethe für das alte Testament lag auch in der Zeit. Von seiner Mutter rühmt er „die alttestamentarische Gottesfurcht, in der sie ein tüchtiges Leben voll Zuversicht auf den unwandelbaren Volks- und Familiengott" zugebracht habe. Goethe schildert dann, wie er zwischen der rationalistischen und dogmatischen Auffassung sein eigenes Verhältnis zur Bibel zu finden wußte. Er nimmt sie auf, frei durch das Gemüt, er macht sich das Historische der Forschung zu nutze, so weit sie ihm seine klare Phantasie unterstützt und das Konkrete des Milieus verdeutlicht; alle aufklärerischen Angriffe aber verabscheut er. „Die derbe Natürlichkeit des Alten Testaments und die zarte Naivität des Neuen hatte mich im Einzelnen angezogen. Ich hatte überhaupt viel zu viel Gemüt an das Buch verwandt, als daß ich es jemals hätte wieder entbehren können."

In der Geschichte der Farbenlehre heißt es: „Jene große Verehrung, welche der Bibel von vielen Völkern der Erde gewidmet worden, verdankt sie ihrem inneren Wert. Sie ist nicht nur etwa ein Volksbuch, sondern ein Buch der Völker, weil sie die Schicksale eines Volks zum Symbol aller übrigen aufstellt, die Geschichte desselben an die Entstehung der Welt anknüpft und durch eine Stufenreihe irdischer und geistiger Entwicklungen, notwendiger und zufälliger Ereignisse bis in die entferntesten Regionen der äußersten Ewigkeiten hinausführt."

Je tiefer er in die Bibel eindringt, desto mehr lernt er begreifen, daß man sie weder rationalistisch noch dogmatisch erklärt ganz verstehen kann. Zwar heißt es zunächst: „Die Bibel als ein zusammengetragenes, nach und nach entstandenes, zu verschiedenen Zeiten überarbeitetes Werk anzusehen, schmeichelte meinem kleinen Dünkel, indem diese Vorstellungs= art noch keineswegs herrschend, viel weniger in dem kleinen Kreise auf= genommen war, in dem ich lebte."

Aber der „Brief des Pastors" sagt dann: „Wehe uns, daß unsere Geistlichen nichts mehr von einer unmittelbaren Eingebung wissen, und wehe dem Christen, der aus Kommentatoren die Schrift verstehen will." Und von diesem Antirationalismus des jungen zu dem bescheiden ent= sagenden Wort des alten Goethe ist eine Linie: „Deshalb ist die Bibel ein ewig wirksames Buch, weil, so lange die Welt steht, niemand auftreten und sagen wird: ich begreife es im Ganzen und ich verstehe es im Einzelnen."

Seine Methode, die Widersprüche in der Bibel aufzulösen, sei folgende:

„Schon damals hatte sich bei mir eine Grundüberzeugung festgesetzt, ohne daß ich zu sagen wüßte, ob sie bei mir angeregt worden, oder ob sie aus eigenem Nachdenken entsprungen sei. Es war nämlich die: bei allem, was uns überliefert, besonders aber schriftlich überliefert werde, komme es auf den Grund, auf das Innere, den Sinn, die Richtung des Werks an, hier liege das Ursprüngliche, Gött= liche, Wirksame, Unantastbare, Unverwüstliche, und keine Zeit, keine äußere Einwirkung könne diesem inneren Urwesen etwas anhaben, wenigstens nicht mehr als die Krankheit des Körpers einer wohlgebildeten Seele. Das Innere, Eigentliche einer Schrift, die uns besonders zusagt, zu erforschen, sei daher eines jeden Sache und daher vor allen Dingen zu erwägen, wie sie sich zu unserem eigenen Innern verhalte und inwiefern durch jene Lebens= kraft die unsere erregt und befruchtet werde. Durch diesen Begriff wurde mir die Bibel erst recht zugänglich." Diese Methode ist nur auf den ersten Blick pragmatisch, in Wirklichkeit ganz „aus Glauben und Schauen" entsprungen, im tiefsten Sinne intuitiv: Versenkung in das zeitlose unzerstörbare Urwesen der Schrift, Meditation im reinsten Sinne!

Den letzten Grund aber, warum in den frühsten heiligen Schriften Philosophie und Poesie eins sind, hat Goethe auch gewußt: er liegt in dem seherischen Vermögen Einzelner. „Ein begünstigter Geist schaut in

die hohen Welterscheinungen hinein, bemerkt, was sich ereignet und
spricht das Vorhandene ahnungsvoll aus, als wenn es entstünde."

Das Verhältnis des jungen Goethe zu dem Neuen Testament ist
nicht ganz so ausgesprochen. Zwar habe er sich nicht ohne Gefühl und
Enthusiasmus mit ihm beschäftigen können, aber er findet hier offenbar seinen Weg schwerer als dort, jenseits der Orthodoxie der Kirche
und des reinen Deismus, „der, auf Sittlichkeit gegründet, wiederum
die Moral begründen sollte". Hier greift nun die unmittelbar menschliche Wirkung des Fräulein von Klettenberg ein.' Sie war, wie man
sein mußte, um auf Goethe zu wirken: eine freie, tiefblickende, duld-
same, im Leiden starke Persönlichkeit, intellektuell durchaus gebildet.
„Es entwirrte sich vor ihr gar leicht was uns andere Erdenkinder ver-
wirrte, und sie wußte den rechten Weg gewöhnlich anzudeuten, eben
weil sie ins Labyrinth von oben herabsah und nicht selbst darin be-
fangen war." Auf sie gehen die Verse:

Fühle was ich in dem Weben
dieser Himmelsluft gefühlt.

Sie versicherte oft, Goethe würde noch als vorzüglicher Christ sein
Leben enden. Sie sah seinem Treiben und Ringen mit gelassener Heiterkeit zu. Das Unmittelbare, Überkirchliche in ihrem Verhältnis zu
Christus war für Goethe einzigartig. „Sie war bis zur Überschreitung
des Konfessionsgegensatzes durchgedrungen." (Funck.)

„Meine Bruderschaft sind alle Menschen, meine besten Freunde sogar Unchristen. In einem papistischen Lande, hier oder in Konstanti-
nopel zu leben wäre mir, insofern man mir meine Freiheit ließe, sehr
gleich. Gott im Fleisch geoffenbart würde mir überall gleich nahe sein
und weiter brauche ich nichts."

Das Fräulein von Klettenberg hat ihm aber nicht nur das Neue
Testament näher gebracht und die Beziehung zur Brüdergemeinde vermittelt, zu Menschen, die wie sie ein innigeres und lebendigeres Verhältnis zu Christus hatten; sie hat, was viel wichtiger noch ist, ihm
den Anstoß gegeben, sich mit der ernsten alten Mystik und Theosophie
bekannt zu machen. Goethe las in Frankfurt und Straßburg Swedenborg, Tauler, Paracelsus, Giordano Bruno, Alchimisten und Theo-
sophen wie Helmont, Starkey, von Welling; er ringt ernstlich, deren

22

schwierige Terminologien zu verstehen, in ihren Geist einzudringen, die dahinter stehenden Erlebnisse zu ahnen und in sich zu verarbeiten.

Auch hier ist die Art seiner Auswahl charakteristisch. Die christliche Mystik im engeren Sinn, wie Tauler, scheint ihn nicht länger zu fesseln. Ihre Wege sind nicht die seinen. Ein späteres Wort drückt dies scharf genug aus: „Christliche Mystiker sollte es gar nicht geben, da die Religion selbst Mysterien darbietet. Auch gehen sie immer gleich ins Abstruse, in den Abgrund des Subjekts." Er bevorzugt die Bücher, in der die Natur „in einer schönen Verknüpfung" erschien. Auch Paracelsus sucht ja das Geheimnis nicht jenseits der Natur, in einer reinen Geisteswelt, sondern stellt das große Naturreich in diese hinein, und die Wirkung Swedenborgs auf Goethe mag mit darauf beruhen, daß Swedenborg, ehe er seine theologischen und seherischen Bücher schrieb, ein geachteter Naturforscher war.

Schon 1770, ehe der Spinoza gelesen hatte, erklärt Goethe bei Prüfung einiger Hauptsätze Brunos es für unzulässig, Gott und Natur gesondert zu behandeln; alles Existierende, Erkennbare gehört zum Wesen Gottes, da die Welt von ihm emaniert.

Goethe folgt auch hier, bei seinem ersten Eindringen in die Welt der Mystik, dem ihm eingeborenen Urtrieb, das innere Wesen der Dinge und ihre gestaltenden und wirkenden Kräfte schauend zu verstehen und nicht nur das rein Seelische, Gemütvolle zu steigern.

Der Urfaust von 1774/75 ist der größte Ausdruck dieser Tendenz und damit das allerwichtigste Zeugnis für die Geistesverfassung des jungen Goethe überhaupt. Man wird sich vor allem anderen auf den ersten Monolog des Faustfragments konzentrieren müssen, das Goethe mit nach Weimar nahm, wenn man sich von jener vorweimarischen Zeit einen Begriff machen will.

Jeder naiv empfindende Mensch fühlt das: hier liegt der Mensch unserer Jahrhunderte in dem außerordentlichen Ringen um die Erkenntnis der geistigen Welt, des Urgrunds aller sichtbaren Dinge, und dies „mächtig Seelenflehen", das dann den Erdgeist herbeizieht, hat nichts mehr gemein mit der Teufelskunst des alten Volksbuchs. Hier will stärkste Seelenkraft durchbrechen auf einem neuen Weg zum Innern der Natur. Werther, Mahomet, Prometheus, sie alle enthalten Teile

von Goethes Wesen, verkörperte Möglichkeiten, Bild gewordene Einzel=
kräfte, Endpunkte oder Pole seiner Natur; sie alle bilden etwas extrem
aus, was als Richtung in ihm ist, was er auch als latente Kraft in
sich spürt, was er aber nicht ganz und gar selbst ist und selbst lebt.

Faust kommt aus der tiefsten Schicht seiner Persönlichkeit. Die
Stärke, Unbedingtheit, ja Vehemenz der Diktion ist ganz ohnegleichen.
Man muß diesen ersten Monolog als einen festen Punkt hinstellen, nach
dessen Höhe man immer zurückschauen kann, um überhaupt einen Maß=
stab zu haben für den inneren Weg, den Goethe gegangen ist.

Die Philologie hat manches Interessante über diesen Anfang des
Faust festgestellt. Sie hat darin den Beweis eines nahen Verhältnisses
zu Swedenborg gefunden; sie hat darauf verwiesen, daß es auch bei
Swedenborg auf= und absteigende Himmelsgeister und in Flammen
wohnende Erdgeister gibt; daß auch Swedenborg von dem Sinn redet,
der nur zugeschlossen sei, den nur entschlossenes und ausdauerndes
Streben auftun könne und nicht die Grübeleien eines leeren Ver=
standes; daß auch bei Swedenborg die Morgenröte, in der der Schü=
ler die Brust baden soll, das Symbol eines erleuchteten Zustan=
des ist.

Aber das ist nicht das Wesentliche. Solche Grundlehren finden sich
in der Mystik überall; man denke nur an Böhme, an die Aurora.

Viel wichtiger als die Frage nach solchen Beziehungen ist die andere:
Was ist hier Fausts, was ist hier Goethes eigentlichstes Erlebnis?

Der ganze erste Monolog steigert sich auf die eine Zeile hin:

Flieh, auf, hinaus ins weite Land!

Das ist der Weg: das weite Land, der offene Himmel; in die Natur
hinein gehen als ganzer Mensch; sich von ihr aufschließen lassen; das
Innerste, Tiefste und Schönste des Geistes an der äußeren Unend=
lichkeit, an dem starken Hauch der All=Kräfte entwickeln und mit ihr
und nicht allein zur Einheit mit sich selbst und mit Gott kommen. Der
Verstand isoliert und vereinsamt; die Seelenkraft muß die Natur, die
unmittelbar gegebene ganze Natur in ihrem lebendigen Atmen und
Weben selbst öffnen, und durch diese intuitive Seelenkraft allein kann
der Mensch das Wesen der Dinge erfahren, kann allem ganz nahe

24

sein und in der Natur, nicht jenseits von ihr, das Rätsel seines eigenen Geistes lösen.

> Und wenn Natur dich unterweist,
> dann geht die Seelenkraft dir auf,
> wie spricht ein Geist zum andern Geist.

Es ist die großartigste Formel für den Weg jeder neueren Mystik.

So gibt sich Faust, der Faust des ersten Monologs, als ganzer Mensch hin, als ganzer Mensch sucht er, trotz aller Verzweiflung des rechten Weges wohl bewußt, voll starken Zutrauens die Natur, in einem vehementen Durchbruch ohnegleichen ringt er in der Seele mit seinem Engel, der ihn aus sich selbst heraus in das große Leben der Natur hineinführen will, und seinen ganzen Geist setzt er ihr ent= gegen, denn er will nicht im Empfinden untergehen, er will erkennen.

> Daß ich erkenne, was die Welt
> im Innersten zusammenhält.

Erkennen will Faust, was sich mit dem Verstand allein nicht erkennen läßt, was den ganzen Menschen erfordert:

Zunächst, was überhaupt das lebendige Zusammensein der Wesen erst ermöglicht, die Grundlage alles Seins, das Ureine, in sich in aller Ewigkeit Vollkommene, alles in sich Tragende und in sich Zusammen= haltende, das Unbegreifbare „aber Berührliche", das erste Fundament außer Zeit, Raum und Schicksal: das Eine, das Höchste schlechthin; dann: was die Dinge ihrer besonderen Form nach schafft, die natura naturans, Leben zeugende gestaltende objektive ewige Ideen, auf= bauende Geisteskräfte, was sich nie verliert, was in immer gleicher Kraft von einem Keim in den andern geht und doch immer dasselbe bleibt und zeitlos in sich beruht:

> Schau alle Wirkungskraft und Samen
> und tu nicht mehr in Worten kramen —

und zuletzt schaut er in sich, in der eigenen Imagination die hohen Liebeskräfte, wie sie mächtig segensvoll und klingend durch das All fließen, erkennt eine sich abstufende geistige Welt innerhalb der Natur, abwärts von diesen hohen Hierarchien, deren Spitzen sich im abgrün= digen Lichtmeer des Ewigen verlieren, nach uns zu, dem Menschen

nahe, den Erdgeist, den Tatengenius, auf dessen Fassung wir noch ein=
mal zurückkommen.

Und all die unsagbare Fülle nicht neben= und nicht übereinander,
sondern ineinander, sich aufs innigste durchdringend: das Ganze das
Erzeugnis, „das unbegreifliche Einverständnis unendlich verschiedener
Wesen, das wunderbare Band der Geisterwelt, der Vereinigungs= und
Berührungspunkt unzähliger Welten". (Novalis.)

Alles in allem: Faust ist nicht nur, wie der alte Goethe von seiner
eigenen Jugend sagt: ein nach einem unbekannten Heile strebendes
Wesen; er lebt ganz in dem sicheren Gefühl, daß ohne eine geistige
Erkenntnis der Natur kein Heil für ihn ist. Er verschreibt sich damit
nicht so sehr der Magie als einer tiefen Mystik der Natur, einer Gnosis
des Makrokosmos. Und wenn die Mystik aller Jahrtausende immer
dasselbe gesucht und dasselbe erfahren hat: das kühne Durchbrechen
der Schranken der Sinneswelt, bis zum unmittelbaren Sicherfahren
in Gott, so hat es auch von je Menschen von der Leidenschaft Fausts
gegeben, die bereit waren, auf diesem ungeheueren Weg ins Unbetretene
alles zu opfern, die aber eins nicht zu opfern vermochten: geistig
schauende, intuitiv verstehende Naturerkenntnis; Menschen, die, den
reinen Seelenweg, der sich auf Glaubenssymbole stützen muß, ganz
verlassen, um in bildloser Armut, in der Erfahrung der großen geistigen
Weltenkräfte ihr Innerstes wiederzufinden.

Und Goethe selbst?

Goethe, der in dem Zeitalter des überklugen Verstandes lebt, wo
über alles Irrationelle so schnell abgesprochen wird, der selbst Herder
gegenüber die Arbeit an dem Urfaust geheim hält: der zwischen allen
Extremen schwankende junge Goethe schreibt seine stärksten Verse aus
dem Lebensgefühl heraus, daß das Geistige der Natur ein Wesenhaftes
ist, verwandt dem menschlich Wesenhaften; daß dies Geistige nicht nur
abstraktes Gesetz, daß es Tätigkeit, Schöpferkraft ist, alles durchwebend
und bildend durchflutend; daß in der Natur selbst eine ganz andere
Welt von geistigen Wesen schafft, als es der Verstand, der nur gesetz=
liche Beziehungen erkennen will, sich's träumen läßt; daß es einen Weg
geben muß, diese Kräfte zu erkennen. Die schaffenden Wesen der Natur,
sie leben vielleicht in anderen Bewußtseinszuständen, sie stehen vielleicht

in mehr oder weniger unmittelbaren Verbindungen zur Gottheit, aber
sie sind mir nahe!

> Ihr schwebt, ihr Geister, neben mir;
> antwortet mir, wenn ihr mich hört!

Sagt der andere Hymnus nicht dasselbe? Will sich dir diese unfaßbare
Allheit geistigen Lebens nicht durch alle Organe, durch Haupt und
Herz mitteilen?

> Und drängt nicht alles
> nach Haupt und Herzen dir
> und webt in ewigem Geheimnis
> unsichtbar sichtbar neben dir?

Unsichtbar sichtbar! Sichtbar nur, wo auch das Unsichtbare nahe ist.

Was ist hier Gott? Dies Wort, ist es nicht leer und nichtssagend,
wer so mit dem unmittelbarsten Erlebnis ringt? Enthält es denn noch
eine Spur von all dem, was sich erahnen, was sich erfahren läßt?

Nie hat Goethe hier anders empfunden, auch im Alter nicht. Er
sagt über den Mißbrauch des göttlichen Namens zu Eckermann: „Die
Leute traktieren ihn, als wäre das unbegreifliche, gar nicht auszu=
denkende höchste Wesen nicht viel mehr als ihresgleichen. Sie würden
sonst nicht sagen: der Herr=Gott, der liebe Gott, der gute Gott. Er
wird ihnen, besonders den Geistlichen, die ihn täglich im Munde führen,
zu einer Phrase, zu einem bloßen Namen, wobei sie sich auch gar nichts
denken können. Wären sie aber durchdrungen von seiner Größe, sie
würden verstummen und ihn vor Verehrung nicht nennen mögen.“

Wem das Erleben Gottes aber das reinste Aufleuchten des ganzen
Menschen ist, sein Sichselbstfinden im Eigensten, Urheimatlichen, müssen
dem nicht alle Worte sein „umnebelnd Himmelsglut?“ —

Aber Faust muß dies erste Mal noch scheitern. Die leidenschaftliche
Spannung aller Seelenkräfte bricht für den Augenblick durch und be=
freit, aber sie ist das Organ nicht, mit dem das Unaussprechliche sich
zwingen läßt.

Den Göttern gleich ich nicht, zu tief ist es gefühlt. Und nun beginnt
erst der Weg durch die Welt, begleitet von hemmenden und herab=
ziehenden Kräften wie von seinem ewigen Schatten.

Noch nicht im Urfaust von 1774/75, aber in „Faust ein Fragment“

von 1790 steht der andere große Monolog: „Wald und Höhle." Hier
ist Faust weit hinaus über alles magische Erzwingenwollen: da ist die
Ruhe, da ist der Besitz. Der leidenschaftliche Irrweg war also nicht
umsonst. Demselben Geist, der ihn erst vernichtigt und in die Endlich=
keit seiner vergänglichsten Person zurückgeworfen, dem Erdgeist strömt
nun der Hymnus des Dankes:

> Erhabner Geist, du gabst mir, gabst mir alles,
> warum ich bat.

Er könnte auch sagen: worum ich dich, der in der Verzweiflung zur
Magie des Willens griff, umsonst beschwor, das hast du ihm nun ge=
schenkt: die Erkenntnis, die schauende Erkenntnis des Geistes in der
Natur.

> Du hast mir nicht umsonst
> dein Angesicht im Feuer zugewendet.

Nicht umsonst! Das galt auch für Goethe selbst. Ein Unverlierbares
hatte er gewonnen: die unbedingte Sicherheit in dem Glauben an die
Nähe und das Wirken einer reichen geistigen Welt.

Zwei Zeugnisse mögen dies noch verdeutlichen. Zunächst die Frank=
furter Rezension 1773 der „Aussichten in die Ewigkeit" von Lavater,
die noch in dem prachtvollen Überschwang jenes Jahres geschrieben
ist: Lavater habe, rein mit dem Verstand, schon zu viel über die Ewig=
keit nachgedacht. „Nun erhebe sich seine Seele und schaue auf diesen
Gedankenvorrat wie auf irdische Güter, fühle tiefer das Geisterall und
nur im andern sein Ich. Dazu wünschen wir ihm innige Gemeinschaft
mit dem gewürdigten Seher unserer Zeiten (Swedenborg), rings um
den die Freude des Himmels war (für Swedenborg war der Himmel
nicht ein Ort, sondern ein Zustand), zu dem die Geister durch alle Sinne
und Glieder sprachen, in dessen Busen die Engel wohnten: dessen Herr=
lichkeit umleucht ihn, wenn's möglich ist, durchglüh ihn, daß er ein=
mal Seligkeit fühle und ahnde, was sei das Lallen der Propheten,
wenn unsagbare Worte den Geist füllen."

Und acht Jahre später, als er mit der Ausbildung einer eigenen
Methode wissenschaftlicher Naturbetrachtung ringt und Spinoza schon
kennt, schreibt er an denselben Lavater über Cagliostro, dessen Spiritis=
mus und dunkle Kunst er skeptisch ablehnt:

„Ich bin geneigter als jemand noch eine Welt außer der
sichtbaren zu glauben und ich habe Dichtungs= und Glaubens=
kraft genug, sogar mein eigenes beschränktes Selbst zu einem
Swedenborgischen Geisteruniversum erweitert zu fühlen;
alsdann aber will ich auch, daß der reinlichste Zustand, in
den wir versetzt werden können, empfunden werde."

Er will eine Mystik, die zugleich die reinste Entwicklung des Selbst
ist und die das hellste Bewußtsein wie den freisten Himmel verträgt und
jede andere Verbindung mit dem Übersinnlichen lehnt er ab.

Goethe hat später manchmal betont, man müsse den Gedanken von
dem Ungeheueren ablenken; er hat sich gern als „sinnlichen Menschen"
bezeichnet; er hoffe, aus der Wahrheit der fünf Sinne zu sein.

> Laß den Makrokosmos gelten!
> seine spenstischen Gestalten,
> da die lieben kleinen Welten
> wirklich Herrlichstes enthalten.

Aber seine Sinnenhaftigkeit ist nicht die des naiven Naturmenschen,
der den Traum des Sinnenseins nicht durchschaut, sie schließt nie das
Gefühl aus, daß alles Sinnliche Ausdruck alles Übersinnlichen ist.
Niemand kann das Ganze im Kleinsten erblicken, wer das Ganze nicht
irgendwie besitzt. Sein Leben ist ein immer reineres und tieferes Hin=
einwachsen in die allumfassende Einheit von Gott und Welt, ein immer
tieferes Bewußtwerden der wirkenden Kräfte des Makrokosmos. Er
kann später von seiner Straßburger Zeit sagen, daß er damals den
Materialismus ein für allemal überwunden hat. Das Système de la
nature von Holbach, die extremste Formulierung des Materialismus
des achtzehnten Jahrhunderts, kam ihm so totenhaft und grau vor, daß
ihm davor wie vor einem Gespenste schauderte. „Wie hohl und leer
wurde uns in dieser tristen atheistischen Halbnacht zu Mute, in welcher
Erde, Himmel und alle Gestirne verschwanden."

Nein, das geistige Universum, von dem wir als sinnliche Menschen
nur den Leib erkennen, war für Goethe nicht Traum, sondern höchste
Wirklichkeit. Und wenn auch Zeiten vergehen, in denen er auf das Da=
sein und Wirken des Übersinnlichen wenig zu achten scheint, und er es
in dem Drang des täglichen Lebens scheinbar aus den Augen verliert:

es bricht immer wieder durch! Ein solcher Durchbruch macht das Gedicht Zueignung zu Faust so warm, so tief bewegend. Jenes stille ernste Geisterreich, nach dem ihn längst entwöhnte Sehnsucht in Schauern ergreift, es ist nicht nur das Reich der Kunst, es ist das Gefilde hoher Ahnen, das die Tränen löst und den Druck ganzer Jahre von ihm nimmt, es ist das große weltumspannende Reich, dessen Sein ihm mit den ersten Versen Fausts wieder lebendig wird und in dem keine Zeit und kein Raum beengt; alles Nahe wird fern, alles Ferne nah:

> Was ich besitze, seh ich wie in Weiten,
> und was verschwand, wird mir zu Wirklichkeiten.

2. Gott und Natur

Den vier verschiedenen Lebensaltern entsprechen nach Goethe vier verschiedene philosophische Tendenzen. Wenn man diesen Ge= danken noch weiter verfolgt, kommt man zu folgendem:

In jedem Kind steckt ein Realist, oder wie Goethe auch sagt, ein Sensualist. Seine Sinne stellen ihm das Nächste dar in ungestör= ter Ganzheit und Frische. Wie es die Dinge sieht, schmeckt, fühlt und riecht, darin ist alles enthalten, darin ist die Welt ganz, darin liegt der Zauber, das Geheimnis, das Wunder, die ganze Wahrheit und Tiefe des Lebens. So ruht das Kind träumend ohne Begriff und Bewußtsein in der Unendlichkeit des Raumes; das Unendliche des Geistes ist eingeströmt, aus ihm könnte das Kind nicht heraustreten, im Bewußtsein aber ist die Sinneswelt selbst, mit allem was sie ent= hält und gibt, unteilbar, ohne Alter, unerschöpflich und voll der er= regensten Wunder.

Der junge Mensch wird nicht nur deshalb Idealist, weil er liebt und in dem geliebten Wesen seinen Traum verkörpert. Er wird auch Idealist, weil die Unendlichkeit der Raumesweiten aufwühlend in sein Innerstes dringt, das sich an jedem mißt und in jedem selbst sucht und so die Erfahrung des Unendlichen in allem, in seinem Bewußtsein, in seinen Beziehungen zu Mensch und Natur stets wieder aufspürt. Nun muß er „auf sich merken, sich vorfühlen", wie Goethe sagt, weil die jähe Leidenschaft, in der er mit sich und mit dem Gehalt der Welt ringt, ihn jeden Augenblick zugrunde richten kann, wenn er sich einer ins grenzenlos Leere gehenden Subjektivität überläßt, wenn er die beiden abgründigen Tiefen: das unendliche Gefühl in sich und die Unendlich= keit des Raumes und seines Gehaltes draußen, der ihm drohend und übergroß gegenüber steht, nicht verbinden kann, wenn er nicht eine höhere bewußtere Einheit beider Unendlichkeiten findet als die war, in der das Kind so unbefangen und traumhaft ruhte.

Der Mann entwickelt sich zum Skeptiker, „um im Handeln den Verstand beweglich zu halten“ Er steht in dem Chaos des äußeren Lebens, das er zu ordnen hat und entwickelt auch der Natur gegenüber ein Denken, das kein sich selbst suchendes und sich selbst genießendes Schwanken subjektiver Gefühle mehr duldet und alles Schrankenlose eindämmt, um dem Reichtum des objektiven Lebens selbstlos seine Organe zu öffnen. Er bedient sich dabei der Kritik eines sich jeden Augenblick Rechenschaft ablegenden Verstandes. Indem der Mann vor dem Unerkennbaren der äußeren Unendlichkeit entsagt und das Unendliche im Endlichen aufsucht, indem er sich an dem Gedanken genügen läßt, daß alles Einzelne Teil am Unendlichen hat, versucht er den in allem Handeln immer noch fühlbaren Abgrund zwischen Ich und Welt durch reine Vernunftkultur zu überwinden.

Der Greis neigt zur Mystik, oder, wie Goethe ein andermal sagt, er endigt im Quietismus. Er läßt es gehen wie es geht; denn: das Unvernünftige gelingt, das Vernünftige schlägt fehl, Glück und Unglück stellen sich unerwartet ins Gleiche, und so beruhigt sich der Greis in dem, was über alle Vernunftkultur hinausliegt: in der Unvergänglichkeit der geistigen Welt, „in dem der da ist, der da war, der da sein wird“. Er findet zuletzt, daß trotz aller Vorsicht und Skepsis das äußere Schicksal ganz unaufhaltsam fortwirkt. Indem er das Notwendige sich erfüllen läßt, gewinnt er in sich selbst eine reine heitere Freiheit des Geistes, gewinnt im Bewußtsein seiner Ewigkeit die Einheit wieder, die er unbewußt als Kind schon besaß.

> Der Jugend Nachtgefährt ist Leidenschaft,
> ein wildes Feuer leuchtet ihrem Pfad;
> der Greis hingegen wacht mit hellem Sinn
> und sein Gemüt verschließt das Ewige.

Der Verstand mag alle Beziehungen der äußeren Dinge, die Vernunft alle Bewegungen des einen Lebens erkennen: der Mystiker allein lebt die letzte Einheit im Geiste.

Auch Goethe hat diese Entwicklung durchlebt.

Mit den frühsten Erschütterungen durch die Liebe brechen auch die ersten Erlebnisse des Unendlichen in die ahnungsvoll erregte Empfindungsseele, in der Einsamkeit der Wälder gibt er sich dem Grenzen-

losen ganz hin, und Dichtung und Wahrheit schließt diese Schilderung
mit den Worten: „Gewiß, es ist keine schönere Gottesverehrung als
die, zu der man kein Bild bedarf, die bloß aus dem Wechselgespräch
mit der Natur in unserem Busen entspringt."

Der Mann aber hält sich an die „wahren und natürlichen Gesetze".
Der Mann sucht das eine Wesen der Natur in ihren ewig gesetzlichen
Verhältnissen: „Es ist mir sehr ernst in allem, was die großen ewigen
Verhältnisse der Natur betrifft." Mit diesen Gesetzen fällt alles Will=
kürliche, Eingebildete zusammen: da ist Notwendigkeit, da ist Gott.
„Die Natur wirkt nach ewigen notwendigen dergestalt göttlichen Ge=
setzen, daß die Gottheit selbst daran nichts ändern könnte."

Am Ende des Lebens aber gehen dem gefaßten Geiste Gedanken
auf, bisher undenkbare, „sie sind wie selige Dämonen, die sich auf den
Gipfeln der Vergangenheit glänzend niederlassen"

Er schreibt an Schelling, 1815: „Je älter man wird, desto mehr
verallgemeinert sich alles, und wenn die Welt nicht ganz und gar ver=
schwinden soll, so muß man sich zu denen halten, welche sie aufzubauen
imstande sind." An Boisserée, 1826: „Ich muß in meinen hohen Jahren
immer auf die letzten Formeln hindringen, durch welche ganz allein mir
die Welt noch faßlich und erträglich wird." An Zelter, 1830: „Und dann
darf ich Dir wohl ins Ohr sagen, ich erfahre das Glück, daß mir in mei=
nem hohen Alter Gedanken aufgehen, welche zu verfolgen und in Aus=
übung zu bringen eine Wiederholung des Lebens gar wohl wert machten."

Wenn wir aber nur diese Entwicklung von Goethes Verhältnis zur
Natur sehen wollten: vom jugendlich leidenschaftlichen Idealismus über
die dem Rationalismus sich nähernde Wissenschaftlichkeit des Mannes
zur Mystik des alten Goethe, so könnte das ein falsches Bild geben.
Wohl hat auch Goethe alles Typische der Lebensalter an sich erfahren.
Aber vergessen wir nicht das Wesentliche: Goethe bewegt sich von dem
einen Mittelpunkt nach allen Seiten, dieser Mittelpunkt ist sein inner=
stes Wesen, das konstant bleibt, sein Grundverhältnis zur Natur
kommt es zu sehen an, und dies ist: Gott und Natur, die reiche sinn=
lich wahrnehmbare Welt und die noch viel reichere übersinnliche Welt
nie gesondert, sondern stets in einer sich schöpferisch durchdringenden
Einheit zu denken.

Dem Ganzen liegt eine Idee zugrunde, wonach „Gott in der Natur, die Natur in Gott von Ewigkeit zu Ewigkeit schaffen und wirken möge. Anschauung, Betrachtung, Nachdenken führen uns näher an jene Geheimnisse".

Er selbst nennt dies seine „reine, tiefe, angeborene und geübte Anschauungsweise, die mich Gott in der Natur, die Natur in Gott zu sehen unverbrüchlich gelehrt hatte, so daß diese Vorstellungsart den Grund meiner ganzen Existenz machte". Jacobis einseitig beschränkter Ausspruch, die Natur verberge Gott, habe ihn dem Geiste nach auf ewig von diesem Freunde entfernen müssen.

„Jacobi wußte und wollte gar nichts von der Natur, ja, er sprach deutlich aus: sie verberge ihm seinen Gott. Nun glaubte er mir triumphierend bewiesen zu haben, daß es keine Naturphilosophie gebe; als wenn die Außenwelt dem, der Augen hat, nicht überall die geheimsten Gesetze täglich und nächtlich offenbarte. In dieser Konsequenz des unendlich Mannigfaltigen sehe ich Gottes Handschrift am allerdeutlichsten." Dies Urteil wiederholt sich im Gespräch; Jacobi hätten die Naturwissenschaften gemangelt, mit ein bißchen Moral könne man keine große Weltansicht bilden. Jacobis Gott müsse sich immer mehr von der Welt absondern, da der Seinige sich immer mehr in sie verschlinge (an Schlichtegroll). Und über Lavater urteilt Goethe ganz ähnlich: Lavater kenne nichts Ideelles als unter der moralischen Form. Goethe aber sieht es im Weltganzen.

Wir können deshalb die Entwicklung von Goethes Natur- und Weltanschauung nur verstehen, wenn wir sehen, wie diese Vorstellungsart, die er selbst als den Grund seiner ganzen Existenz angibt, sich modifizierte, sich reinigte und steigerte, in eben dem Grade als das klare Bewußtsein des Geistigen, das klare Schauen seiner sich überall manifestierenden Gesetze, von der Jugend bis zum hohen Alter sich beständig erweiterte und vertiefte und von der im Helldunkel schwankenden aufs Große gehenden Leidenschaftlichkeit eines dichtenden Empfindungslebens über das gebändigte, reine, ruhige Vernunftleben des Mannes zum geheimnisvoll durchleuchteten Seelenleben des alten Goethe immer nur tiefer erwachte. Zu keiner Zeit konnte er die Natur anders denken als nur in Gott und nur durch Gott bestehend, als sichtbaren Ausdruck und Offenbarung eines unendlicheren geistigen Alls.

> Ich wandle auf weiter bunter Flur
> ursprünglicher Natur;
> ein holder Born, in welchem ich bade,
> ist Überlieferung, ist Gnade.

Je ruhiger seine Seele an der Natur wird, je geistiger seine Organe sich ausbilden, desto lesbarer wird ihm das Buch der Natur, mit immer höherem Recht kann er sagen: ich fühl's, ich kenne dich, Natur! um zuletzt von seinen Naturstudien zu gestehen, sie seien es, die ihn an die Schwelle gelockt, wo wir in den Glanz der Gottheit hineinblicken, ohne erblindet zu werden.

Dies alles will bedacht sein, ehe wir uns nochmals zu dem jungen Goethe zurückwenden.

Faust muß für den Augenblick scheitern, weil der leidenschaftliche Zustand nicht rein genug ist und sich Gott und die übersinnliche Natur so nicht zwingen lassen. Man denke an Goethes spätere Kritik des ersten Teiles: er sei aus einem dunklen, aus einem befangeneren, leidenschaftlicheren Zustand des Individuums hervorgegangen und fast ganz subjektiv, im zweiten Teil aber erscheine eine höhere, breitere, hellere, leidenschaftslosere Welt.

Der Weg war also klar; er hieß: absolute Reinheit, absolute Ruhe und Geduld. Was er abtun, was er meiden müsse, wurde ihm besonders an Freunden offenbar. Er sagt: „Jacobis originelle, seiner Natur gemäße Richtung gegen das Unerforschliche war mir höchst willkommen;" aber während ihm eine Reinheit und eine sich selbst und allen Dingen gegenüber sich freifühlende Objektivität als notwendiger Seelenzustand vorschwebte und er in der Stille darum kämpfte, wußte er zugleich, daß Menschen wie Jacobi ihre Subjektivität nie in dem Grad überwinden konnten. „Aus einer so wundersamen Vereinigung von Bedürfnis, Leidenschaft und Ideen konnten für mich nur Vorahnungen entspringen dessen was mir vielleicht künftig deutlicher werden sollte." Das was hier von diesen drei Zuständen — Bedürfnis, Leidenschaft und Idee — das Reine, das Objektive, das geistig Existente ist: die Idee, das fühlte er durch Allzumenschliches — Bedürfnis und Leiden=

schaft — zurückgehalten. Er weiß, daß man dem geistigen Gehalt der
Welt ganz ruhig, ganz ohne Sehnsucht gegenüber treten muß, wenn
Er, und nicht die Individualität sprechen soll.

„Die Schätze der Natur sind verzauberte Schätze, welche kein Spaten,
sondern das Wort bloßlegt." Das Wort spricht sich aber nur in der
Seele des über sich selbst hinaus gewachsenen Menschen.

Goethes Werke, Briefe und Tagebücher, besonders der ersten Wei=
marer Zeit, offenbaren auf vielen Blättern dieses ernstliche Ringen
um Reinheit und produktive Ruhe.

„Wer nicht seine Federn wegwirft, alle Kritik und Krittelei verschwört,
sich nicht geradezu wie ein Quietist zur Kontemplation seiner selbst
niedersetzt, aus dem wird nichts, denn hier fließen die heiligen Quellen
bildender Empfindung lauter aus vom Throne der Natur." (1774)

„Es offenbaren sich mir neue Geheimnisse. Es wird mir noch bunt
gehen. Ich übe mich und bereite das Möglichste. In meinem jetzigen
Kreis habe ich wenig, fast gar keine Hinderung außer mir. In mir
noch viele. Die menschlichen Gebrechen sind rechte Bandwürmer, man
reißt wohl einmal ein Stück los und der Stock bleibt immer sitzen. Ich
will doch Herr werden. Niemand als wer sich ganz verleugnet ist wert
zu herrschen und kann herrschen." (1780)

„Aber ich lasse doch nie ab von meinen Gedanken und ringe mit
dem unerkannten Engel, sollt ich mir die Hüfte ausrenken." (1779)

„Möge die Idee des Reinen, die sich bis auf den Bissen erstreckt,
den ich in den Mund nehme, immer lichter in mir werden." (1779)

„Ich bin recht still und rein und, wie ich euch schon versichert habe,
jedem Ruf bereit und ergeben." (Ital. Reise)

Was bleibt mir nun als eingehüllt,
von holder Lebenskraft erfüllt
in stiller Gegenwart die Zukunft zu erhoffen.

„Da ich jetzt so rein und still bin wie die Luft, so ist mir der Atem
guter und stiller Menschen sehr willkommen."

„Verfahre ruhig, still, brauchst dich nicht anzupassen."

„Halte dich nur im Stillen rein."

„Was ich trage an mir und andern, sieht kein Mensch. Das Beste ist die tiefe Stille, in der ich gegen die Welt lebe und wachse und gewinne, was sie mir mit Feuer und Schwert nicht nehmen können." —

Der Erfolg der Stille bleibt nicht aus.

„Mein Gott, dem ich immer treu geblieben bin, hat mich reichlich gesegnet im Geheimen, denn mein Schicksal ist den Menschen ganz verborgen, sie können nichts davon sehen noch hören." (1779)

Ein vorher nicht gekannter Friede weht ihn an.

„Ich bin ein Kind des Friedens und will Friede halten für und für mit der ganzen Welt, da ich ihn einmal mit mir selbst geschlossen habe." (Ital. Reise)

„Klarheit nötigt zur Einsicht, Einsicht erschafft Duldung, Duldung ist die einzige Vermittlerin eines in allen Kräften und Anlagen tätigen Friedens."

Klopstock erschien ihm als ein edler und großer Mann, über dem der Friede Gottes ruht.

„Der Friede Gottes, der sich täglich mehr an mir offenbart, walte auch über Dir und den Deinigen." (An Lavater)

An Nees von Esenbeck: (1823): „Es kam augenblicklich der Friede Gottes über mich, der, mich mit mir selbst und mit der Welt ins Gleiche zu setzen, sanft und kräftig genug war."

Es ist der Friede, „der mehr als Vernunft beseligt", und um den der Nachtwanderer betet:

süßer Friede,
komm, ach komm in meine Brust!

Während andere sich Grenzen zogen durch die Bedürfnisse ihres Gemütes und über eine immer auf sich selbst zurückfallende Empfindung nicht hinauskamen, vermag er so „das Sehnsüchtige, was in ihm lag, kräftig zu bekämpfen," um in die klare, freie, bedürfnislose Gottes- und Geisteswelt immer tiefer hineinzuwachsen, und als Führer und Vorbild zu diesem uneigennützigen, tief liebevollen und ganz in sich selbst ruhenden Seelenzustand, zu dieser vollkommenen Gelöstheit und produktiven Selbstvergessenheit wählte er Spinoza.

Seine erste nähere Bekanntschaft mit Spinoza fällt etwa in die Zeit des Werther (1774), und schon Die Leiden des jungen Werthers zeigen, wie die Individualität, die das Sehnsuchtsvolle nicht überwunden hat, wie das „ganze wunderbare Gefühl", womit sein Herz die Natur umfaßt (weil es allzumenschlich, weil es zu sehr Bedürfnis und Leiden= schaft ist) an dem Unendlichen der Natur zugrunde gehen muß, und schon durch den Werther leuchtet die auffallende Klarheit, die Goethe auch in den leidenschaftlichsten Zeiten sich selbst immer bewahrt hat.

Man darf deshalb Die Leiden des jungen Werthers nicht ohne weiteres für Goethes Naturgefühl anführen. Drei verschiedene Ströme fließen hier zusammen, sie kommen von Faust, von Goethe, von Werther selbst.

Zunächst lebt hier Faustischer Drang und Wille nach dem unmittel= bar schauenden Erlebnis der unendlichen geistigen Welt. Da ist zweitens der eigentlich Wertherische Subjektivismus, das Umfassenwollen im Gefühl, das Sichfühlen in allem, das Nichthinauskommen über sich, das nicht sich ganz und gar opfern können, der Mangel an höchster und heiligster Entselbstigung. Es ist aber noch ein Drittes im Werther, und dies ist das zarte geistige Mitschwingen mit allem Lebendigen, die eigentümliche Reinheit der Anschauung, die ihm alle Wesen nahe bringt.

„Ich suchte mich innerlich von allem Fremden zu entbinden, daß Außere liebevoll zu betrachten und alle Wesen, vom menschlichen an so tief hinab als sie nur faßlich sein möchten, jedes in seiner Art auf mich wirken zu lassen. Dadurch entstand eine wundersame Verwandtschaft mit den einzelnen Gegenständen der Natur, und ein inniges Anklingen, ein Mitstimmen ins Ganze, so daß ein jeder Wechsel mich aufs innigste berührte."

Was Werther davon hat, das kommt ihm zu gut, weil Goethe, nach dem Vorbild Spinozas, sich alles Fremden zu entäußern sucht, weil er wie Spinoza ganz entselbigt in die Natur hineingeht.

Nichts ist für die geistige Überlegenheit Goethes bezeichnender als der Kontrast jener beiden oft zitierten Briefe, in denen einmal die Gegenwart des Alliebenden alles durchströmt, das andere Mal die Natur als ein Ungeheuer erscheint, als die alles wieder verschlingende grausam unempfindliche Welt, die schließlich zum Chaos zerfällt, weil der Spiegel der Seele zersprungen ist, die das eine Leben nicht be= wahren kann.

Schon in jenem ersten Rausch ist die Ahnung des Todes enthalten.

Aber noch könnte man glauben, es sei die mystische Sprengung aller Kleinheit und Endlichkeit der Person.

„Wenn das liebe Tal um mich dampft und die hohe Sonne an der Oberfläche der undurchdringlichen Finsternis meines Waldes ruht, und nur einzelne Strahlen sich in das innere Heiligtum stehlen, ich dann im hohen Grase am fallenden Bache liege und näher an der Erde tausend mannigfaltige Gräschen mir merkwürdig werden; wenn ich das Wimmeln der kleinen Welt zwischen Halmen, die unzähligen unergründlichen Gestalten der Würmchen, der Mückchen näher an meinem Herzen fühle, und fühle die Gegenwart des Allmächtigen, der uns nach seinem Bilde schuf, das Wehen des Allliebenden, der uns in ewiger Wonne schwebend trägt und erhält; mein Freund! wenn's dann um meine Augen dämmert, und die Welt um mich her und der Himmel ganz in meiner Seele ruhen wie die Gestalt einer Geliebten — dann sehn ich mich oft und denke: ach könntest du das wieder ausdrücken, könntest du dem Papier das einhauchen, was so voll, so warm in dir lebt, daß es würde der Spiegel deiner Seele, wie deine Seele ist der Spiegel des unendlichen Gottes! mein Freund — Aber ich gehe darüber zugrunde, ich erliege unter der Gewalt der Herrlichkeit dieser Erscheinungen."

Wieviel kräftiger und gleichzeitig entselbstigter ist die Liebe Goethes, „die ewig belebende Liebe, Krone des Lebens, die Seele unseres Glücks!" Man denke an das spätere Wort:

„Man lernt nichts kennen, als was man liebt, und je tiefer und vollständiger die Kenntnis werden soll, desto stärker, kräftiger und lebendiger muß Liebe, ja Leidenschaft werden."

Diese erkennende Liebe hätte nicht mehr davor gebangt, daß sie unterliegen, daß sie zugrunde gehen könnte. Sie kann nur zugrunde gehen, so lange der Mensch an der Endlichkeit seiner Person festhalten will, so lange er diese nur erfüllen will mit der Größe und Unendlichkeit des Allgegenwärtigen. „Man muß die Existenz aufgeben, um zu existieren." Sich aufzugeben ist Genuß! Und voll tiefen grenzenlosen Vertrauens, weil er sich aufgeben kann, weil er durchaus nicht an der Endlichkeit festhält, kann der Starke, der Entselbstigte dem Unendlichen sich ganz hingeben: Weltseele, komm uns zu durchdringen.

Denn höchste Liebe schenkt nicht nur, sie erhält höchste Liebe tausend=
fach zurück; sie erkennt nicht nur, sie wird auch erkannt:

> Wer von reiner Lieb entbrannt,
> wird vom lieben Gott erkannt.

Welcher Kontrast nun jener andere Brief, der zunächst an Faust er=
innert:

„Damals wie oft habe ich mich mit den Fittichen eines Kranichs,
der über mich hinflog, zu den Ufern des ungemessenen Meeres gesehnt
aus dem schäumenden Becher des Unendlichen jene schwellende Lebens=
wonne zu trinken und nur einen Augenblick, in der eingeschränkten
Kraft meines Busens, einen Tropfen der Seligkeit des Wesens
zu fühlen, das alles in sich und durch sich hervorbringt."

Hier dominiert das Fühlenwollen, im Faust das Erkennenwollen.

Auch Werther leidet darunter, daß er das Innerste der Natur nicht
erkennen kann. Aber wieviel schneller entsagt er! Das Leben sei nur
ein Traum, und wenn er die Einschränkung ansieht, „in welcher die
tätigen und forschenden Kräfte des Menschen eingesperrt sind," so bleibt
er dabei stehen, daß alle Beruhigung über gewisse Punkte des Nach=
forschens nur eine träumende Resignation ist, da man sich die Wände,
zwischen denen man gefangen sitzt, mit bunten Gestalten und lichten
Aussichten bemalt; dies alles macht ihn stumm, und „ich lächle dann
so träumend weiter in die Welt".

Immer beherrscht ihn das Fühlenwollen, immer leidet er unter dem
nicht Fühlenkönnen! „Wir sehnen uns, ach! unser ganzes Wesen hin=
zugeben, uns mit aller Wonne eines einzigen großen herrlichen Ge=
fühls ausfüllen zu lassen — und ach! wenn wir hinzueilen, wo das
Dort nun Hier wird, ist alles vor wie nach."

„Es hat sich vor meiner Seele wie ein Schleier weggezogen, und
der Schauplatz des unendlichen Lebens verwandelt sich vor mir in
den Abgrund des ewig offnen Grabes. Kannst du sagen: Das ist! da
alles vorübergeht?" Mich untergräbt „die verzehrende Kraft, die in dem
All der Natur verborgen liegt, die nicht seinen Nachbar, die nicht sich
selbst zerstört ... Ich sehe nichts als ein ewig verschlingendes, ewig
widerkäuendes Ungeheuer."

Dies steigert sich noch zu jener Vision der „ganz in sich gedrängten, sich selbst ermangelnden und unaufhaltsam hinabstürzenden Kreatur", die aus den Tiefen ihrer vergebens aufarbeitenden Kräfte aufschreit: „mein Gott, mein Gott, warum hast du mich verlassen?"

Man kann nicht sagen, daß Goethe selbst die Natur immer so empfunden, nicht einmal, daß er unter solchen Kontrasten in seiner Empfindung gelitten hat. Es ist der Tod, den Werther in sich hegt und trägt und der ihn zuletzt draußen nur noch den Tod und seine zerstörenden Kräfte fühlen läßt. Die zu weiche, subjektive, träumerische, passive, zu großer Tätigkeit unfähige Seele bringt den Keim des Todes schon mit in seine Liebe — Werther ist Quietist, er ist „so in dem Gefühl von ruhigem Dasein versunken", daß er nichts schaffen kann — und wenn Goethe in diese unvergleichliche Prosa eine hie und da mehr als Wertherische, eine Faustische Leidenschaft zum Innern der Natur einfließen läßt, so geschah dies im Überströmen des Genius, der den Reichtum seines Herzens nicht immer zugunsten psychologischer Erwägungen zurückzudämmen vermag. Werther setzt sich nirgends dem Eindruck gleich groß entgegen, er geht darin unter, er erliegt im Entzücken, wieviel mehr noch im Schmerz! Dies ist der große Unterschied zu Faust. Faust, in der übermenschlichen Hochspannung seiner Kraft, bleibt in allen Konflikten, in die er in Liebe oder Tätigkeit gerät, immer groß, immer bewahrt. Werther ist dem Schicksal wie der Natur gegenüber zu schwach, weil er nicht über sein eigenes Fühlen hinaus kann, weil er jene Grenzen von Sehnsucht, Bedürfnis und Leidenschaft nicht überschreiten und damit zur Idee kommen kann. Er ist das für sein Erlebnis zu starke Instrument, das sich im physischen Tode zerbrechen muß, nachdem es auf dem Weg des „unendlichen Gefühls" gescheitert ist.

So hat Goethe in den Leiden des jungen Werthers die zwei sich polar widersprechenden Arten die Natur zu erleben, einmal als von Gottes unendlicher Liebe durchglühte, das andere Mal als eine vom Tod durchsetzte sich selbst auf grausame und selbstzerstörerische Weise vernichtende Welt in überlegener und völlig neuer Kunst zur Analyse und Darstellung eines Seelenzustandes verwandt, dessen Begrenztheit er zu überwinden sucht, ja innerlich schon überwunden hat.

Schon zwei Jahre früher heißt es:

„Was wir von der Natur sehen, ist Kraft, die Kraft verschlingt;

nichts gegenwärtig, alles vorübergehend, tausend Keime zertreten, jeden
Augenblick tausend geboren, groß und bedeutend, mannigfaltig ins Un=
endliche, schön und häßlich, gut und böse, alles mit gleichem Recht neben=
einander existierend."

Dieser Naturbegriff von 1772 ist klar, ohne Überschwang, ohne Mit=
sprechen eines Leben oder Tod umfassenden Gefühls. Man spürt, in
der Art, wie die Gegensätze in der Natur scharf und bestimmt formu=
liert sind, den Willen, sich im reinen überpersönlichen Geiste einen über=
legenen Standpunkt zu erringen.

Von hier geht eine Linie zu dem Fragment über die Natur von
1781. Auch hier erscheint die Natur in lauter Widersprüchen und diese
Antithesen fließen fast alle aus dem Gegensatz der Alleinheit und der
individuellen Sonderheit, dem Eigenleben und dem Alleben eines jeden
Dinges:

„Sie spricht unaufhörlich mit uns und verrät uns ihr Geheimnis
nicht —

sie scheint alles auf Individualität angelegt zu haben und macht sich
nichts aus den Individuen, sie baut auf und zerstört immer, und ihre
Werkstatt ist unzugänglich.

Jedes ihrer Werke hat ein eigenes Wesen, jede Erscheinung den iso=
liertesten Begriff und doch macht alles nur Eines aus.

Sie scheint ein Schauspiel für uns zu spielen, „die wir in der Ecke
stehen".

Es ist ein ewiges Leben, Werden und Bewegen in ihr und doch rückt
sie nicht weiter. Sie verwandelt sich ewig, und ist kein Moment Stille=
stehen in ihr —

Leben ist ihre schönste Erfindung, der Tod ihr Kunstgriff, viel Leben
zu haben.

Sie hüllt den Menschen in Dumpfheit ein und spornt ihn immer
wieder zum Lichte; sie macht ihn abhängig zur Erde, träg und schwer,
und schüttelt ihn immer wieder auf.

Sie setzt alle Augenblicke zum längsten Lauf an und ist alle Augen=
blicke am Ziel.

Sie ist ganz und doch immer unvollendet, sie hat mich hereingestellt,
sie wird mich auch herausführen . . ."

Hier, in dem Fragment über die Natur, steht er ihr noch als einem Übergroßen gegenüber, in strengem Bemühen nach Objektivität und zugleich nach Einfühlung in den innersten Lebensquell, wie er dem Erd= geist gegenüber gestanden hat, nur ruhiger, fester, objektiver; aber so lange er an diesem Gegenüber festhält und mit dem Bewußtsein seiner endlichen Person vor ihr steht, anstatt ganz selbstvergessen in sie hinein= zugehen, so lange treten auch die Widersprüche ihres endlichen und unendlichen Wesens, ihre ewigen Wechselzustände und mit ihnen die ganze Polarität von Tod und Leben beunruhigend hervor.

So vorbereitet war Goethe, wenn er Spinoza in die Hand nahm. Hier sah er das, was er dunkel suchte, blitzartig erhellt. Er fühlte, wie Spinoza etwas von dieser geistigen, dieser überpersönlichen Einswerdung mit der natura naturans besaß, die er so leidenschaft= lich erstrebt hatte; er fühlt sich bis zum Grund seiner Existenz un= vergleichlich gestärkt. Nicht, daß er nun seine „werten Mystiker", wie er sagt, verleugnet hätte, um Spinozas Philosophie willen. Spi= noza hat durch sein Wesen auf Goethe gewirkt, von seiner Philo= sophie konnte er nur Einzelnes und ganz Allgemeines sich aneig= nen. Aber wenn Goethe sich in diese Sätze von der intellektuellen Liebe zur Gott=Natur und von der intuitiven Erkenntnis seiner Voll= kommenheiten versenkte, fühlte er, wie seine Unrast von ihm abfiel und an diesem Gegenpol geistiger Helligkeit alles sich in ihm löste und er= füllte. Er sagt später, er wisse nicht, was er in diese Philosophie hinein= gelesen habe; „ich fand hier eine Beruhigung meiner Leidenschaften". In der grenzenlosen Uneigennützigkeit, in der lauteren, allem Fanatis= mus, allem Wirkenwollen gänzlich abholden Wahrhaftigkeit Spinozas findet Goethe das Geheimnis eines Seelenzustandes, den er in Wahl= verwandtschaft immer suchen muß und der ihm vorbildlich bleibt. Dieses Ideal einer ganz uneigennützigen Liebe zur Natur wie Spinoza es gelehrt und gelebt hatte, scheint ihm aus der Höhe und Reinheit eines Seeleninnern zu fließen, wie wir sie nur in Christus denken. Er sagt dies zu Lavater schon 1774 und nicht nur aus Paradoxie, denn 1785 schreibt er an Jacobi, wenn ihn, Spinoza, andere atheum schelten, „so möchte ich ihn theissimum ja christianissimum nennen und preisen".

Uneigennützig zu sein in allem, am uneigennützigsten in Liebe und Freundschaft, wurde seine „höchste Lust, seine Maxime, seine Ausübung", und diese Uneigennützigkeit, die die Überwindung der Endlichkeit der Person ist, wird erst gekrönt durch die ganz selbstlose Liebe zur Natur. Was Goethe Spinoza verdankt, beruht vor allem andern auf dieser direkt menschlichen Wirkung. Er rechnet Spinoza unter seine großen Erzieher. Er nennt neben ihm Shakespeare und Linné. Diese wirken auf ihn als Künstler und als Wissenschaftler; die Wirkung von Spinoza ist tiefer, denn sie ist menschlicher.

Von einem späteren Spinozastudium sagt Goethe: „Dieselbe Friedens= luft wehte mich wieder an." „Mein Zutrauen zu Spinoza ruhte auf der friedlichen Wirkung, die er in mir hervorbrachte, und es vermehrte sich nur, als man meine werten Mystiker des Spinozismus anklagte, als ich erfuhr, daß Leibniz selbst diesem Vorwurf nicht entgehen konnte."

Und um nochmals ausdrücklich zu betonen, daß es die Persönlichkeit des Spinoza war, die so stark auf ihn gewirkt hatte, setzt er hinzu:

„Denke man aber nicht, daß ich seine Schriften unterschreiben und mich dazu buchstäblich hätte bekennen mögen."

Die Briefe bestätigen diese Darstellung in Dichtung und Wahrheit durchaus.

„Ich fühle mich ihm sehr nahe, obgleich sein Geist viel reifer und reiner ist als der meinige." (1784)

„Ich kann nicht sagen, daß ich jemals die Schriften dieses trefflichen Mannes in einer Folge gelesen habe, daß mir jemals das ganze Ge= bäude seiner Gedanken völlig überschaulich vor der Seele gestanden hätte. Meine Vorstellungs= und Lebensart erlauben's nicht. Aber wenn ich hineinsehe, glaube ich ihn zu verstehen, d. h.: er ist mir nie mit sich selbst in Widerspruch und ich kann für meine Sinnes= und Handelns= weise sehr heilsame Einflüsse daher nehmen." (1785)

Durch die Methode wie durch die Ergebnisse seiner Naturforschung hat sich Goethe dann so weit von Spinoza entfernt, daß es ein Zeichen von Unwissenheit ist, wenn jemand glaubt, mit dem Wort von Goethes Spinozismus etwas gesagt zu haben. Wird die intuitive Naturerkennt= nis nicht von jeder echten auf das Wesen gerichteten Betrachtungsart gefordert? Hat Goethe nicht seine eigene Methode in völliger Freiheit

44

von jener scientia intuitiva des Spinoza, der intuitiven Erkenntnis der dem Sein der Dinge adäquaten Ideen aus= und weitergebildet?

Was ist, in der Methode, Goethes eigenste Forderung?

Alle Fähigkeiten des Geistes und der Seele zusammen nehmen!

„Mit allen liebenden, verehrenden, frommen Kräften in die Natur und das heilige Leben derselben einzudringen suchen, ganz unbekümmert, was die Mathematik von ihrer Seite leistet und tut."

Die Wissenschaft sollte sich, in jedem Behandelten, immer ganz er= weisen. „Um aber einer solchen Forderung sich zu nähern, so müßte man keine der menschlichen Kräfte bei Wissenschaftlichkeit ausschließen. Die Abgründe der Ahnung, ein sicheres Anschauen der Gegenwart, mathematische Tiefe, physische Genauigkeit, Höhe der Vernunft, Schärfe des Verstandes, bewegliche sehnsuchtsvolle Phantasie, liebevolle Freude am Sinnlichen, nichts kann entbehrt werden."

Aber all diese Kräfte müssen dem einen dienen, worauf Goethes Methode im eigentlichsten Sinn beruht: dem Schauen.

„Wie der Hirsch und der Vogel an kein Territorium sich kehrt, sondern da äst und dahin fliegt, wo es ihn gelüstet, so muß der Betrachter auch sein. Kein Berg sei ihm zu hoch, kein Meer zu tief. Da er die ganze Erde umschweben will, so sei er freigesinnt wie die Luft, die alles um= gibt. Weder Fabel noch Geschichte, weder Lehre noch Meinung halte ihn ab zu schauen. Er sondere sorgfältig das, was er gesehen hat, von dem, was er vermutet oder schließt." (1780)

Goethe nennt diese seine höchste Fähigkeit produktiven Sehens auch das geistige Sehen.

„Ohne mit den Augen des Geistes zu sehen, tasten wir wie überall, so auch in der Naturforschung, blind umher."

Er spricht von einem ihm eigenen „Hinstarren auf die Natur", von der Neigung zur Natur, der stillen Leidenschaft, „ihre Rätsel anzu= schauen" und dem Wunsch, durch unseren eigenen selbst rätselhaften Geist ihren Mysterien etwas abzugewinnen.

Wenn er seine Augen ordentlich aufmache, so sehe er wohl auch was irgend zu sehen sei.

„Es ist mir erlaubt, Blicke in das Wesen der Dinge und ihre Ver= hältnisse zu werfen, die mir einen Abgrund von Reichtum eröffnen."

Das Schauen entfernt ihn von jeder vorwiegenden Spekulation, jeder abstrakten und theologischen Metaphysik: „indem ich mich nie rein spekulativ verhalten kann, sondern gleich zu jedem Satze eine An= schauung suchen muß, und deshalb gleich in die Natur hinausfliehe“.

Zu Jacobi: „Wenn Du sagst, man könne an Gott nur glauben, so sage ich Dir, ich halte viel aufs Schauen.“

Erfahrungstatsache wie Lehrsatz führen in zwei Richtungen hinweg von der einen im Schauen erfahrenen Wahrheit.

„Ich konnte so recht in die Werkstätte des Naturphilosophen und Naturforschers hineinsehen und habe mich in meiner Qualität als Naturschauer wieder aufs neue bestätigt gefunden.“ Jene wollen von oben herunter, diese von unten hinauf leiten. „Ich wenigstens finde mein Heil nur in der Anschauung, die in der Mitte steht.“

Hier offenbart sich die ganze Reinheit seines Geistes am vollkommen= sten, ja, es gibt keinen höheren Beweis der tiefen Frömmigkeit seines Wesens als diese entselbstigte Art geistigen Sehens; niemand hat da= mals dieses reine Schauen wie er besessen und bewußt geübt und be= ständig von sich gefordert, die Anschauung von der Meinung zu reinigen, von allem bloß Subjektiven und Unzulänglichen. Alle andern haben entweder die Erfahrung dogmatisch aufgenommen oder der Natur mehr oder weniger Ideen aufgenötigt. Goethe hat allein einen so hohen Be= griff von dem heiligen Leben der Natur, daß er, bei jedem Ergebnis, bei jeder Theorie oder Hypothese immer wieder an die lebendige Natur zurücktritt und sie immer wieder im reinen Schauen einsprechen läßt.

„Ich stelle mich nicht fromm, ich bin es am rechten Ort; mir fällt nicht schwer, mit einem klaren unschuldigen Blick alle Zustände zu be= achten und sie wieder auch eben so rein darzustellen. Jede Art fratzen= hafter Verzerrung, wodurch sich dünkelhafte Menschen nach eigener Sinnesweise an dem Gegenstand versündigen, war mir von jeher zu= wider.“ Die Gegenstände ruhig auf sich einwirken zu lassen, ihre Wir= kung ebenso ruhig zu beobachten und den Eindruck dann frei und un= verfälscht wiederzugeben, dies sei das ganze Geheimnis, was man Genialität zu nennen beliebe.

Der Mensch muß jeden Augenblick die ganze Wissenschaft vergessen und wie neu geboren vor die Natur treten können, um so unbefangen und rein in sie hineinzuschauen. „Die Wissenschaft, anstatt sich in die Mitte zu stellen zwischen Natur und Subjekt, geht darauf aus, sich an die Stelle der Natur zu setzen, und wird nach und nach so unbegreiflich als diese selbst."

Wie ein Handwerk, das sich von der Kunst entferne, wird das wissen= schaftliche Gildewesen immer schlechter, je mehr man das eigentümliche Schauen und das unmittelbare Denken vernachlässige.

Man hat seine Methode ein gegenständliches Denken genannt, man bezeichnet damit eine höhere Identität von Schauen und Denken.

„Gegenständliches Denken heißt, daß die Geistesaugen mit den Leibes= augen in stetem lebendigen Bunde zu wirken haben, weil man sonst in Gefahr gerät, zu sehen und doch vorbeizusehen."

Nur hütet sich Goethe noch weit mehr vor allen Hypothesen und leeren Gedankennetzen, mit denen Gottes reiche Welt in eine graue Öde eingesponnen wird, wie vor den Ideen der Naturphilosophie, die doch immer mit dem schöpferischen Weltgeist selbst ringt. Er fühlt sich immer noch am meisten zu Schelling hingezogen. „Seitdem ich mich von der hergebrachten Art der Naturforschung losreißen und wie eine Monade auf mich selbst zurückgewiesen in den geistigen Regionen der Wissenschaft umherschweben mußte, habe ich selten hier oder dorthin einen Zug verspürt; zu ihrer Lehre ist er entschieden." (1800)

Sehr falsch ist es deshalb, zu behaupten, daß Goethe über das sinn= liche Weltbild nicht so hinausgeschritten wäre wie die moderne Natur= wissenschaft. Sein Schauen ist geistiges Schauen, seine Methode eine höhere Synthese von Empirismus und Idealismus. Sowie ihn die reine Erfahrung festhält, leidet er wie kein anderer unter der Zerstücke= lung der Tatsachen. „Seit ich von Ihnen weg bin, hat mich der böse Engel der Empirie anhaltend mit Fäusten geschlagen." (An Schiller) Er selbst ist weit über sie hinausgeschritten, sein Weg ist: über den Verstand hinaus sich zur höchsten Vernunft zu erheben, um an die Gottheit zu rühren.

„Ohne meine Bemühungen in den Naturwissenschaften hätte ich die Menschen nie kennen gelernt, wie sie sind. In allen anderen Dingen kann man dem reinen Anschauen und Denken, den Irrtümern der Sinne wie des Verstandes, den Charakterschwächen und =stärken nicht so nach=

gekommen; es ist alles mehr oder weniger biegsam und schwankend und läßt alles mehr oder weniger mit sich handeln; aber die Natur versteht gar keinen Spaß, sie ist immer wahr, immer ernst, immer strenge; sie hat immer recht und die Fehler und Irrtümer sind immer des Menschen. Den Unzulänglichen verschmäht sie, und nur dem Zulänglichen, Wahren und Reinen ergibt sie sich und offenbart ihm ihre Geheimnisse. Der Verstand reicht nicht zu ihr herauf, der Mensch muß fähig sein, sich zur höchsten Vernunft erheben zu können, um an die Gottheit zu rühren, die sich in Urphänomenen, physischen wie sittlichen, offenbart, hinter denen sie sich hält und die von ihr ausgehen."

Mit den Augen des Geistes kann auch er immer nur Geistiges erblicken. Nur ist dies Geistige ein Wesenhaftes, keine Abstraktion; es besteht nicht in menschlichen Gedankenformen, sondern ist das Naturinnere selbst. Das Schauen, das vom Ansehen sehr zu unterscheiden sei, ist auf das eine gerichtet, was zugleich einer geistigen Welt angehört und in der sinnlichen Welt das Wesen der Erscheinungen ausmacht, wodurch der Dualismus der zwei Welten überwunden wird, an dem Punkt, wo sie sich durchdringen: dies eine ist die Idee!

Was versteht Goethe unter den Ideen?

Der Geist des Wirklichen ist das wahre Ideelle.

Alles, was wir gewahr werden, sind Manifestationen der Idee.

Er spricht von dem ungeheueren Leben der Welt, das heiße der Wirklichwerdung der Ideen Gottes; dies sei die wahre Wirklichkeit.

Deshalb also hat jede Idee den „göttlichen Auftrag, kräftig und produktiv zu sein."

Deshalb auch läßt die ideelle Denkweise im Vorübergehenden das Ewige schauen.

Weil die Ideen die geistige Welt im Kosmos sind, weil sie der Vernunft der Gottheit entspringen, deshalb also schreibt Goethe ihnen die gleiche, ja eine höhere Gewißheit zu als allem anderen. Sobald die Idee nur in ihrer vollkommenen Reinheit und Objektivität sich darstellt, sobald der menschliche Geist nur soweit über sich selbst hinausgedrungen ist, daß sie sich offenbaren können, dann ist für uns, als ein Beispiel, die Idee der Pflanze, nach der alle Pflanzen geschaffen sind

48

und die das höchste Wesen der Pflanze ausmacht, von höherer, weil geistigerer Wirklichkeit als die einzelne individuelle vergängliche Pflanze, die ich vor mir sehe.

Warum kongruiert nun andrerseits keine Idee völlig der Erfahrung?

Warum ist zwischen Idee und Erfahrung eine gewisse Kluft befestigt, die unsere ganze Kraft sich vergebens müht, zu überbrücken?

Warum tritt die Idee „als ein fremder Gast in die Erscheinung", als „ein Evangelium in die Welt?"

Warum „verliert die Idee ihre Würde", wenn sie real wird?

Warum treffen Idee und Erfahrung in der Mitte nie zusammen und sind nur durch Kunst oder Tat zu vereinigen?

Warum endlich ist in „unserer bewegten, ohnehin mit sich selbst beschäftigten Welt" ein so zartes geistiges Wesen gar nicht an seinem Platz?

All dies nur, weil die Ideen nicht dem bedingten menschlichen Geist, dem Bewußtsein des heutigen Menschen, sondern allein dem Geist des Kosmos selbst entfließen, und weil der menschliche Geist in der Idee die Einheit mit dem Geist der Wirklichkeit erst wiederfindet. Insofern sind die Ideen objektive Wesen, weben und leben schöpferisch in der Natur und sind nicht nur in unserm Geist. Wir empfangen sie aus einer Welt, die unendlich reiner ist als die Welt unseres Verstandes, unserer Bedürfnisse, unserer Sinnlichkeit. In seltenen Momenten gelingt es dem Genie, daß dasjenige, was sich in ihm an Ideen entwickelt, „mit den Ideen des Weltgeistes zusammentrifft"; dann „werden Wahrheiten bekannt, wovor die Menschen erstaunen und wofür sie Jahrhunderte lang dankbar zu sein Ursache haben". Deshalb ist die Auffassung durch die Idee eine „esoterische Eigenschaft"; eine Eigenschaft, die sich weder lehren noch anerziehen läßt und die jeder in seinem Geiste selbst ausbilden muß: im Ganzen läßt sich's aussprechen, aber nicht beweisen, im Einzelnen läßt sich's wohl vorzeigen, doch bringt man es nicht rund und fertig."

Wer aber glaubt, ohne die Ideen auskommen zu können, dem fehlt das Beste, das Wesenhafte der Wirklichkeit.

„Ein großes Übel in der Wissenschaft, ja überall, entsteht daher, daß die Menschen, die kein Ideenvermögen haben, zu theoretisieren sich vermessen."

„Wer sich vor der Idee scheut, hat auch zuletzt den Begriff nicht mehr.“ Denn der Begriff ist die durch den Verstand zur toten, wesenlosen Abstraktion gewordenen Idee. Der Begriff tötet das Leben der Idee, und wer ihn nicht immer wieder zur Idee zurückführt, verliert ihn schließlich selbst.

Streng scheiden muß der Mensch nur „das Phantastische und das Ideelle, das Gesetzliche und das Hypothetische“.

„Es gibt Hypothesen, wo Verstand und Einbildungskraft sich an die Stelle der Idee setzen.“ Die Hypothesen des Verstandes sind das Menschliche, Allzumenschliche. Die Auffassung durch die Idee ist das Übermenschliche, das Objektive, das Kosmische schlechthin.

Die Ideen haben wohl den schöpferischen und unwiderstehlichen Trieb in sich, sich zu verkörpern, aber sie steigen damit aus der reinen zeitlosen Welt herab, in der ihre Heimat ist, wo weder Raum noch Zeit alles tausendfach bedingen, während hier Alter und Krankheit, Kälte und Hitze und die tausend Zustände der materiellen Welt die Idee nie in ihrer ganzen Reinheit und Vollkommenheit zur Erscheinung kommen lassen und in der Schale des individuell Stofflichen von der Gottheit entfernen. Sie ergießen sich aus ihrer ewigen Vollkommenheit in die unvollkommnere Welt von Zeit und Raum. „Daher ist in der Idee Simultanes und Sukzessives innigst verbunden, auf dem Standpunkt der Erfahrung hingegen immer getrennt, und eine Naturwirkung, die wir der Idee gemäß als simultan und sukzessiv zugleich denken sollen, scheint uns in eine Art Wahnsinn zu versetzen.“

Hier ist nun immer der Punkt, wo der Dualismus seine tragische Rolle zu spielen beginnt und den Keim zu allen unseren Zwiespälten in die Welt legt. Goethes ganze Kraft ist darauf konzentriert, diesen verhängnisvollen Trieb des Zerfallens des Weltganzen in Idee und Erfahrung zu überwinden. Er vermag es nur im Schauen und in einem sich immer wieder am Schauen korrigierenden Denken.

Daher sein Wort: man soll die Erfahrung der Idee nicht entgegensetzen, sondern „die Idee in der Erfahrung aufsuchen, überzeugt, daß die Natur nach Ideen verfahre“.

Je mehr der Mensch in der Idee lebt, desto schwerer wird es ihm, Entstehen und Vergehen zu begreifen.

Wo käme denn ein Ding sonst her,
wenn es nicht längst schon fertig wär?

„Der Begriff vom Entstehen ist uns ganz und gar versagt; daher wir, wenn wir etwas werden sehen, denken, daß es schon da gewesen sei; deshalb das System der Einschachtelung uns begreiflich vorkommt."

Goethes eigenster Standort aber ist zwischen dem Oben und dem Unten, zwischen Idee und Erfahrung, dort wo die Durchdringung der ideelen und der sinnlichen Welt Ereignis wird: für ihn ein letztes Erlebnis überhaupt.

„Wir leben in einer Zeit, wo wir uns täglich mehr angeregt fühlen, die beiden Welten, denen wir angehören, die obere und die untere als verbunden zu betrachten, das Ideelle im Reellen anzuerkennen und unser jeweiliges Mißbehagen mit dem Endlichen durch Erhebung ins Unendliche zu beschwichtigen." In dem Erlebnis dieser Durchdringung der beiden Welten löst sich aller Zwiespalt, aller Dualismus von Oben und Unten, Zeit und Ewigkeit, Denken und Anschauen, Erfahrung und Idee, Sinnlichem und Übersinnlichem.

Wenn am Tag Zenith und Ferne
blau ins Ungemeßne fließt,
nachts die Überwucht der Sterne
himmlisches Gewölbe schließt:
so am Grünen, so am Bunten
kräftigt sich ein reiner Sinn,
und das Oben wie das Unten
bringt dem edlen Geist Gewinn.

So steht Goethe an der Grenze, an dem Ewigen Übergang der oberen in die untere und der unteren in die obere Welt. Eine solche Durchdringung von Ideenwelt und Sinneswelt zu erleben, die Idee bei ihrem Eintritt in die Erscheinung zu überraschen, bleibt immer eine seltene Erfahrung und als zeitliches Wesen empfindet deshalb der Mensch immer wieder eine notwendige Entsagung vor der Höhe dieser Reiche, die sich wohl in dem Augenblick der Erleuchtung zu uns herabsenken, aber in der wir doch hier nie ganz heimisch werden.

So, an der Grenze, wieder ein letztes Gegenüber! Das Land der Idee erscheint dem in der Endlichkeit verhafteten Menschen wie eine

Insel im Weltmeer, von der uns die Waffer trennen: er sieht hinüber, er sieht sie vor sich, und wenn er sie auch nicht erobern könne, so sei ihm doch ein Ankerwerfen wohl erlaubt.

Man hat in dem Naturforscher Goethe mit mehr Recht einen Plato= nisten gesehen als einen Spinozisten.

Was Goethe an Plato liebt und rühmt, sind seine eigensten Ideale und Tugenden: „die heilige Scheu, womit Plato sich der Natur nähert, die Vorsicht, womit er sie gleichsam umtastet und bei näherer Bekannt= schaft vor ihr sogleich wieder zurücktritt, jenes Erstaunen, das, wie er selbst sagt, den Philosophen so gut kleidet".

Aber während Plato in jenen Abgrund von Idee und Sinneswelt, Zeit und Ewigkeit, Sinnlichem und Übersinnlichem tief hineinleuchtet, geht Goethe immer zur Wirklichkeit zurück und sucht dort den Dualis= mus im Schauen zu vergessen. Dieser weite Weg durch die Wirklich= keit läßt ihn mit Plato nur ein Stück zusammen gehen.

Es ist das Wirkliche, „worauf denn doch alles Imaginative sich gründen und alles Ideelle sich niederlassen muß".

„Meine Tendenz ist die Verkörperung der Ideen, Ihre die Ent= körperung derselben." (An Willemer, 1815)

„Eine höhere ideelle Behandlung ward immer mehr vom Wirklichen getrennt, durch ein Tranfzendieren oder Myftizifieren, wo das Hohle vom Gehaltvollen nicht mehr zu unterscheiden ist, und jenes Urbild, das Gott der menschlichen Seele verliehen hat, sich in Traum und Nebel verschweben muß." (An Schloffer, 1824)

Goethe sucht also die Idee allerdings nicht jenseits der Sinneswelt, sondern mitten in ihr, in ihrer Vielheit und Mannigfaltigkeit. Er geht in die sichtbare Welt immer tiefer hinein, Plato läßt sie hinter sich. Das Seherische in Plato weist den Menschen absichtsvoll hin auf den Gegensatz zwischen Sinnes= und Ideenwelt, und nun werden die Anker gelichtet, alle Segel aufgezogen: es gilt die Fahrt, wobei es kein Um= sehen gibt, wo das Auge nur streng vorwärts auf jene Insel im Welt= meer sich richten darf.

Goethe hat diese innerste Natur Platos klar erkannt und selbst die schönsten Worte über sie gesagt.

„Plato verhält sich zur Welt wie ein seliger Geist, dem es beliebt, einige Zeit auf ihr zu herbergen. Es ist ihm nicht sowohl darum zu tun, sie kennen zu lernen, weil er sie schon voraussetzt, als ihr das= jenige, was er mitbringt und was ihr nottut, freundlich mitzuteilen. Er dringt in die Tiefen, mehr um sie mit seinem Wesen auszufüllen, als um sie zu erforschen. Er bewegt sich nach der Höhe mit Sehnsucht, seines Ursprungs wieder teilhaftig zu werden."

Die tausend Bedingungen aber verfinstern die reine Leuchtkraft der Idee in der Erscheinung. Goethe gibt die Erscheinung deshalb nicht vor= schnell auf, der Idee an sich zuliebe. Er sucht aber die Bedingungen, unter denen die Phänomene stehen, so zu vereinfachen, bis die Idee selbst anschaulich durchleuchtet. Auch die Menschen müssen sich von den unendlichen Bedingungen in ihnen befreien können, „daß sie das eine Urbedingende" gewahren können. Deshalb ist eine Schulung durch Plato durchaus notwendig, ja, eine Synthese Platos und des modernen Realismus erscheint als das Ideal einer jeden Natur= betrachtung.

„Um sich aus der grenzenlosen Vielfachheit, Zerstückelung und Ver= wickelung der modernen Naturlehre wieder ins Einfache zu retten, muß man sich immer wieder die Frage vorlegen: wie würde sich Plato gegen die Natur, wie sie uns jetzt in ihrer größeren Mannigfaltigkeit bei aller gründlichen Einheit erscheinen mag, benommen haben?"

In der Vereinfachung der Bedingungen der Phänomene aber kommt Goethe an eine Grenze, die er nicht überschreiten will: es ist das Ur= phänomen.

Das Urphänomen ist die deutlichste reinste Offenbarung einer Idee im Sichtbaren.

„Faßt man die Lehre der Urerscheinungen recht, so wird uns mit dem Begriff ein stilles, heimliches Anschauen des Werdens und Stei= gerns, Entstehens und Entwickelns immer zugänglicher und lieber."

„Das Urphänomen ist die Grunderscheinung, innerhalb deren das Mannigfaltige anzuschauen ist, nicht ein Grundsatz, aus dem sich mannig= faltige Folgen ergeben."

Es liegt in der Erscheinungswelt nichts mehr über ihm. Man kann stufenweise von dieser Höhe wieder herabsteigen, bis zur alltäglichen Erfahrung. Unendliche Tatsachen lassen sich auf das Urphänomen zu=

rückführen. „Der einzelne Fall, woran das Urphänomen erscheint, ist tausende wert."

Insofern ist es das höchste, zu begreifen, „daß alles Faktische schon Theorie ist. Man suche nichts hinter den Phänomenen" Durch das Urphänomen wird der Mensch Herr der Erscheinung, die Fähigkeit, Urphänomene zu sehen, ist eine seltene Gabe, es ist das Vermögen des Zusammenschauens, die Erkenntnis des Identischen im Zerstückelten, es fordert den „produktiven Geist, der vieles zu übersehen vermag".

„Das Höchste, wozu der Mensch gelangen kann, ist das Erstaunen, und wenn ihn das Urphänomen in Erstaunen setzt, so sei er zufrieden; ein Höheres kann es ihm nicht gewähren, und ein Weiteres soll er nicht dahinter suchen; hier liegt die Grenze. Aber den Menschen ist der Anblick eines Urphänomens gewöhnlich noch nicht genug; sie denken, es müsse noch weiter gehen, und sie sind wie die Kinder, die, wenn sie in einen Spiegel geguckt, ihn sogleich umwenden, um zu sehen, was auf der anderen Seite ist."

„Wenn ich mich beim Urphänomen beruhige, so ist es doch auch nur Resignation; aber es bleibt ein großer Unterschied, ob ich mich an den Grenzen der Menschheit resigniere oder innerhalb einer hypothetischen Beschränktheit meines bornierten Individuums."

So ist — als ein Beispiel — der Magnet ein Urphänomen, das man nur aussprechen darf, um es erklärt zu haben; dadurch wird es auch zum Symbol für alles übrige, wofür wir keine Worte noch Namen zu suchen brauchen; es steht „unmittelbar an der Idee", es erkennt „nichts Irdisches über sich".

> Magnetes Geheimnis, erkläre mir das!
> Kein größer Geheimnis als Liebe und Haß.

In das Wesen dieser Urkräfte selbst aber geht Goethe als Forscher von hier nicht weiter hinein: hier beginne das Dunkle, das Magische, das Unaussprechliche.

„Sie bemerken mit Recht, daß ich das Magische, das Höhere, Unergründliche, Unaussprechliche der Naturwirkungen zwar nicht mit Ungunst, aber doch von der negativen Seite betrachtet; und so ist es auch. Denn indem ich meine Farbenwelt aus Licht und Finsternis zusammen=

setzte und dadurch schon in Gefahr geriet, den meisten meiner Zeitge=
nossen düster und ungenießbar zu erscheinen, so hielt ich mich um desto
mehr auf der Lichtseite, als mir ohnehin alles, was ich der Nachtseite
zuschrieb, von den herrschenden Theoretikern abgeleugnet und mißdeutet
werden mußte, wie es denn noch bis auf den heutigen Tag geschieht."

„Es ist ein großer Unterschied, ob ich mich aus dem Hellen ins
Dunkle, oder aus dem Dunklen ins Helle bestrebe; ob ich, wenn die
Klarheit mir nicht mehr zusagt, mich mit einer gewissen Dämmerung zu
umhüllen trachte, oder ob ich, in der Überzeugung, daß das Klare auf einem
tiefen, schwer erforschten Grund ruhe, auch von diesem immer schwer aus=
zusprechenden Grunde das Mögliche mit heraufzunehmen bedacht bin."

Wenden wir uns von den Grundbegriffen des Goetheschen Natur=
denkens zu seinen eigentlichsten Ergebnissen, so erkennen wir sie als
ausgesprochene Ideen: die Urpflanze, die die Idee der Pflanze ist,
wie sie in der Vernunft gefaßt werden kann und die doch das Wesen
des Pflanzenhaften ausmacht; „der ideale Urkörper," der die verschie=
denen Teile der Pflanzen in verschiedenen Stufen ausbildet; die Pflanze
rein an sich, jenseits aller Vergänglichkeit, nach der man selbst konkrete
Pflanzen ins Unendliche erfinden könne, wirkliche Pflanzen, die nicht
nur malerische oder dichterische Schatten und Scheine seien, sondern
sinnliche Wahrheit und Notwendigkeit haben. „Es ist kein Traum,
keine Phantasie; es ist das Gewahrwerden der wesentlichen Form, mit
der die Natur gleichsam nur immer spielt und spielend das mannigfal=
tige Leben hervorbringt."

Ebenso liegt dem organischen Bau der Tiere eine Idee zugrunde,
ein durch Metamorphose sich erhebender Typus, der sich auf gewissen
mittleren Stufen gar wohl beobachten lasse und der auch noch dann
erkannt werden müsse, wenn er sich auf der höchsten Stufe der Mensch=
heit bescheiden zurückziehe.

Der Typus ist das „geheime und unbezwingliche Vorbild, in welchem
sich alles Leben bewegen muß, während es die abgeschlossene Grenze
immerfort zu durchbrechen strebt".

„Ich trachtete das Urtier zu finden, das heißt denn doch
zuletzt: den Begriff, die Idee des Tieres."

Hier wird der Grundunterschied deutlich zwischen den Ergebnissen

Goethes und der Theorie des Darwinismus hier und dem Spinozismus dort.

Mit dem Darwinismus verbindet ihn zunächst der Gedanke der Evolution.

„Die Natur, um zum Menschen zu gelangen, führt ein langes Präludium auf von Wesen und Gestalten, denen noch gar sehr viel zum Menschen fehlt. In jedem aber ist eine Tendenz zu einem anderen, was über ihm ist ersichtlich." Deshalb kann Proteus für ein Symbol der Natur gelten.

„Man denke sich die Natur, wie sie gleichsam vor einem Spieltische steht und unaufhörlich au double! ruft, d. h. mit dem bereits gewonnenen durch alle Reiche ihres Wirkens glücklich, ja, bis ins Unendliche wieder fortspielt. Stein, Pflanze, Tier, alles wird nach einigen solchen Glückswürfen beständig von neuem wieder aufgesetzt, und wer weiß, ob nicht auch der Mensch wieder ein Wurf nach einem höheren Ziele ist?" (Zu Falk)

Aber diese Evolution von unten ist für Goethe ohne die Involution von oben gar nicht zu denken. Während der populäre Darwinismus das Geistige, das Konstante, das Primäre übersieht oder doch zum Sekundären macht, erklärt Goethe die organische Verwandtschaft der Tiere aus der Idee, aus dem schöpferischen Geist, also von oben. Nirgends wird seine geistige Naturforschung so klar wie hier; er steigt nicht zur einfachsten materiellen Urform, zur Zelle, herab, aus der sich alles entwickeln soll, dies Einfachste und Letzte ist die überzeitliche geistige Urform, der Typus, die Idee.

Während Spinoza die Modi und Zustände zu schnell in der einen höchst vollkommenen Substanz aufgehen läßt, während der populäre Darwinismus den Geist in dem geistlosen Keimpunkt der Materie verengen möchte, findet Goethe den grenzenlosen Reichtum der natürlichen Welt in den Ideen der geistigen Welt in seinem ganzen Umfang wieder.

Eins allerdings hätte Goethe von Spinoza aufnehmen können, das er selbst aber immer tiefer und eigener durchlebt, einen elementaren Grundbegriff, alles umfassend: den Begriff des Seins.

Die höchste Realität sei der Grund des ganzen Spinozismus, wor-

56

auf alles übrige ruhe, woraus alles übrige fließe. „Er beweist nicht das Dasein Gottes, das Dasein ist Gott.“

„Der Begriff vom Dasein und der Vollkommenheit ist ein und eben derselbe,“ so beginnt die philosophische Studie von 1784/85. Es ist das Unendliche, substanzhaft erlebt, unteilbar, woran doch alle beschränkten Existenzen teil haben.

Hier geht Goethe über das Schauen hinaus, bis zum einheitlichen Grund aller Dinge. Das Gefühl der unzerstörbaren Echtheit des Seins, das alles trägt und hält, an dem alles teil hat, ist die Quelle tiefster ewigdauernder Seligkeit. Es ist ein allerletztes Erlebnis: Du und ich sind eins, das Drinnen und das Draußen sind dasselbe. Alles ist in Gott, alles ist ewig in seinem Geiste geborgen.

> Vor Gott muß alles ewig stehen,
> in mir liebt ihn, in diesem Augenblick.

Die Ideen zu erfassen, muß der Geist in produktiver Stimmung sein; sie müssen für einen Augenblick den Schleier der Vielheit zerreißen und das Viele zusammenfassen. Jeder Mensch kann das Sein mit Bewußtsein besitzen, ohne über das schöpferische Prinzip je nachgedacht zu haben. Und in der verschiedensten Weise erleben es die Menschen. Das Unendliche des Seins kann blitzartig aufzucken und den Geist so mit Größe durchschauern, daß er keine Worte findet, dies auszudrücken. Die Philosophen des Seins mögen von diesem Erlebnis ausgegangen sein. Alles Einzelne, Vergängliche scheint ihnen, an der Echtheit und Ewigkeit des Seins gemessen, wertlos und gering.

Oder aber der Mensch erlebt sich selbst als Mitte des Seins. Überall wo ich bin, ist das Zentrum des unendlichen Lebens, und so wenig das große allumfassende göttliche Sein irgendwie sein Wesen verlieren könnte, so wenig kann es in mir selbst aufgehoben oder zerstört werden.

> So bin ich ewig, denn ich bin.

Das Erlebnis des Seins im All geht mehr von innen nach außen und ist expansiv; das des Seins im Innern von außen nach innen und ist konzentrierend; es führt zu der paradoxen Formel des Silesius:

> Ich weiß, daß ohne mich Gott nicht ein Nu kann leben,
> werd Ich zu nicht, Er muß vor Not den Geist aufgeben.

In Goethe, der eine tiefe Verbindung von Ich und Welt sucht, ver=
einigen sich beide Arten, das Sein zu erleben. Er fühlt das Sein in
sich, sich im All, das All im Einzelnen.

1774 schreibt er an Lavater:

„Und daß Du mich immer mit Zeugnissen packen willst! Brauch ich
Zeugnis, daß ich bin?"

Im Sein wurzelt das einfache noch durch keine Reflexion beirrte
Gefühl der Unsterblichkeit. „Wie kann ich vergehen? Wie kannst du
vergehen? Wir sind ja!"

> Kein Wesen kann zu Nichts zerfallen!
> Das Ewige regt sich fort in allen,
> am Sein erhalte dich beglückt!

Alle Dinge werden von der Einheit und unzerstörbaren Echtheit des
göttlichen Seins getragen; nur im Sein hat das All, mit der Unend=
lichkeit seiner Sterne, Wesen, Bestand und Zusammenhalt.

> Wölbt sich der Himmel nicht da droben?
> Liegt die Erde nicht hier unten fest?
> Und steigen hüben und drüben
> ewige Sterne nicht herauf?

Das eigentliche Goethesche Seinserlebnis aber ist: zu fühlen, wie alle
Einzeldinge in das göttliche Sein eintauchen. Es ist die Natur, die
sich selbst angehört, Wesen dem Wesen.

Er sagt, er suche das Göttliche „in herbis et lapidibus."

„Vergib mir, daß ich so gern schweige, wenn von einem göttlichen
Wesen die Rede ist, das ich nur in und aus den rebus singularibus
erkenne."

Dies Erlebnis des Seins in den Dingen selbst ist so viel mehr, als
alle Erregungen des Gemütes vor der sichtbaren Unermeßlichkeit des
Meeres! Das geringste Ding hat es in sich und kann es auslösen.
Es überfällt Goethe am Strand von Venedig 1786 beim Erblicken
von ein paar Seeschnecken und Taschenkrebsen. Diese unscheinbaren
Dinge lösen ein solches Gefühl aus, daß er in die Worte ausbricht:

„Was ist doch ein Lebendiges für ein köstliches herrliches Ding, wie
abgemessen zu seinem Zustand, wie wahr, wie seiend!"

58

Wie des einen göttlichen Seins teilhaftig alle Dinge sind! So heißt es von der Rose:

Du bist es also, bist kein bloßer Schein,
in dir trifft Schaun und Glauben überein.

Er gerät in Entrüstung über den Satz von Lavater, alles, was Leben habe, lebe durch etwas außer sich. Nein, in sich selbst hat alles den Grund eigner höchster Existenz, alles lebendigsten Teil am Unendlichen.

Keine Qualitäten im Einzelnen machen ihn irre, keine Grausamkeit der Tiere, keine zerstörende Kraft der Elemente. Bei allem Kampf einander entgegengesetzter Kräfte bleibe man nicht stehen, man sehe:

Wie die Natur manch widerwärtige Kraft
verbindend zwingt und streitend Körper schafft.

Der ewige Friede in der Natur ist stärker als der ewige Kampf; Goethe lebt durchaus das Wort der Genesis: und Gott sah, daß es gut war.

Und alle deine hohen Werke
sind herrlich wie am ersten Tag.

Das Gefühl der Fremdheit gegenüber der elementaren Natur überkommt ihn nur in ganz seltenen Stunden.

Und wer durch alle die Elemente,
Feuer, Luft, Wasser und Erde rennte,
der wird zuletzt sich überzeugen,
er sei kein Wesen ihresgleichen.

Dies Fremdheitsgefühl läßt sich auch nicht im entferntesten mit dem vergleichen, das christliche Menschen früherer Jahrhunderte vor der Natur überhaupt empfanden. Goethe fühlt ein dem Menschen Fremdes in der Wildheit des einzelnen Elementes, dem Ganzen gegenüber nie!

Auch die Elemente sind in dem Sein Gottes:

So hab ich endlich von dir erharret:
In allen Elementen Gottes Gegenwart.

Der Ausdruck: „Glühende Natur" ist unendlich bezeichnend. In feierlicher Ergriffenheit, in gottestrunkener Begeisterung geht das Ewige heil und unversehrt durch das Fremdeste hindurch:

Hoch gefeiert seid allhier:
Element ihr alle vier!

Gott liebt sich in allem, auch in der Natur. „Sie liebet sich selber und
haftet ewig mit Augen und Herzen ohne Zahl an sich selbst. „In der
Vollkommenheit des Ganzen fühlt sich alles Einzelne vollkommen:

> Der Sterne Kreis erhebt den Blick nach oben
> und alle wollen nur das eine loben.

> Blüht's am Ufer, wogt's in Saaten,
> alles ist dem Gott geraten,
> alles ist am Ende gut!

Im Sein wird der Augenblick zur Ewigkeit, die Zeit zum Raum; alle
Vergänglichkeit ist aufgehoben.' „Zukunft und Vergangenheit kennt sie
nicht. Gegenwart ist ihr Ewigkeit.“

„Bleibt uns nur das Ewige jeden Augenblick gegenwärtig, so leiden
wir nicht an der vergänglichen Zeit.“

> Es zieht dich an, es reißt dich heiter fort,
> und wo du wandelst, schmückt sich Weg und Ort.
> Du zählst nicht mehr, berechnest keine Zeit,
> und jeder Schritt ist Unermeßlichkeit.

Alles Werden ist dem Sein ein= und untergeordnet. Das Sein ist all=
umfassend, alle Welten in sich tragend: es ist der Vater des Kosmos.

> Der Vater ewig in Ruhe verbleibt,
> er hat der Welt sich einverleibt.

Das Werden ist ein Zweites: das Einwirken göttlicher Ideenkräfte
in die Materie. Aus der Ruhe und Vollkommenheit des Seins ent=
springt das Wort, die Tat. „Die Naturwerke sind immer wie ein erst
ausgesprochenes Wort Gottes.“

Das Werden gibt unserer Welt, wo nichts gleichzeitig da ist, wo sich
die Zustände folgen müssen, die Möglichkeit zur Evolution. Auch das
Werden ist gottgewollt. Das Ganze ruht, das Einzelne darf nie ruhen,
ehe es nicht für ewig ins Ganze zurückgenommen ist.

> Und umzuschaffen das Geschaffne,
> damit sich's nicht zum Starren waffne,
> wirkt ewiges lebendiges Tun.
> Und was nicht war, nun will es werden
> zu neuen Sonnen, farbigen Erden;
> in keinem Falle darf es ruhen.

„Die Natur tut nichts umsonst, ist ein altes Philisterwort. Sie wirkt ewig lebendig, überflüssig und verschwenderisch, damit das Unendliche immer gegenwärtig sei, weil nichts verharren kann." (An Zelter, 1831)

Die Idee erfaßt sich im Werden viel reicher und kräftiger, als wenn sie nur immer unverändert vor dem Auge Gottes stünde. In der Idee wirkt die Kraft der Gottheit selbst ins Werden hinein.

„Die Gottheit ist wirksam im Lebendigen, aber nicht im Toten, sie ist im Werdenden und sich Verwandelnden, aber nicht Gewordenen und Erstarrten. Deshalb hat auch die Vernunft in ihrer Tendenz zum Göttlichen es nur mit dem Werdenden, Lebendigen zu tun, der Verstand mit dem Gewordenen, Erstarrten, daß er es nütze."

Aber auch bei Goethe hat das Werden seine zwei Aspekte. Es ist zuerst das ewige Fließen, der sich wiederholende Kreislauf der Natur, wie er in der Bahn der Gestirne ausgedrückt ist: Rückkehr zum Ausgang, Entstehen und Wiedervergehen, Tod und Geburt, ein ewiges Meer! Es ist das Werden, das alles Vergängliche zum nicht festzuhaltenden Ausdruck eines Unvergänglichen und das Leben, das schicksalhafte, bilder- und zustandsreiche Leben zum Traume macht; das Werden, das die Vergänglichkeit aller Erscheinungen bewirkt und die Wurzel aller Weltentrauer wie jeder tragischen Stimmung überhaupt ist.

> Ach, und in demselben Flusse
> schwimmst du nicht zum zweitenmal.

„Alles verändert sich, aber dahinter ruht ein Ewiges."

Auf welche Weise überwindet Goethe den tragischen Grund in allem Werden? Wie formuliert Goethe den Kreislauf?

Der reine Kreislauf, die ewig wiederholte Bewegung der Natur in derselben Linie, beherrscht nach Goethe das All nur so lange als die Gesetze der Materie vorherrschend sind. Überall, wo die geistigen Kräfte überwiegen, da wird der Kreis durchbrochen oder so abgebogen, daß er zur Spirale wird, die sich nicht mehr in demselben Lauf zwecklos erschöpft, sondern in übereinanderliegenden Ringen aufwärts steigt, nach einem Punkt, der im Unendlichen liegt. Das Werk des Geistes in der Materie ist Evolution, ewige Überwindung des Todes, oder, wie Goethe auch sagt: das Werk des Geistes ist Steigerung.

So sagt Goethe über jenes Fragment über die Natur von 1781/82, daß die Natur in ihrer Allheit als ein so widerspruchsvolles Wesen definiert, es fehlten hier die Anschauung der zwei großen Triebräder aller Natur: die Begriffe von Polarität und Steigerung; Polarität vor allem in der Materie wirksam, Steigerung im Geiste. Die Materie sei in immerwährendem Anziehen und Abstoßen, der Geist in immerwährendem Aufsteigen. „Weil aber die Materie nie ohne Geist, der Geist nie ohne Materie existiert oder wirksam sein kann, so vermag auch die Materie sich zu steigern, so wie sich der Geist nicht nehmen läßt, anzuziehen und abzustoßen."

Dies reiche Ineinanderwirken liegt in Goethes Begriff vom Werden! Polarität in der natürlichen, Steigerung in der geistigen Welt, beides aber immer zusammen.

„Der Hylozoismus (die Lehre vom belebten Stoff), dem ich anhing und dessen tiefen Grund ich in seiner Würde und Heiligkeit unberührt ließ, machte mich unempfänglich, ja unleidsam gegen jene Denkweise, die eine tote, auf welche Art es auch sei, auf= und angeregte Materie als Glaubensbekenntnis aufstellte. Ich hatte mir aus Kants Naturwissenschaft nicht entgehen lassen, daß Anziehungs= und Zurückstoßungskraft zum Wesen der Materie gehören und keine vor der anderen im Begriff der Materie getrennt werden könnte. Daraus ging mir die Urpolarität aller Wesen hervor, welche die unendliche Mannigfaltigkeit der Erscheinungen durchdringt, belebt."

Die Materie sucht den Geist in die Zwecklosigkeit des Kreislaufs hineinzubannen und ihn damit seiner höheren Bestimmung zu entreißen; der Geist die Materie aus der Polarität zu erlösen. Insofern ist der Mensch, sowie er sich dieser Mission des Geistes bewußt wird, die Krone der Natur und vielleicht „nur ein Wurf nach einem höheren Ziel".

Dies ist der Sinn aller Evolution: daß alles vollkommene in seiner Art über seine Art hinausgehen muß; es muß etwas Anderes, Unvergleichbares werden. „In manchen Tönen ist die Nachtigall noch Vogel; dann steigt sie über ihre Klasse hinüber und scheint jedem Gefiederten andeuten zu wollen, was eigentlich Singen heiße."

Die größte Formulierung des Kreislaufs enthält das Gedicht

„Schillers Reliquien": Das Meer strömt flutend gesteigerte Gestalten!

> Was kann der Mensch im Leben mehr gewinnen,
> als daß sich Gott=Natur ihm offenbare:
> wie sie das Feste läßt zu Geist verinnen,
> wie sie das Geisterzeugte fest bewahre.

Es heißt nicht einfach: die Natur gestaltet und löst das Gestaltete
wieder auf; nein, das Feste, das Materielle, es muß zu Geist werden;
aber Goethe korrigiert sofort den Ausdruck: zu Geist verrinnen, weil
es ein falsches Bild erweckt; die Wirkung des Lebens, das Resultat
des Geistes, das Fortwirken der Form, das zerrinnt nicht einfach, das
bleibt, zu unendlichem Weiterwirken in der Gott=Natur für ewig auf=
bewahrt.

Wir sind damit an die Grenze von Goethes Naturphilosophie gekommen, wo, im Glauben an die Unsterblichkeit, dem Hauptproblem
alles religiösen Lebens, sich neue Ausblicke öffnen. Wir werden sehen,
daß in dem Innersten der Natur, wo wir schon immer sind, Ort für
Ort, die Steigerung grenzenlos ist.

Nehmen wir alles zusammen. Was war für Goethe die Natur?

Wir können seinen Begriff der Natur nur verstehen, wenn wir ihn
fassen als Leib und Sichtbarkeit des Makrokosmos, dessen innerstes,
höchstes und umfassendstes Leben wir Gott nennen. Die sichtbare Welt
kann ohne die unsichtbare weder sein noch werden; diese trägt jene in sich
im Größten wie im Kleinsten. Alles ist in Allem, Alles überall! Das
geringste Ding ist nur aus den Kräften des Weltganzen zu begreifen.

„Wer das Höchste will, muß das Ganze wollen; wer vom Geist
handelt, muß die Natur, wer von der Natur spricht, muß den Geist
voraussetzen oder im stillen mitverstehen."

Mit der Erkenntnis von Gut und Böse zerfällt diese Einheit von
Welt und Geist in die Zweiheit. Um zu sich selbst zu kommen, muß
sich der Mensch dem entgegensetzen, mit dem er sich zu vereinigen sehnt.

Wer aber ein für allemal entsagt, wer die reine Stille gefunden,
auf wen sich der Friede Gottes gesenkt, wer Jenseits von Gut und
Böse steht: dem Heiligen, dem Weisen verbinden sich die zwei Welten
wieder zu seliger Schau, zu eigener Gottwerdung.

„In der Scheidung zwischen Geist und Körper, Seele und Leib,
Gott und Welt fanden Sittenlehre und Religion ihren Vorteil; denn
indem der Mensch seine Freiheit behaupten will, muß er sich der Natur
entgegensetzen, indem er sich zu Gott zu erheben strebt, muß er sie hinter
sich lassen, und in beiden Fällen kann man ihm nicht verdenken, wenn
er ihr so wenig als möglich zuschreibt, ja wenn er sie als etwas Feind=
seliges und Lästiges ansieht. Verfolgt werden daher solche Männer,
die an eine Wiedervereinigung des Getrennten dachten."

Goethe ist, wo es sich um den allerhöchsten Begriff handelt, den ein
Mensch überhaupt fassen kann, ganz ohne Toleranz.

„Wem es nicht zu Kopfe will, daß Geist und Materie, Seele und
Körper, Gedanke und Ausdehnung oder (wie ein neuerer Franzose
sich genialisch ausdrückt) Wille und Bewegung die notwendigen Doppel=
ingredienzien des Universums waren, sind und sein werden, die beide
gleiche Rechte für sich fordern, deswegen beide wohl als Stellvertreter
Gottes angesehen werden können, wer zu dieser Vorstellung sich nicht
erheben kann, der hätte das Denken längst aufgeben und auf gemeinen
Weltklatsch seine Tage verwenden sollen."

Höheres Denken ist immer intuitives Denken, das ohne jenen Be=
griff der Einheit geistiger und natürlicher Welten gar keine Berechti=
gung hätte. Das intuitive Denken entspringt in dem Erlebnis der
Alleinheit und ist immer begleitet vom Gefühl der Durchdringung von
Geist und Welt. Es ist eine aus dem Innern am Äußeren sich ent=
wickelnde Offenbarung, die dem Menschen seine Gottähnlichkeit vor=
ahnen lasse, es ist eine Synthese von Welt und Geist, welche von der
ewigen Harmonie des Daseins die seligste Versicherung gebe. Wenn
sich der Mensch so mit den geistigen Welten immer verbunden fühlt,
dann wird er allerdings „alles Denken zum Denken" als unnütz hinter
sich lassen; dann ist leicht einzusehen, warum „die guten Einfälle im=
mer wie freie Kinder Gottes vor uns stehen und uns zurufen: da sind
wir!" — warum sich der Weise als ein „würdig befundenes Gefäß zur
Aufnahme eines göttlichen Einflusses" denken darf.

Echte Naturphilosophie kann für Goethe nur die Philosophie sein,
die von jener ungeheueren Einheit des Weltganzen ausgeht und alles
zuletzt wieder in sie zurückführt. „Wenn die Philosophie vereint, oder

64

vielmehr, wenn sie unsere ursprüngliche Empfindung, als seien
wir mit der Natur eins, erhöht, sichert und in ein tiefes, ruhiges
Anschauen verwandelt, in dessen immerwährender Synkrisis und Dia=
krisis wir ein göttliches Leben fühlen, wenn uns ein solches zu
führen auch nicht erlaubt ist, dann ist sie mir willkommen." (An Ja=
cobi, 1801)

Wenn Goethe über jemand sagt, er sei eine Natur, so bedeutet das
in seinem Munde ein hohes Lob (zu Falk). Er bezeichnet damit ein
Geschöpf von ungebrochener Ganzheit, Ursprünglichkeit und Wesen=
haftigkeit, jenseits aller Verbildung, jenseits aller reflektierten Zwiespälte,
das so grenzenlos Vertrauen schenkt wie nimmt, das sein Schicksal in
seliger Einheit mit sich selbst, in absoluter Geradheit des Wollens wenn
auch unbewußt auswirkt.

Vollbewußt erlebt nur der Schauende, der höchste Weise, wie sich
alle Welten ergreifen und ineinander schließen. Würden die
Menschen aber alle die Natur so erleben, dann wäre die Welt ohne
Krankheit und Leiden, dann wären uralte Gegensätze ausgeglichen,
dann wäre das Paradies wiedergewonnen und das dritte, das letzte
Reich unmittelbare Wirklichkeit. Faust, „in der Freude am wahren
Schein," am „ernsten Spiel", träumt es in der Ehe mit Helena:

Hier ist das Wohlbehagen erblich,
die Wange heitert wie der Mund,
ein jeder ist an seinem Platz unsterblich:
sie sind zufrieden und gesund.
Und so entwickelt sich am reinen Tage
zu Vaterkraft das holde Kind.
Wir staunen drob, noch immer bleibt die Frage:
ob's Götter, ob es Menschen sind?

So war Apoll den Hirten zugestaltet,
daß ihm der schönsten einer glich:
Denn wo Natur im reinen Kreise waltet,
ergreifen alle Welten sich.

Der Mensch von heute ist aber nur das „erste Gespräch, was die
Natur mit Gott hält", und noch muß er sich erst jenes tiefe Verbun=
densein seiner Innenwelt mit dem Makrokosmos erringen. Er muß das

Gefühl wecken, er muß den Sinn pflegen, „wie der Mensch durch un=
zählige Fäden mit dem Himmel und der Erde zusammenhänge;" er
muß sich vor allem jenen großen Begriff des „In= und Durcheinan=
der" wieder aneignen.

„Freilich haben die Menschen gewöhnlich nur den Begriff von Neben=
und Miteinander, nicht das Gefühl vom In= und Durcheinander. Weil
in der Erfahrung alles zerstückelt erscheint, glaubt man das Höchste
auch aus Stücken zusammengesetzt." (An Zelter, 1804)

Ich denke, dies genügte, um alles Reden über Goethes angeblichen
Pantheismus verstummen zu lassen, wenn man unter Pantheismus
ein System versteht. Jener ungeheure Begriff des Weltganzen ist nie
in ein System zu fassen. Die Natur hat kein System; „sie war, sie
ist Leben und Folge aus einem unbekannten Zentrum zu einer nicht er=
kennbaren Grenze."

Goethe selbst hat zuletzt das Wort Pantheismus scharf abgelehnt,
wenn man darin den Gegensatz zu dem Theismus sehen wollte. Er
schreibt 1831 an Zelter: „Die Frömmler habe ich von jeher verwünscht.
Einer dieses Gelichters wollte mir neulich zu Leibe rücken und sprach
vom Pantheismus, da traf er's recht! Ich versicherte ihm mit großer
Einfalt: daß mir noch niemand vorgekommen sei, der wisse, was das
Wort eigentlich heiße."

Achten wir darauf, daß, wenn Goethe von dem großen All=Einen, dem
Makrokosmos sprechen will, daß er dann immer sagt: Gott und Na=
tur (nicht deus sive natura!); etwa:

„Von dem Standpunkt aus, worauf mich Gott und die Natur
zu setzen beliebt . . ."

„Ich versicherte Lavater, nach meinem angeborenen und angebildeten
Realismus, das, da es Gott und der Natur nun einmal gefallen
habe, mich so zu machen . . ."

„Die Zeit, die höchste Gabe Gottes und der Natur."

„Hier aber stehe ich an der Grenze, welche Gott und Natur mei=
ner Individualität hat bezeichnenwollen . . ." (An Naumann, 1826)

„Lassen Sie uns zusammen auf dem Erdenrund so lange verbleiben,
als es der Natur und Gott gefällt." (An Joh. Meller, 1820)

„Wenn es Gott und der Natur gefallen hätte, den Urgebirgs=

66

knoten von Nubien durchaus nach Westen bis an das große Meer zu
entwickeln . . ."

„Das Höchste, was wir von Gott und der Natur erhalten haben,
ist das Leben, die rotierende Bewegung der Monas um sich selbst . . ."

„Wir treten also weder der Urkraft der Natur, noch der Weis=
heit und Macht eines Schöpfers zu nahe, wenn wir annehmen, daß
jene mittelbar zu Werke gehe, dieser mittelbar im Anfang der Dinge
zu Werke gegangen sei."

„Ich glaubte an Gott und die Natur und an den Sieg des Edlen
über das Schlechte." (Zu Eckermann)

> Mit heiligen Grillen trieben sie Spott,
> man fühlt weder Natur noch Gott.
>
> Sonnenauf= und Untergänge
> preisen Gott und die Natur.
>
> Und ruhte sie verhüllt in düstre Schleier,
> vom Rauch umwirbelt acherontischer Feuer:
> Die Gottnatur enthüllt sich zum Gewinn.

Immer geht ihm Betrachtung der Natur in Andacht und Gotteserkennt=
nis über. Eine strenge Scheidung ist dem Schauenden nicht möglich.

> Uralten Waldes majestätische Kronen,
> schroffglatter Felsenwände Spiegelflächen
> im Schein der Abendsonne zu betrachten —
> erreget Geist und Herz zu der Natur
> erhabnen Gipfeln, ja zu Gott hinan.

Tief geheimnisvoll erinnert an den Reichtum der sinnlich=übersinnlichen
Welteinheit der Gedanke über die mystische Wirkung der Farbe: man
müsse dort an die himmlischen, hier an die irdischen Ausgeburten der
Elohim denken.

Die Natur gibt den Zettel, „damit der ewige Meistermann getrost
den Einschlag werfen kann".

„Das Instrument ist so vollkommen, daß der große Kapellmeister
von Ewigkeit zu Ewigkeit gar bequem darauf spielen kann." (An
Schlosser, 1815)

Die Natur ist der Gottheit lebendiges Kleid.

„Ein großes, hervorbringendes, leitendes Wesen verbirgt sich gleich=
sam hinter ihr, um sich uns vermittels ihrer faßlich zu machen."

Auch hat die Einheit, die die Durchdringung aller Welten ist, noch
weniger etwas zu tun mit dem, was man Monismus nennt. In ihm
hätte Goethe immer nur einen bequemen Mystizismus gesehen. Jene
umfassende Einheit, Kosmos und Geisteruniversum in sich tragend, ist
zugleich der kühnste Pluralismus.

„Die Wissenschaft ist eigentlich das Vorrecht des Menschen; und wenn
er durch sie immer wieder auf den großen Begriff geleitet wird, daß
das alles nur ein harmonisches Eins, und er doch auch wieder ein har=
monisches Eins sei, so wird dieser große Begriff weit reicher und voller
in ihm stehen, als wenn er in einem bequemen Mystizismus ruhte, der
seine Armut gern in einer respektablen Dunkelheit verbirgt."

Nur wer mit der Welt des Geistes einen abstrakten allzu mensch=
lichen Begriff verbindet, nur für wen die Gottheit jenseits aller Sterne
wohnt, nur für den kann Goethes Vorstellung der Gott=Natur schwer
zu begreifen sein.

Wer in der Gottheit aber den Urquell alles Seienden erkennt, das
alle Welten in sich faßt und auch den Ideen den Auftrag und die Kraft
des Wirkens gibt, wer die Nähe des alles wirkenden Schöpfergeistes
in der Natur fühlt, der allem Existenz gibt, für den kann das nicht
schwer sein. Und wenn es schwer wäre: die Menschen müssen sich dieses
Goethesche Lebensgefühl wieder erarbeiten.

Dann erst ist die Welt nicht mehr entgöttert, die Menschheit nicht
mehr entmenscht, wenn „Idee und Liebe", im Herabströmen der Welt=
seele wie im Aufwärtssteigen des Weltengeistes wieder geschaut und ge=
lebt werden. Dann wird die Welt im geringsten ihrer Geschöpfe wieder
die Allgegenwart des Höchsten offenbaren.

Von allen Attributen Gottes hat Goethe die Allgegenwart am tief=
sten und vollkommensten erlebt.

Halima fragt: wo ist Gottes Wohnung? — Mahomet antwortet ihr:
Überall!

„Liebevolle Schöpfungskraft", „allgegenwärtige Liebe" durchglüht
des Menschen Innern. „Beseelte Gott den Vogel nicht mit seinem all=
mächtigen Trieb gegen seine Jungen und ginge das Gleiche nicht durch

68

alles Lebendige der Natur, die Welt würde nicht bestehen können! So
aber ist die göttliche Kraft überall verbreitet und die ewige Liebe über=
all wirksam."

Deshalb soll keine Umgebung, auch die gemeinste nicht, „in uns das
Gefühl des Göttlichen stören, das uns überall hin begleiten und jede
Stätte zu einem Tempel einweihen kann".

Deshalb auch sein Glaube an die Allheilkraft der Natur, an „des
Lebens eignes, reines, unverwüstliches Bestreben".

Liebe könne sich nur immer auf Gegenwart beziehen; „ja, um das
Höchste auszusprechen: die Liebe des Göttlichen strebt immer
darnach, sich das Höchste zu vergegenwärtigen".

Aus dem Gefühl der Allgegenwart Gottes entspringt das Gefühl
seiner Größe, Überpersönlichkeit und Unergründlichkeit.

Schon der Ewige Jude spricht von dem unbegriffenen Gotte.

Je älter Goethe wird, desto mehr wird ihm die Gottheit zu dem
„unbegreiflichen, gar nicht auszudenkenden Wesen".

Glaubenssicherheit entspringt aus dem Zutrauen auf ein übergroßes,
übermächtiges und unerforschliches Wesen. Man soll nicht fragen, ob
dies höchste Wesen Verstand oder Vernunft habe: „ich fühle, es ist
der Verstand, es ist die Vernunft selber".

Gott, der Allumfasser, der Allerhalter, ist nur zu ahnen, aber

> Wer Gott ahnet, ist hoch zu halten:
> denn er wird nie im Schlechten walten.

Sein Name ist viel genannt, sein Wesen immer unbekannt.

> Im Namen dessen, der sich selbst erschuf,
> von Ewigkeit in schaffendem Beruf;
> in seinem Namen, der den Glauben schafft,
> Vertrauen, Liebe, Tätigkeit und Kraft;
> in jenes Namen, der, so oft genannt,
> dem Wesen nach blieb immer unbekannt;

in seinem Namen geht der Ewigkeitsmensch durch die Welt, übt die
verwandelnde Kraft und überwindet alle Zeit:

> denn jeder Schritt ist Unermeßlichkeit!

Höher als aller Glaube ist das Ahnen des wesentlich immer Unbe=
kannten in der Natur: es ist so hohe, so unmittelbare Gewißheit!

„Ich glaube einen Gott! dies ist ein schönes, löbliches Wort; aber
Gott anerkennen, wo und wie er sich offenbare, das ist eigent=
lich die Seligkeit auf Erden."

Die Möglichkeiten, diese Offenbarungen Gottes in der Natur zu er=
fassen, sind so unübersehbar, daß ein Mensch sie nie erschöpfen könnte.
Diese letzte Einsicht führt den Menschen in das grenzenlose Weite einer
großen geistig=kosmischen Gemeinschaft mit allen Wesen.

„Die himmlischen und irdischen Dinge sind ein so weites Reich, daß
die Organe aller Wesen zusammen es nur erfassen mögen."

So wirkt Gott ewig in die Natur, so ist die Natur ewig in ihm
geborgen, teilhaftig seiner Kraft, seines Willens, seiner Weisheit, sei=
ner Liebe:

> Was wär ein Gott, der nur von außen stieße,
> im Kreis das All am Finger laufen ließe!
> Ihm ziemt's, die Welt im Innern zu bewegen,
> Natur in sich, sich in Natur zu hegen,
> so daß, was in ihm lebt und webt und ist,
> nie seine Kraft, nie seinen Geist vermißt.

Das ungeheure Ganze aber, seine Harmonie und Unendlichkeit, die
Einheit und Vielheit seiner Welten, die Ruhe des vollkommenen Seins
und die Lust am Werden und im Werden, die ganze unausdenkbare
und unvorstellbare Fülle in diesem Ringen, in dieser Bewegung: das
ist, als erhabenste Formel des Makrokosmos, in die acht Zeilen ge=
drängt:

> Wenn im Unendlichen dasselbe
> sich wiederholend ewig fließt,
> das tausendfältige Gewölbe
> sich kräftig ineinander schließt,
> strömt Lebenslust aus allen Dingen,
> dem kleinsten wie dem größten Stern,
> und alles Drängen, alles Ringen
> ist ewige Ruh in Gott dem Herrn.

3. Unsterblichkeit

Goethe rechnet sich schon 1784, als er die philosophische Studie
schreibt, zu den Menschen, die sich nicht so leicht bei dem ein für
allemal geschlossenen Kreis bestimmter Glaubensgewißheiten be=
ruhigen, sondern die, wie er sagt, „mehr Verhältnisse göttlicher und
menschlicher Dinge aufzusuchen und zu erkennen streben".

Dem alten Goethe ist das Reich der Ideen nicht das einzige geistige
Reich, auf das sein Schauen sich richtet und das sein Denken beschäf=
tigt. Sein Bewußtsein erleuchtet und vertieft sich, es gehen ihm We=
sensbeziehungen auf, die zwischen den Dingen spielen, geistige Phäno=
mene, die nicht so sehr den architektonischen Lebensbau der sichtbaren
Dinge durch die Ideenkräfte bewirken, sondern mehr ihre Qualität,
ihr substanzielles Wesen bestimmen.

„Alles Lebendige bildet eine Atmosphäre um sich her."
Welchen Wesens diese besondere Atmosphäre ist, die jedes Lebewesen
einhüllt, was von den Dingen ausgeht an unsichtbaren Kräften, an
Anziehendem und Abstoßendem, was die Dinge ausstrahlen an Wärme
oder Kälte, Güte oder Armut, Stärke oder Schwäche, schenkend und
nehmend, hingebend und einsaugend: dessen unmittelbar inne zu wer=
den, bedarf es eines sehr geübten Bewußtseins, eines genau aufmer=
kenden eigenen Sinnes, einer differenzierten Hellfühligkeit.

Goethe hat diese Eigenschaften im hohen Maße besessen. Sein Be=
wußtsein war immer von solcher Art, daß er das des Durchschnitts=
menschen als fast tierhaft dumpf empfinden mußte.

> Alle die andern
> armen Geschlechter
> der kinderreichen
> lebendigen Erde
> wandern und weiden
> in dunklem Genuß

und trüben Schmerzen
des augenblicklichen
beschränkten Lebens,
gebeugt von dem Joche
der Notdurft.

Sein Kammerdiener Sutor erzählt Eckermann folgende Geschichte:

Einst klingelte mir Goethe mitten in der Nacht, und als ich zu ihm
in die Kammer trete, hat er sein eisernes Rollbett vom untersten Ende
der Kammer herauf bis ans Fenster gerollt und liegt und beobachtet
den Himmel. Hast Du nichts am Himmel gesehen? fragte er mich, und
als ich verneinte: so laufe einmal nach der Wache und frage den Posten,
ob der nichts gesehen hat. Der Posten hat auch nichts gesehen.

Höre, sagte Goethe dann zu mir, wir sind in einem bedeutenden
Moment: entweder wir haben in diesem Augenblick ein Erdbeben oder
wir bekommen eins.

Nach einigen Wochen kam die Nachricht, daß in derselben Nacht ein
Teil von Messina durch ein Erdbeben zerstört worden.

Goethe hat also, aus der Atmosphäre der Stunde, als einziger Mensch
damals in Weimar, die Kräfte gespürt, die in einer solchen Entfernung
am Werk waren, die Erde zu erschüttern.

Ohne diese Seite geistiger Erfahrungen allzu sehr betonen zu wollen — wenn man dies wollte, würde man nur den Widerspruch heraus-
fordern — Goethe hat, so viel ist sicher, während seines ganzen Lebens
höchst merkwürdige Erlebnisse gehabt. Wer wie er mit den tausendfachen Beziehungen von Geistes- und Körperwelt rechnet, dessen Sinn
wird ganz unwillkürlich für jene sonst halb- oder kaum bewußten Phänomene ein immer feineres Organ werden. Ein solches Weltbild, wie
es Goethe von dem All-Einen in sich getragen, macht den Menschen
nach allen Seiten offen und dann kann er sich gar nicht abschließen,
er wird immer wieder die Fäden fühlen, die von den Tiefen des Unbewußten hinauslaufen und ihn mit den fernsten Dingen verbinden.

Es gehört schließlich zum Bild von Goethes Wesen, daß ein so alles
überragender Mensch auch das Geheimnisvolle, das in uns und um
uns ist, reicher und stärker, bewußter und vielfältiger erlebt als die
Vielen, die nur an die Trivialitäten des Nützlichen denken und damit

den Zusammenhang mit dem großen Ganzen immer verlieren. Diese Dinge treten in seinen Kreis, er kann und mag sie nicht abweisen.

Selig wer sich vor der Welt
ohne Haß verschließt,
einen Freund am Busen hält
und mit dem genießt

was, von Menschen nicht gewußt
oder nicht bedacht,
durch das Labyrinth der Brust
wandelt in der Nacht.

Das Geheimnisvolle schwer deutbarer Phänomene geht durch sein ganzes Leben. Nur hat erst der alte Goethe alles, was diese gesteigerte Hellfühligkeit, diese Einfühlungsfähigkeit in die Kräfte der Natur ihm an Erfahrungen darbot, mehr im Zusammenhang überdacht, und auf ein Ergebnis dieses Nachdenkens möchte ich nun zuerst die Kraft der Aufmerksamkeit sammeln.

Es ist bekannt, daß der alte Goethe tief darüber sinnt, was er das Dämonische nennt. Man hat sich aber bis jetzt wenig darum gemüht, diese Gedanken in die große Gedankenwelt Goethes einzufügen. Sie stehen aber durchaus nicht unvermittelt und innerlich unverbunden in ihr darin. Sie sind nichts bloß Vorgestelltes oder Ausgedachtes, noch viel weniger etwas aus antiken Schriftstellern Angelesenes, nein, sie sind etwas tief Erfahrenes, sie deuten auf ein sehr wichtiges Gebiet des kosmischen Lebens, sie gehen jeden sehr nahe an und sind das Resultat vielfältigster Lebensbeobachtungen; mindestens ebenso tief erfahren als die Ideen von ihm als selbsteigene Wesen einer reinen Vernunftwelt Gottes, als Manifestation der geistigen Welt mitten im Sinnlichen erfahren wurden. Nur wird, zum Auffassen solcher Verhältnisse, hier noch mehr ein Denken notwendig, das nicht eine Kette mechanischer Wirkungen durch den Verstand verfolgt, sondern das, mit allen Kräften der Ahnung, in der Intuition sich vom Fühlen und Schauen gar nicht ablöst und so allein vor dem Phänomen auf das sich in ihm manifestierende Wesen zu schließen vermag. Diese Art von Intuition aber ist so selten, wie das anschauliche Denken der Idee.

„Der Mensch sieht nur die Wirkungen, die Ursachen, selbst die nächsten sind ihm unbekannt; nur sehr Wenige, tiefer Dringende, Erfahrene, Aufmerkende werden allenfalls gewahr werden, woher die Wirkung entspringe."

Was ist für Goethe das Dämonische?

Goethe spricht am genausten darüber in Dichtung und Wahrheit, und zwar im Anschluß an Egmont. Im Wesen, im Schicksal des Egmont manifestiert es sich. Von seiner Person geht es aus und in seinem Schicksal wird es deutlich und offenbar.

Die Eigenschaften Egmonts, mit denen sich das Dämonische verbindet und durch die es in die Seele hineinwirkt, sind nach Goethe: grenzenloses Zutrauen zu sich selbst, die Gabe, alle Menschen anzuziehen, ungemessene Lebenslust, persönliche Tapferkeit: „Er kennt keine Gefahr und verblendet sich über die größte."

Wie erscheint er in dem Stück selbst? Wie wird er von anderen geschildert?

Der das Haupt so hoch und frei trägt, der nur ganz rasch leben kann, so daß es den anderen schwindelt, der nie den Schein meidet: er erscheint der Herzogin von Parma „als wenn er in der völligen Überzeugung lebe, er sei der Herr und wolle sie nur aus Gefälligkeit nicht aus dem Lande hinausjagen". Egmont selbst aber fühlt sich als Nachtwandler, unwiderstehliche innere Mächte treiben ihn rastlos vorwärts.

„Noch hab ich meines Wachstums Gipfel nicht erreicht, und steh ich droben einst, so will ich fest, nicht ängstlich stehen. Soll ich fallen, so mag ein Donnerschlag, ein Sturmwind, ja ein selbstverfehlter Schritt mich abwärts in die Tiefe stürzen."

Sehen wir die Eigenschaften Egmonts daraufhin durch, wie sie einander bedingen und auseinander entspringen, so kann man sie zurückführen auf die erste, die eine: grenzenloses Zutrauen zu sich selbst. Diese Kraft des Selbstvertrauens ist so stark, daß sie als magische Atmosphäre um den Menschen wirkt, alles in ihre Richtung reißt, sich in sich selbst steigert, ohne frei nach außen zu strömen. Elementares S i c h auswirken, unbeirrt durch das Äußere, Sichtragenlassen von der eigenen selbstgefühlten Wesenheit, unbeirrt um Gut und Böse, Glück und Unglück: dies wäre das Dämonische eines solchen Menschen.

Goethe hat das Phänomen des Dämonischen in Napoleon in seiner
ganzen Übergewalt und Tragik staunend erkannt. Auch in Napoleon,
in dem fatalistischen Glauben an seinen Stern, jenes grenzenlose Zu=
trauen zu sich selbst, an dem er zugrunde geht. „Es wirft sich gern an
bedeutende Personen." (Zu Eckermann) Goethe hat es ferner in dem
Herzog Carl August immer neben sich gehabt und eben dadurch nicht
wenig selbst darunter gelitten.

„Der Herzog gehört zu den Urdämonen, deren granitartiger Cha=
rakter sich niemals beugt, und die gleichwohl nicht untergehen können.
Er wird stets aus allen Gefahren unversehrt hervorgehen."

Aus dieser Grundeigenschaft ergeben sich alle feineren Züge, wie sie
das Gedicht Ilmenau gibt:

> Ein edles Herz, vom Wege der Natur
> durch enges Schicksal abgeleitet,
> das, ahnungsvoll, nun auf der rechten Spur
> bald mit sich selbst und bald mit Zauberschatten streitet
> und, was ihm das Geschick durch die Geburt geschenkt,
> mit Müh und Schweiß erst zu erringen denkt.
> Kein liebevolles Wort kann seinen Geist enthüllen,
> und kein Gesang die hohen Wogen stillen. —
>
> Noch ist, bei tiefer Neigung für das Wahre,
> ihm Irrtum eine Leidenschaft.
> Der Vorwitz lockt ihn in die Weite,
> kein Fels ist ihm zu schroff, kein Steg zu schmal;
> der Unfall lauert an der Seite
> und stürzt ihn in den Arm der Qual.
> Dann treibt die schmerzlich überspannte Regung
> gewaltsam ihn bald da, bald dort hinaus,
> und von unmutiger Bewegung
> ruht er unmutig wieder aus.
> Und düster wild an heitren Tagen,
> unbändig, ohne froh zu sein,
> schläft er, an Seel und Leib verwundet und zerschlagen,
> auf einem harten Lager ein.

Was dort, bei übermächtiger Geistesstärke und Weitblick, Kühnheit und
Größe ist, erscheint hier als unbändige Verwegenheit, als ein blindes
Spiel, als zweckloses Binden und Gebundensein in eigener Leiden=

schaft, die nichts erfüllen und nichts klären kann, so lange das Innere den eigenen Zustand nicht zu durchbrechen vermag. Daher die „Enge" des Schicksals: ein magischer selbstgezogener Kreis, in dem der Dämon sich gefangen hält.

So wirkt das Dämonische vorwiegend in den Leidenschaften. Bei heller, klarer, ruhiger Intelligenz wäre ein solcher Charakter nicht möglich. Daher das scherzhafte Wort: „In einer klaren prosaischen Stadt wie Berlin fände es kaum Gelegenheit, sich zu manifestieren."

In der „Dämon" überschriebenen ersten Stanze der Urworte Orphisch ist das Problem noch weiter, noch philosophisch tiefer gefaßt.

> Wie an dem Tag, der dich der Welt verliehen
> die Sonne stand zum Gruße der Planeten,
> bist alsobald und fort und fort gediehen
> nach dem Gesetz, wonach du angetreten.
> So mußt du sein, dir kannst du nicht entfliehen:
> So sagten schon Sibyllen, so Propheten;
> und keine Zeit und keine Macht zerstückelt
> geprägte Form, die lebend sich entwickelt.

Über dies Gedicht sagt Goethe selbst:

Der Dämon bedeutet hier die notwendige, bei der Geburt unmittelbar ausgesprochene begrenzte Individualität der Person, das Charakteristische, die Unveränderlichkeit des irdischen Individuums.

Als das Wesentliche ist auch hier betont: die Eigenkraft, die sich durch alles durchträgt und durch alle Erschütterungen durchhält, die der Mensch bei der Geburt mit auf die Welt bringt und im notwendigen Ablauf seines Schicksals erfüllen muß, die individuellste Naturkraft im Menschen also, die durch kein Milieu sich einschränken, durch keine Gegenwirkung von außen sich hemmen läßt, die jedes mit allen seinen Eigenheiten bewahrt und die einer Umbildung und Umarbeit aus dem Innersten entgegenwirkt: der alte Adam, wie Goethe sagt, der, so oft auch ausgetrieben, immer wieder unbezwinglicher zurückkehrt.

Dies alles ist nichts Seltenes, nichts Ungewöhnliches. In jedem liegt es, jeder trägt es in sich, die stärksten Naturen auch am sicht-

barsten ausgeprägt. So verschieden auch die Grade zähen Eigenwollens
sein mögen, mit denen die Menschen an sich festhalten und ihre be=
grenzte, vergängliche Individualität, die sich doch wandeln muß, mit
allen angeborenen Fehlern und Schwächen durch alles durchtragen:
sie lassen doch oft lieber alles zugrunde gehen, als daß sie sich aus freien
Stücken selbst aufgäben.

> Vom tragisch Reinen stellen wir euch dar
> des düstern Wollens traurige Gefahr;
> der kräftige Mann, voll Trieb und willevoll,
> er kennt sich nicht, er weiß nicht, was er soll,
> er scheint sich unbezwinglich wie sein Mut
> und wütet hin, erreget fremde Wut
> und wird zuletzt verderblich überrennt
> von einem Schicksal, das er auch nicht kennt.

Hiermit vergleiche man, was Goethe über das Wort Charakter sagt,
und man wird dem, was gemeint ist, noch näher kommen.

„Jedes Wesen, das sich als eine Einheit fühlt, will sich in seinem
eigenen Zustand ungetrennt und unverrückt erhalten. Dies ist eine ewige
notwendige Gabe der Natur und so kann man sagen, jedes Einzelne
habe Charakter bis zum Wurm hinunter, der sich krümmt, wenn er
getreten wird. In diesem Sinne dürfen wir dem Schwachen, ja dem
Feigen selbst Charakter zuschreiben: denn er gibt auf, was andere
Menschen über alles schätzen, was aber nicht zu seiner Natur gehört:
die Ehre, den Ruhm, nur damit er seine Persönlichkeit erhalte. Doch be=
dient man sich des Wortes Charakter gewöhnlich in einem höhern Sinne:
wenn nämlich eine Persönlichkeit von bedeutenden Eigenschaften auf ihrer
Weise verharrt und sich durch nichts davon abwendig machen läßt.

Einen starken Charakter nennt man, wenn er sich allen äußerlichen
Hindernissen mächtig entgegensetzt und seine Eigentümlichkeit, selbst mit
Gefahr, seine Persönlichkeit zu verlieren, durchzusetzen sucht. Einen großen
Charakter nennt man, wenn die Stärke desselben zugleich mit großen, un=
übersehlichen, unendlichen Eigenschaften und Fähigkeiten verbunden ist
und durch ihn ganz originelle unerwartete Absichten, Pläne und Taten
zum Vorschein kommen.

Ob nun gleich jeder wohl einsieht, daß hier eigentlich das Über=

schwängliche, wie überhaupt, die Größe macht, so muß man sich doch
nur ja nicht irren und etwa glauben, daß hier von einem Sittlichen
die Rede sei. Das Hauptfundament des Sittlichen ist der gute Wille,
der seiner Natur nach nur aufs Rechte gerichtet sein kann; das Haupt=
fundament des Charakters ist das entschiedene Wollen ohne Rücksicht
auf Recht und Unrecht, auf Gut und Böse, auf Wahrheit und Irr=
tum; es ist das, was jede Partei an den ihrigen so höchlich schätzt.
Der Wille gehört der Freiheit, er bezieht sich auf den inneren Menschen,
auf den Zweck; das Wollen gehört der Natur und bezieht sich auf die
äußere Welt, auf die Tat; und weil das irdische Wollen nur immer
ein beschränktes sein kann, so läßt sich beinahe voraussetzen, daß in der
Ausübung das höhere Rechte niemals oder nur durch Zufall gewollt
werden kann."

Und nun deutet Goethe die schädlichen Wirkungen an, die mit dem
vorwiegenden Einfluß dämonisch blinden Wollens eintreten müssen.
Diese Wirkungen zeigen sich nicht nur im Gebiet alles seelischen Lebens,
in Neigungen und Leidenschaften jeder Art, sondern auch im Denken,
im Irrtum, im eigensinnigen Beharren der Person auf einer einmal
gefaßten persönlichen Meinung.

„Der Mensch ist dem Irren unterworfen, und wie er in einer Folge,
wie er anhaltend irrt, so wird er gleich falsch gegen sich selbst und gegen
andere, dieser Irrtum mag in Meinungen oder in Neigungen bestehen.
Von Neigungen wird es nur deutlicher, weil nicht leicht jemand sein
wird, der eine solche Erfahrung nicht an sich gemacht hätte. Man widme
einer Person mehr Liebe, mehr Achtung, als sie verdient, sogleich muß
man falsch gegen sich und andere werden: man ist genötigt, auffallende
Mängel als Vorzüge zu betrachten, und sie bei sich wie bei andern
dafür geltend zu machen   .

Ängstlich aber ist es anzusehen, wenn ein starker Charakter, um sich
selbst getreu zu bleiben, treulos gegen die Welt wird, und um inner=
lich wahr zu sein, das Wirkliche zu einer Lüge erklärt und sich dabei
ganz gleichgültig erzeigt, ob man ihn für halsstarrig, verstockt, eigen=
sinnig oder für lächerlich halte. Dem ungeachtet bleibt der Charakter
immer Charakter, er mag das Rechte oder das Unrechte, das Wahre
oder das Falsche wollen und eifrig dafür arbeiten." —

In seinem Kommentar zu den Versen der ersten Stanze der Ur=
worte spielt Goethe an die Lehre der Kirche an, die diese Kraft trieb=
und naturhaften Wollens, dieses sich hartnäckig und zäh durchhaltende
Eigenwesen den alten Adam nennt, dessen Gegensatz und Überwin=
dung der von der Christuswesenheit durchglühte, der wiedergeborene
Mensch ist, der durch das Licht reinen Mitleids, selbstlos schenkender
Liebe jenen magischen Kreis für immer überschreitet. Das Christus=
prinzip überwindet den Dämon, es stillt jenes krampfhafte Festhal=
ten an sich, es entbindet, es löst alle Fesseln: es findet sein reinstes
Selbst identisch mit dem Weltenselbst (ich und der Vater sind eins).
Wo Christus aus dem Innersten wirkt, da ist das Dämonische über=
wunden. Es ist ein Durchbruch von innen nach außen, es ist eine
Wesenswandlung.

Wie ein Bergsee, den eine schwere Nebel= und Wolkendecke vom
Lichte abtrennt, die Trauer eines in eigene Tiefen versunkenen Auges
darstellt, aber mit den ersten Strahlen durchbrechender Sonne kristall=
klar wird und den Himmel spiegelt.

Damit sind wir dem Geheimnis ganz nahe. Wir müssen uns das
Dämonische als ein ganz allgemeines Weltphänomen denken, das wirk=
sam ist im Reich der Natur, der Notwendigkeit, des Schicksals, der
Sterne, und gleichgewogen wird durch den sittlichen Willen, die Frei=
heit, die Gnade, die dem Innern entgegenkommt. Nur dürfen wir mit
dem Begriff der Notwendigkeit, der Natur, des alten Adam keine un=
bedingt moralische Abschätzung verbinden. Das wäre nicht im Sinne
Goethes. Goethe betrachtet das Dämonische als notwendige Stufe
einer durchaus sinnvollen Evolution. So wenig man den Zustand der
Raupe moralisch werten kann, weil er gegenüber dem des Falters mehr
in die Materie versunken und deshalb weniger vollkommen ist, so wenig
hat Goethe das Dämonische, da wo es ihm begegnete, einfach sittlich
gerichtet.

Auch in dem Zustand des Herzogs sieht er etwas, dessen Ent=
wicklung man im letzten Grunde nur ruhig abwarten könne. Der
Glaube an diese Bestimmung des Dämonischen, notwendiger Durch=
gangszustand zu sein, macht ihn bei aller Klarheit und Hellsicht duld=
sam und mild.

Wer kann der Raupe, die am Zweige kriecht,
von ihrem künftigen Futter sprechen?
Und wer der Puppe, die am Boden liegt,
die zarte Schale helfen durchzubrechen?
Es kommt die Zeit, sie trennt sich selber los
und eilt auf Fittichen der Rose in den Schoß.

So liegt dieses Wesens Kraft ursprünglich jenseits von Gut und Böse, oder, genauer noch, zwischen dem Guten und dem Bösen. Daher erscheint sie als dasjenige, das „zwischen alle übrigen hineinzutreten, sie zu sondern, sie zu verbinden scheint"; daher andererseits die Widersprüche, die Goethe bemerkt: „es war nicht göttlich, denn es schien unvernünftig; nicht teuflisch, denn es war wohltätig; nicht englisch, denn es ließ oft Schadenfreude merken. Es zog die Zeit zusammen und dehnte den Raum aus". Wie es in der ganzen Natur, in der belebten und unbelebten, der beseelten und unbeseelten wirksam ist, und wie die ursprüngliche dunkle Kraft des Wollens in der Natur sich in den Raum ergießt und nur den Wunsch zu haben scheint, seine Unendlichkeit durch ihre unendliche Produktionskraft wachsend zu erfüllen, so zieht das Dämonische andrerseits die Zeit zusammen, es schränkt die Ewigkeit der geistigen Welt in die Zeitlichkeit der werdenden Dinge ein und läßt schließlich den Menschen im Genuß der Vergänglichkeit seiner eigenen Ewigkeit immer mehr vergessen. Man denkt hier wieder an Egmont, wie rasch er lebt, wie er dem Augenblick sich anvertraut. In dem Urphänomen des Dämonischen ahnt Goethe die Entstehung von Raum und Zeit aus der Ewigkeit des reinen Geistes.

„Obgleich jenes Dämonische sich in allem Körperlichen und Unkörperlichen manifestieren kann, ja bei den Tieren sich aufs Merkwürdigste ausspricht, so steht es vorzüglich mit dem Menschen im wunderbarsten Zusammenhang, bildet eine der moralischen Weltordnung wo nicht entgegengesetzte doch sie durchkreuzende Macht, so daß man die eine für den Zettel, die andere für den Einschlag könnte gelten lassen."

Von so hohem Standort will das Dämonische betrachtet sein: als Durchgangs- und Zwischenreich. Es liegt zwischen der absoluten Güte göttlicher Wesen und etwa dem verneinenden Prinzip des Todes.

So lange wir in unsere vergängliche Natur hineinverwoben sind —
als Individualisten und Aktivisten — stehen wir auch in einem Ge=
biet des Makrokosmos, das dem Reich Gottes, der mitleidvollen
und entselbstigten Liebe, der Weltvernunft gegenüber seine eigenen
Grenzen hat und doch nicht einfach das Böse ist. Das Wirken des
Dämonischen wird von Gott als eine Voraussetzung seines Wirkens
zugelassen. Gott läßt es gewähren, ja bedient sich seiner als Unterlage,
als Zettel, der durch den Einschlag erst zum fertigen Gewebe wird.
Jenes „zwischen" aber immer nur sinnbildlich verstanden, denn in Wirk=
lichkeit durchdringen sich die Welten.

Für dies ungeheuere Phänomen ist das Dämonische aber nur ein
begrenzter Ausdruck. „Alle Religionen und Philosophien haben diesem
Phänomen andere Namen gegeben."

Die Frage liegt nahe: hat Goethe selbst nicht auch in anderen Bildern
und in anderen Zusammenhängen darüber gedacht?

Ein großes Symbol taucht da auf, eine Figur, mit deren Gestaltung
er sein Leben lang gerungen: Prometheus!

Prometheus steht, als ein Urtyp dämonischer Wesen, unter den
Göttern, gegen die er sich auflehnt, ohne ihre Macht und Wirkung zu
verringern, und über den Menschen, deren Evolution er beschützt.

Zwei Zugänge gibt es zu dem Symbol des Prometheus. Es ist zu=
nächst rein menschlich, rein persönlich erlebt.

Goethe hat allerdings den ganzen Seelenzustand und die ganze Tra=
gik des Titanen nachgelebt. Er schreibt an Boisserée 1826: „Sie er=
scheinen mir wie ein Herkules, der dem Atlas, dem Prometheus zu
Hilfe kommt. Wüßten Sie, was ich dieses Jahr gelitten habe, Sie
würden solche Bildlichkeiten nicht übertrieben finden."

Dichtung und Wahrheit schildert, wie Goethe, nach sicherem Besitz
Umschau haltend, sich auf die Kraft seiner Produktivität zurückgewiesen
fühlt. In der äußeren Unsicherheit des Lebens sei es das Beste, „sich
wenigstens innerlich unabhängig zu machen." Die Empfindung, sich
ganz auf sich selbst stellen zu müssen, die selbstgewollte Einschränkung
aufs Eigenste erinnert ihn an das Bild des Titanen.

Großes künstlerisches Schöpfertum läßt den jungen Goethe immer an Prometheus denken. Shakespeare „wetteiferte mit dem Prometheus, bildete ihm Zug um Zug seine Menschen nach, nur in kolossalischer Größe."

Sein Denken über Kunst ist mit dem Denken über das Wesen des Prometheus schon damals eng verbunden. „Nimm ihn auf, himmlische Schönheit, du Mittlerin zwischen Göttern und Menschen, und mehr als Prometheus leit er die Seligkeit der Götter auf die Erde!" Mehr als Prometheus soll der Künstler das Göttliche herableiten, ein mehr als irdisches Feuer; um dies aber zu können, muß er es abschließen, muß ihm aus seinem Geist Form und Gestalt geben, es in sich unab= hängig machen, und so ist er, als Schöpfer, wieder Prometheus.

Künstler sein ist Mittler sein: der Künstler steht zwischen Himmel und Erde, es ist sein höchster Stolz und sein tiefster Schmerz, seine Seligkeit und seine Tragik. Und Kunst ist die wahre Vermittlerin, „die Vermittlerin des Unaussprechlichen."

So schreitet auch das Gedicht Ilmenau von dem Gedanken des im Dämon gebundenen Fürsten fort zu dem promethëischen Leiden des Dichters selbst. Der Dichter erregt Gefühle, Eigenschaften und Fähig= keiten, wie sie Egmont besitzt: „Freiheit sonder-Zwang, Stolz auf sich selbst und herzliches Behagen." Der Dichter steigert das Gute und das Dämonische. Der Folgen dieser Wirkungen, denen er rückblickend nachsinnt, kann er nicht froh werden; sein Wirken erscheint ihm nicht rein, nicht unschuldig und gut im eigentlichen Sinne. Er hält Gericht über sich, und allein hier in ihm selbst wird Prometheus gerichtet.

> Ließ nicht Prometheus selbst die reine Himmelsglut
> auf frischen Ton vergötternd niederfließen?
> Und konnt er mehr als irdisch Blut
> durch die belebten Adern gießen?
> Ich brachte reines Feuer vom Altar,
> was ich entzündet ist nicht reine Flamme;
> der Sturm vermehrt die Glut und die Gefahr.
> Ich schwanke nicht, indem ich mich verdamme.

So lange Goethe sich in der Richtung rastloser Tätigkeit bewegt, so lange fühlt er sich promethëischem Wesen verwandt, fühlt sich in seinem Gebiet, fühlt seinen königlichen Stolz, sein Selbstbewußtsein, fühlt andererseits die tragische Gebundenheit an Zeit und Umstände, die schmerzliche Entsagung, das sich Verstricken im Schicksal, alles was immer mit jeder ausschließlichen und innerlichen Tätigkeit verbunden ist.

Hier gilt dasselbe wie für Werther. Dies volle Ausströmen gesteigerten Sichfühlens, dies ruhig stolze Aussprechen eigener Hoheit und Größe, wenn dies paradox, in dem Gedicht Menschengefühl, so formuliert ist, daß wir den Göttern ruhig ihren Himmel droben lassen könnten, wenn wir nur unserer eigenen Schöpferkraft ganz sicher wären, so ist auch dies ein Endpunkt seiner Natur und man muß anderes hinzudenken, um zu fühlen, zwischen welchen Extremen sich vor allem der junge Goethe hin und her bewegt hat. Man denke nur an die Sehnsucht und Mystik des Herzens im Ganymed, als dem Gegenpol hierzu:

> Aufwärts!
> Umfangend umfangen!
> Aufwärts an deinen Busen,
> allliebender Vater.

Ähnliches gilt für das Gedicht: Königlich Gebet:

> Ha, ich bin der Herr der Welt,
> mir dienen die Edlen, denen ich gebiete!

Dies ist echtes promethëisches Lebensgefühl: die kraftvolle Person, in dem ungebrochenen vollsten Selbstbewußtsein gesteigerten Schöpfertums empfindet sich, mit aller Begrenztheit, als ob sie von Ewigkeit wäre und so in alle Ewigkeit dauern müsse.

Das ist die eine Seite der Idee: Prometheus als Menschenvater, der seine Kinder „zu rastloser Tat und zu unbedingtem Genuß des Lebens" aufruft; der sie zu schrankenlosem Aktivismus antreibt und alle Anlagen zu dem extremsten Individualismus ihnen einpflanzt. Mit seiner Eigenkraft verleiht er ihnen jenes unbedingte Zutrauen zu sich selbst, das Egmont so auszeichnet.

Und nun die andere Seite: Prometheus die Mittelfigur zwischen Götter und Menschen! Hierin liegt der Kern der Idee und dies ist zu einem von Goethes zentralsten Weltgedanken geworden, um das sich ein ganzes Gedankengebäude kristallisiert. Er selbst sagt: „Der mythologische Punkt, wo Prometheus auftritt, war mir immer gegenwärtig und zu einer belebten Fixidee geworden."

„Der titanisch=gigantische, himmelstürmende Sinn verlieh meiner Dichtungsart keinen Stoff. Eher ziemte sich mir darzustellen jenes friedliche, plastische, allenfalls duldende Widerstreben (d. h. bewußte Entsagung, bewußte Passivität gegenüber den göttlichen Welten, ein gerne Dulden dieser Entsagung), das die Obergewalt anerkennt, aber sich ihr gleichsetzen möchte." Also weder die Leugnung noch ein Vergessen Gottes, sondern das Streben, sich ein eigenes Reich zu schaffen, um in selbstbewußtem Wollen die Gottwerdung zu vollenden.

„Es ist ein schöner, der Poesie zusagender Gedanke, die Menschen nicht durch den obersten Weltherrscher, sondern durch eine Mittelfigur hervorbringen zu lassen, die aber doch, als Abkömmling der ältesten Dynastie, hierzu würdig und wichtig genug ist."

Erst in den christlichen Jahrhunderten ist diese Idee des Mittelwesens mit vollem Bewußtsein durchdacht und zu einem philosophischen System geworden. Hier gilt das Wort: „Die Griechen brachten die großen Wahrheiten der Welt in Götter, wir bringen sie in Begriffe."

Als Dichter faßt Goethe den Punkt, wo Prometheus auftritt, ins Auge, weil das alles schon plastisch gestaltet ist. Seine letzten Gedanken über das Problem des schöpferischen Mittlers enthält das christliche Weltentstehungssystem aus Dichtung und Wahrheit, zu dem wir nun übergehen, in dem er sich an die Systeme der christlichen Gnosis an= schließt und das Ergebnis eines ganzen Studiums übersinnlicher Dinge ungeheuer gedrängt zusammenfaßt.

Hier steht Luzifer zur heiligen Dreifaltigkeit, wie in der klassischen Welt Prometheus zu den Göttern. Wie Prometheus gibt er den Men= schen das Feuer des Eigenlebens, das Bewußtsein eigener Innerlich= keit. Wie Prometheus, wie alle dämonischen Wesen im Goetheschen Sinne, steht auch er zwischen dem Guten und dem Bösen, wirkt Gutes und Böses, ist heilsam und verderblich, bringt Glück und Leiden. Die tiefsinnige Fassung des Luzifer in dem Weltentstehungssystem aus Dichtung und Wahrheit ist nur deshalb so lebendig und in sich logisch durchdacht, weil Goethe sein Leben lang über dies eine Problem des Mittlers nachgesonnen hat: als dämonisches Wesen hat es der alte Goethe in Menschen und in der Natur mehr unmittelbar empfunden, als Prometheus hat er es gestaltet und selbst gelebt und als Luzifer

84

zum Grundgedanken einer Komogonie gemacht. Das Dämonische, das
Prometheïsche, das Luziferische: sie sind, wenn nicht identisch, so doch
im Wesen dergestalt nahe verwandt, daß eins aus dem andern zu ent=
springen scheint und eins das andere erst ganz erhellt.

An der Spitze dieses Systems steht die Dreieinigkeit. Es ist die
Gottheit, die sich von Ewigkeit her selbst schafft, ein in sich geschlossener
Kreis höchster unausdenkbarer Vollkommenheiten.

Das Geheimnis dieser Dreiheit von Vater, Sohn und Geist läßt
Goethe hier unberührt. Auch der Übergang zu Luzifer ist nur angedeutet.

Die dreieinigen Wesen schufen ein Viertes, das aber in sich schon
einen Widerspruch hegte, indem es, wie sie, unbedingt und doch zu=
gleich in ihnen enthalten und durch sie begrenzt sein sollte. Luzifer
wird, wie dem Demiurg der Gnostiker, die ganze Schöpfung über=
tragen. Die Schöpfung aller endlichen Wesen kann nicht direkt von
dem höchsten Sein selbst ausgehen, das ja ewig in Ruhe verbleibt.
Alles Endliche kann nur wieder von Emanationen Gottes geschaffen sein.

Luzifer „bewies sogleich seine unendliche Tätigkeit, indem er die sämt=
lichen Engel erschuf, alle wieder nach seinem Gleichnis, unbedingt, aber
in ihm enthalten und durch ihn begrenzt."
Und nun das Erlebte, der eigentliche Tiefsinn des Systems:
„Umgeben von einer solchen Glorie vergaß er seines höhern Ursprungs
und glaubte ihn in sich selbst zu finden, und aus diesem ersten Undank
entsprang alles, was uns nicht mit dem Sinn und den Absichten der
Gottheit übereinzustimmen scheint." Mit der Wendung nach innen,
nach dem eigenen Selbst, mit dem Glauben an sich, mit dem unbedingten
Zutrauen zur eigenen noch selbstischen Kraft ist der Abfall von dem
Urquell Ereignis geworden. Es ist wie die Vorgeschichte des Pro=
metheus. Der Abfall des Luzifer erinnert an den Sturz der Titanen.

Sie aber, sie bleiben
in ewigen Festen
an goldenen Tischen.
Sie schreiten vom Berge
zu Bergen hinüber:
aus Schlünden der Tiefe

dampft ihnen der Atem
erstickter Titanen,
gleich Opfergerüchen,
ein leichtes Gewölke.

Dies ist der Fall in die Materie: die Ursache der Zweiheit und Zwie=
spältigkeit der Welt. Nur ist die Idee des Falls in dem Welt=
entstehungssystem reiner als in der Sage gefaßt, wo der Sturz der
Titanen noch als Strafe der Götter angesehen wird, während hier
die Abkehr von dem Urquell selbstgewollt ist und auch alle Folgen aus
diesem selbstgeschaffenen Schicksal sich zunächst ganz ohne Eingreifen
Gottes entwickeln müssen.

„Je mehr er sich in sich selbst konzentrierte, je unwohler mußte es
ihm werden, so wie allen den Geistern, denen er die süße Erhebung
zu ihrem Ursprung verkümmerte. Und so ereignete sich das, was uns
unter der Form des Abfalls der Engel bezeichnet wird. Ein Teil der=
selben konzentrierte sich mit Luzifer, der andere wendete sich wieder
gegen seinen Ursprung. Aus dieser Konzentration der ganzen Schöp=
fung, denn sie war von Luzifer ausgegangen und mußte ihm folgen,
entsprang nun alles, was wir unter der Gestalt der Materie gewahr
werden, was wir uns als schwer, fest und finster vorstellen, welches
aber, wenn auch nicht unmittelbar, doch durch Filiation vom gött=
lichen Wesen herstammt, ebenso mächtig und ewig ist als der Vater
und die Großeltern.“

Halten wir hier einen Augenblick an. Es ist der schwierigste Punkt
des Ganzen: die Entstehung der Materie aus dem Geist.

Goethe hat sich nie dabei beruhigt, die materielle, die Sinnenwelt
auf unsere Vorstellung zurückzuführen. Wenn er von dem Zusammen=
sein von Materie und Geist in der Natur spricht, so leitet er auch ge=
wöhnlich nicht das eine aus dem andern ab, sondern läßt beides, Geist
und Materie, von Ewigkeit her zusammen bestehen. Den tiefen Grund
des Hylozoismus lasse er in seiner Würde und Heiligkeit unberührt.
Man möge sich gestehen, daß wir, „um das Vorhandene zu betrachten,
eine vorhergegangene Tätigkeit zugeben müssen und daß, wenn wir
uns eine Tätigkeit denken wollen, wir derselben ein schicklich Element
unterlegen, worauf sie wirken konnte, und daß wir zuletzt diese Tätig=

keit mit dieser Unterlage als immerfort zusammenbestehend und ewig gleichzeitig vorhanden denken müssen. Dieses Ungeheure personifiziert tritt uns als ein Gott entgegen, als Schöpfer und Erhalter, welchen anzubeten, zu verehren und zu preisen wir auf alle Weise aufgefordert sind."

Und doch ist Goethe nicht immer bei diesem Dualismus: Geist und Materie, Tätigkeit und Element der Tätigkeit stehen geblieben. Wenn er aber überhaupt einmal auf eine allerletzte und allererste Einheit zurückgehen will, dann kann er nur die Materie als das Sekundäre und den Geist als das Primäre denken. Auch die Materie ist geistgeschaffen und ohne die obere Welt nicht zu denken.

> Ruhig entwickelt sich Stein aus Gestein.
> Ewig natürlich bewegende Kraft
> göttlich gesetzlich entbindet und schafft;
> trennendes Leben, im Leben Verein,
> oben die Geister und unten der Stein.

Die geistigen Gewalten, die „mit leisem Finger durchsichtige Gestalten bauen", die schöpferischen Mächte, sie sind auch bei der Entstehung der Materie beteiligt.

> Und kreisend führt ihr in bewegten Lüften
> den wandelbaren Flor
> und schreibt dem Stein in allen seinen Grüften
> die festen Formen vor.

Die Materie ist von göttlichen Wesenheiten geschaffen, es offenbaren sich in ihr die geheimen Gesetze des Geistes und der Vernunft.

Goethe setzt der atomistischen, materiellen, mechanischen Betrachtung in der Chemie eine dynamische geistreiche Betrachtung entgegen; die großen Entdeckungen in der Chemie sprechen das Magische in der Natur mit Gewalt schon aus. (An Windischmann)

„Man muß diese totscheinenden und doch zur Tätigkeit innerlich immer bereiten Wesen wirkend vor seinen Augen sehen, mit Teilnahme schauen, wie sie einander suchen, sich anziehen, ergreifen, zerstören, verschlingen, aufzehren und sodann aus der innigsten Verbindung wieder in erneuter, neuer, unerwarteter Gestalt hervortreten: dann traut man ihnen erst ein ewiges Leben, ja wohl gar Sinn und Verstand zu, weil wir unsere Sinne kaum genügend fühlen, sie recht zu beobachten und unsere Vernunft kaum hinlänglich, sie zu fassen."

„Unsere Naturforscher lieben das Ausführliche. Sie zählen uns den ganzen Bestand der Welt in lauter besonderen Teilen zu und haben glücklich für jeden besonderen Teil auch einen besonderen Namen. Das ist Tonerde! das ist Kieselerde! das ist dies und das ist das! Was hel= fen mir denn die Teile? was ihre Namen? Wissen will ich, was jeden einzelnen Teil im Universum so hoch begeistigt, daß er den anderen auf= sucht, ihm entweder dient oder ihn beherrscht, je nachdem das allen ein= und aufgeborene Vernunftgesetz in einem höheren oder geringerem Grade den zu dieser, den zu jener Rolle befähigt."

In dem Weltentstehungssystem, das er in seiner Jugend zuerst in der theosophischen Mystik sich ahnend zueignet, aber erst als er Dich= tung und Wahrheit schreibt, endgültig durchdenkt, schließt er sich den Lehren dieser Mystik an. Der Mystiker hat eine so hohe, so unmittel= bar erfahrene Gewißheit von der Welt des Geistes, diese im innersten Bewußtsein unmittelbar erfahrene Gewißheit ist ihm so viel höher als alle Gewißheit der Sinne und des Verstandes, daß, wenn er über= haupt auf die letzte Einheit zurückgeht, er hier nie im Zweifel sein kann. Die Materie kann nur aus dem Geist begriffen werden wie diese ganze Sinnenwelt ohne die Welt des Geistes nicht zu verstehen ist.

Was ist das Schwere, was ist das Finstere, das Starre? Es ist das Symbol einer geistigen Richtung, die überall in der Schöpfung enthalten ist: von der höchsten Lebenseinheit, der kein Raum Grenzen setzt, von Gott hinweg in den Raum, in das Endliche hinein, dem eigenen Zentrum zu!

So ist die Finsternis, das Heraustreten aus Gottes Reich, so ist das Starre, das Einsame, das scheinbar Leblose der Materie nur das Ende dieser Entfernung von dem ewigen Fließen in der Einheit des Geistes, in der sich alles durchdringt, so ist die Schwere in der Materie nur die einfachste Manifestation dieser Welttendenz der Verdichtung, der Konzentration, des Strebens nach der eigenen Mitte. Wie der alte Adam sich in sich selbst verfestigt, um ein Eigenleben allem Göttlichen und Ungöttlichen gegenüber durchhalten zu können und nicht einfach

immer wieder bewußtlos in der geiftigen Welt aufzugehen, so ist Ma=
terie, das Dichte, Finstere, Konzentrierte par excellence, nur der
äußerfte Grad, die letzte Grenze diefer Welttendenz. Damit überhaupt
Materie, d.h. etwas Räumliches, Dunkles, Grenzensetzendes, Schweres
entstehen konnte, dazu mußte vor Ewigkeiten ein Wesen sich von seinem
Urquell, seine Helligkeit und Seligkeit, Zeitlofigkeit und Allwesenhaftig=
keit abwenden und diese Abkehr in sich nur immer steigern.

Ob das nun ein Abfall ist — Goethe sagt ausdrücklich, es wird
„unter der Form des Abfalls der Engel" erzählt und will damit sagen,
daß auch dies nur ein mythologifches Bild ist, das einen kaum vor=
stellbaren Vorgang dem menfchlichen Begreifen annähern will — ob
man sich die Entstehung der Materie als Abfall denkt oder als Opfer,
als das Opfer eines Wesens, das seine Seligkeit hingibt, um eine
Schöpfung zu ermöglichen — wie die Erde ihre Kräfte opfert, damit
das Korn, das in die dunkle Erde gesenkt wird, zum Licht auferstehen
kann, wie die Pflanze das Opfer für Tier und Menfch fortsetzt — dies
ist erst in zweiter Linie bedeutsam. Nur menfchlich=fittliches Empfinden,
nur menfchliche Begriffe von Gut und Böse werden das übermenfch=
lichfte, das kosmifchfte Geschehen nie erfassen können.

Das Wesentliche des Luziferifchen ist also dies: sich Abschließen von
aller fließenden Ewigkeit, sich seine Freiheit selbst erringen, sich in
seinem ganzen Eigenwert als vollberechtigte abgeschloffene Individua=
lität fühlen, im Gegensatz zu einem Sichausströmen, zu einer aus=
schließlichen Hingabe an Gottes Ewigkeit.

„Meine Welt!" In diesem stolzen Ruf des Prometheus liegt das
ganze Wesen des Luziferifchen.

Auf der anderen Seite stehen nun die geiftigen Wesen, die sich von
jenem Trieb zur Konzentration nicht mitreißen laffen, sondern der Ver=
suchung widerstehen und zum Urquell alles Lebens zurückkehren. Sie
verlieren ihn nie, sie strömen in ihn zurück, haben an seiner Seligkeit
teil, dafür sind aber ihre Bewußtseinszustände mit denen sich selbster=
kennender Wesen nicht vergleichbar. Sie haben nicht das in sich ge=
drängte, von Gott abgeschnürte Innenleben und Selbstbewußtsein;
die ewige Vollkommenheit in dämmrig=traumhaften Zuständen selig zu
genießen, genügt ihnen.

Durch Konzentration ist der Dualismus von Geist und Materie in die Welt gekommen; nur durch die entgegengesetzte Tendenz, durch Rückkehr der in sich gefesteten Wesen zu Gott, durch Expansion wird der Dualismus überwunden. Damit ist der eigentliche Pulsschlag des Lebens wieder hergestellt. Die eine Tendenz ist immer nur die Hälfte des Lebens. Die Schöpfung wäre undenkbar ohne Individualisierung in Zeit und Raum, ohne Abkehr des Bewußtseins von Gottes Ewig= keit. Sie müßte sich aber selbst zerstören, wenn sie jene Abkehr nur immer steigern wollte. Gott selbst gibt ihr die Möglichkeit der Expan= sion und leitet so das Entfernteste in die eigene Unendlichkeit zurück.

Dies sagt schon die Morgenröte in der Pandora:

> Was zu wünschen ist, ihr unten fühlt es,
> was zu geben sei, die wissens droben.
> Groß beginnet ihr Titanen, aber leiten
> zu dem ewig Guten, ewig Schönen
> ist der Götter Werk, die laßt gewähren.

Der Mensch wiederholt nur das Schicksal und die Erfahrung Luzifers. „Ein vollkommenes Bewußtsein sowie ein entschiedener Wille" sollen seine Zustände begleiten; das kann nicht anders erreicht werden, als daß er seine Freiheit und Selbständigkeit im eigenen Innern ergreifen lernt. „Die Absonderung vom Wohltäter ist der eigentliche Undank, und so ward jener Abfall zum zweiten Male eminent, obgleich die ganze Schöpfung nichts ist und nichts war als ein Abfallen und Zurückkehren zum Ursprünglichen."

„Man sieht leicht wie hier die Erlösung nicht allein von Ewigkeit her beschlossen, sondern als ewig notwendig gedacht wird, ja daß sie durch die ganze Zeit des Werdens und Seins sich immer wieder er= neuern muß."

„Die Geschichte aller Religionen und Philosophien lehrt uns, daß diese große, den Menschen unentbehrliche Wahrheit von verschiedenen Nationen in verschiedenen Zeiten auf mancherlei Weise, ja in selt= samen Fabeln und Bildern der Beschränktheit gemäß überliefert worden; genug, wenn nur anerkannt wird, daß wir uns in einem Zustande befinden, der, wenn er uns auch niederzuziehen und zu drücken scheint, dennoch Gelegenheit gibt, ja zur Pflicht macht, uns zu erheben und die Absichten der Gottheit dadurch zu erfüllen, daß wir, indem wir von einer Seite uns zu verselbsten genötigt sind, von der andern in regelmäßigen Pulsen uns zu entselbstigen nicht versäumen."

Dieser Abschluß des Weltentstehungssystems ist das Erlebteste, das Goethe Eigenste des Ganzen: wir stehen damit an dem zentralsten Punkt seines Denkens, von dem aus sich Unendliches begreifen läßt.

Denn dieser Pulsschlag von Verselbstung und Entselbstigung, Konzentration in sich und Expansion d. h. Rückkehr zur göttlich-geistigen Welt gilt für das tägliche Leben, für Wachen und Schlafen, er ist zugleich das höchste Gesetz des Makrokosmos überhaupt.

Goethe bemerkt in dem ungeheuren Ganzen ein Zusammenziehen und eine Ausdehnung, „eine Sistole und Diastole des Weltgeistes". Jene gibt die Spezifikation, diese das Unendliche. (Zu Riemer 1808)

Nur von hier ist die abgründige Tiefe des Satzes zu ahnen: nemo contra deum nisi deus ipse.

In jenen Betrachtungen über das Dämonische bemerkt Goethe, dieses erscheine am furchtbarsten, wenn es in irgend einem Menschen überwiegend hervortrete. „Es sind nicht immer die vorzüglichsten Menschen, weder an Geist noch an Talenten, selten durch Herzensgüte sich empfehlend; aber eine ungeheure Kraft geht von ihnen aus, und sie üben eine unglaubliche Gewalt über alle Geschöpfe, ja sogar über die Elemente, und wer kann sagen, wie weit sich eine solche Wirkung erstrecken wird? Alle vereinten sittlichen Kräfte vermögen nichts gegen sie; sie sind durch nichts zu überwinden als durch das Universum selbst, mit dem sie den Kampf begonnen; und aus solchen Bemerkungen mag wohl jener sonderbare, aber ungeheure Spruch entstanden sein: nemo contra deum nisi deus ipse."

Dies sei „ein herrliches Diktum, von unendlicher Anwendung. Gott begegnet sich immer selbst, Gott im Menschen sich selbst wieder im Menschen. Daher keiner Ursache habe, sich gegen den Größten gering zu achten. So göttlich ist die Welt eingerichtet, daß jeder an seiner Stelle, an seinem Ort, zu seiner Zeit alles übrige gleichwägt." (Zu Riemer 1810)

Ein Gott könne nur wieder durch einen Gott balanciert werden; „die Kraft soll sich selber einschränken, ist absurd. Sie wird nur wieder durch eine andere Kraft eingeschränkt. Das spezifizierte Wesen kann sich nicht selber einschränken, sondern das Ganze, welches sich spezifiziert, schränkt sich eben dadurch selbst ein (d. h. konzentriert, individualisiert sich), aber nicht das Einzelne sich.“

All dies zeigt, wie sehr das Moralische in dem Phänomen des Luziferischen für Goethe zurücktritt vor dem umfassend Kosmischen. Sittliche Übel muß man nicht negieren, sondern durch die Tendenz der Expansion überwinden. Um Einheit und Vollkommenheit erreichen zu können, muß der Mensch das Wesen dieser Urgegensätze intuitiv verstehen lernen. „Indem man unverbesserliche Übel an Menschen und Umständen verbessern will, verliert man die Zeit und verdirbt noch mehr, statt das man diese Mängel annehmen sollte gleichsam als Grundstoff und nachher suchen, diese zu kontrebalancieren. Das schönste Gefühl des Ideals wäre, wenn man immer rein fühlte, warum mans nicht erreichen kann.“

Wir selbst erleben zunächst dieses Gesetz in uns selbst, in den zwei Seelen unserer Brust. Unser ganzes Leben wird von ihm beherrscht, wir können ihm nicht entgehen, wir müssen einatmen um ausatmen zu können. Wir fühlen auf der einen Seite von Natur aus, als verkörperte Wesen, die Neigung zu allen Formen und Graden des Egoismus, der Verselbstigung, der Versinnlichung. Ein Leben ganz ohne diese Tendenz scheint uns weder gut noch möglich. „Die Außenwelt bewegt sich so heftig, daß ein jeder Einzelne bedroht ist, in den Strudel mit fortgerissen zu werden: hier sieht er sich genötigt, um seine eigenen Bedürfnisse zu befriedigen, unmittelbar und augenblicklich für die Bedürfnisse anderer zu sorgen; und da fragt sich denn freilich, ob er irgend eine Fertigkeit habe, diesen aufdringlichen Pflichten genugzutun. Da bleibt nun nichts übrig als sich selbst zu sagen, nur der reinste und strengste Egoismus könne uns retten; dieser aber muß ein selbstbewußter, wohlgefühlter und ruhig ausgesprochener Entschluß sein.“

Nur in gewissen Zeiten unseres Lebens und in einzelnen Menschen wird die Seite des Luziferischen verhängnisvoll vorherrschend. Der dämonische Mensch kennt nur den einen Trieb: daß sich sein beschränktes

Eigenwollen, auf Kosten alles anderen, unbedingt und rücksichtslos
durchsetze. Dann verwandelt sich der reinste und strengste Egoismus
in sein Zerrbild, in eine „starrzähe" Eigensucht, die sich auf halbem
oder falschem Weg verstocke. Das Dämonische zieht alles Fremde,
wenn es nicht stark genug ist, in den eigenen magischen Kreis, um
es sich dienstbar zu machen und seine Macht dabei zu fühlen. Reines
Streben adelt es zum stolzen und berechtigten Selbstbewußtsein prome=
thëischer Naturen.

Dies eigensinnige Festhalten an sich, an der einmaligen Individuali=
tät, an der Endlichkeit, Bedingtheit und Heftigkeit ihrer Wünsche, dies
mit dem Kopf durch die Wand wollen, dies mit sich selbst Beschäftigtsein,
dies sich nicht in das fremde Leben Hineindenkenkönnen, diese Unfähig=
keit, auf die leise warnenden Stimmen der anderen Seite zu hören,
diese eitle Selbstzufriedenheit und Eigenbrödelei, dieses sich Einspinnen
in der eigenen Vergangenheit, in einer selbstgeschaffenen romantischen
Traumwelt, dieses Festhalten am Traum, der sich nie halten läßt und
durch den der Mensch mit Bewußtsein hindurchgehen muß, dies alles
bis zu dem Grade, daß die reiche Wirklichkeit des Lebens sich bis zur
Armut von uns zurückzieht: es liegt virtuell in jedem und jeder leidet
auch mehr oder weniger darunter. Wer ist nicht schon neben den Quellen
alles Lebens verdurstet, wen hat nicht schon in manchen Augenblicken
des Lebens Reichtum und Majestät fühllos gelassen? Die Verselbstung
allein führt den Menschen in die Wüste. Wir sehen den Menschen leiden
in Vereinsamung, Fühllosigkeit, Verhärtung und Habsucht, ohne helfen
zu können.

> Ach, wer heilet die Schmerzen
> des, dem Balsam zu Gift ward?
> Der sich Menschenhaß
> aus der Fülle der Liebe trank!
> Erst verachtet, nun ein Verächter,
> zehrt er heimlich auf
> seinen eignen Wert
> in ungenügender Selbstsucht.

„Das wahre, echte, unentbehrliche Selbstgefühl zerstört sich in Dünkel
und Anmaßung."

All dem hält das Gesetz der Expansion die Wage: der sittliche Wille,

der nicht in der Natur, sondern im freien Geiste wurzelt, die Liebe=
fähigkeit, die selbstlose, reine, kontemplative Gemütsverfassung, Mitleid,
Güte und wie die Stufen eines sich hingebenden und ausstrahlenden
Wesens alle heißen mögen: bis zum höchsten exstatischen tiefbewußten
sich Erfahren in Gottes Wesenheit.

> In unsers Busens Reine wogt ein Streben,
> sich einem Höhern, Reinern, Unbekannten
> aus Dankbarkeit freiwillig hinzugeben,
> enträtselnd sich den ewig Ungenannten;
> wir heißen's: Frommsein!

Mit übermenschlichem Blick schaut Goethe das Zusammen= und In=
einanderwirken dieser beiden Tendenzen. Niemals drängen sich ihm
voreilig Werturteile auf, immer läßt er den Sinn des Weltgeschehens
erst rein sich aussprechen. Verselbstung und Entselbstigung ist das
Leben der Welt. Der Zwiespalt ist nicht so zu lösen, daß man die eine
Tendenz absolut bejaht und die andere absolut verneint. Mit Bewußt=
sein die Notwendigkeit der Verselbstung einsehen, dem Egoismus durch
solche Erkenntnis Grenzen setzen, ein noch höheres Bewußtsein durch
Entselbstigung entwickeln: anders als durch solche Zusammenfassung
kann der Sinn des Menschenlebens nicht gedacht werden. Alle Mög=
lichkeiten der Steigerung liegen innerhalb dieses ewigen Wechsels.

Für die Formulierung dieses umfassenden Gesetzes vermeidet Goethe
die Kunstworte zentrifugal und zentripetal, weil diese Begriffe zu sehr
an eine materialistisch=mechanische Naturansicht erinnern. Er nimmt
sein Bild aus der Lebenswelt. Er nennt es das Gesetz der Sistole
und Diastole. Wie das Herz sich zusammenziehen muß, um schlagen
zu können und den warmen Blutstrom durch den Körper zu schicken,
so ist dies „Zusammenziehen und Ausdehnen, Sammeln und Ent=
binden, Fesseln und Lösen" immer zusammen und überall zu beobachten.
Es ist die geheimnisvolle Sistole und Diastole, aus der sich alle Er=
scheinungen entwickeln.

„Alle organischen Bewegungen manifestieren sich durch Sistolen
und Diastolen. Ein anderes ist den Fuß aufheben, ein anderes ihn
niedersetzen." Das Gesetz beherrscht Farben= und Tonlehre. „Dehnt

94

sich die Tonmonade aus, so entspringt das Dur; zieht sie sich zusammen, so entsteht das Moll."

Es ist der „stille Widerspruch, den jedes Lebendige zu äußern gedrungen ist, wenn ihm irgend ein bestimmter Zustand dargeboten wird. So setzt das Einatmen schon das Ausatmen voraus und umgekehrt; so jede Sistole ihre Diastole. Es ist die ewige Formel des Lebens, die sich auch hier äußert. Wie dem Auge das Dunkle geboten wird, so fordert es das Helle; es fordert dunkel, wenn man ihm hell entgegenbringt und zeigt eben dadurch seine Lebendigkeit, sein Recht, das Objekt zu fassen, indem es etwas, das dem Objekt entgegengesetzt ist, aus sich selbst hervorbringt."

Dasselbe Gesetz in seiner Witterungslehre. „Ich denke mir die Erde mit ihrem Dunstkreise gleichnisweise als ein großes lebendiges Wesen, das im ewigen Ein- und Ausatmen begriffen." (Zu Eckermann)

Es ist das Gesetz, das Evolution erst ermöglicht: von der Einheit zur Zweiheit und wieder zurück in die Einheit, ewig Ausströmen und Heimkehren.

„Treue Beobachter der Natur, wenn sie auch sonst noch so verschieden denken, werden doch darin übereinkommen, daß alles, was erscheinen, was uns als Phänomen begegnen solle, müsse entweder eine ursprüngliche Entzweiung, die einer Vereinigung fähig ist, oder eine ursprüngliche Einheit, die zur Entzweiung gelangen könne, andeuten und sich auf eine solche Weise darstellen. Das Geeinte zu entzweien, das Entzweite zu einigen, ist das Leben der Natur; dies ist die ewige Sistole und Diastole, die ewige Synkrisis und Diakrisis, das Aus- und Einatmen der Welt, in der wir leben, weben und sind."

Ist es Ein lebendig Wesen,
das sich in sich selbst getrennt?
Sind es zwei, die sich erlesen,
daß man sie als Eines kennt?

Es offenbart sich in allem, was eine Geschichte hat. „Die große Schwierigkeit bei psychologischen Reflektionen ist, daß man immer das Innere und Außere parallel oder vielmehr verflochten betrachten muß. Es ist immerfort Sistole und Diastole, Einatmen und Ausatmen des

lebendigen Wesens; kann man es auch nicht aussprechen, so beobachte
man es genau und merke darauf."

Deshalb ist das ganze Geheimnis eines unwandelbar glücklichen
Lebensgefühls: Gott danken zu können für die Bedrängnis in der
Versinnlichung und Verdichtung, so warm, so aufrichtig wie für die
Befreiung und Erfrischung in der Vergeistigung.

> Im Atemholen sind zweierlei Gnaden:
> die Luft einziehn, sich ihrer entladen.
> Jenes bedrängt, dieses erfrischt;
> so wunderbar ist das Leben gemischt.
> Du danke Gott, wenn er dich preßt,
> und dank ihm, wenn er dich wieder entläßt.

Den letzten Sinn dieses Gesetzes finden wir nur in uns selbst. Dieser
Pulsschlag von Verselbstung und Entselbstigung, von Einkehr in die
eigene Welt und Rückkehr zum Reiche Gottes beherrscht auch die Seele
auf ihrem unendlichen Weg, auf keine andere Weise kann das Ich zu
sich selbst kommen und sein Identitätsgefühl mit Gott bewahren lernen,
und die Akzente in diesem unendlichen Rhythmus, die Zäsuren dieser
ewigen Melodie sind, von uns aus gesehen, je eine Geburt und ein
Tod. Das Ich geht durch unendliche Sistolen und Diastolen hindurch,
bis es dereinst in absoluter Reinheit, in unbedingter Freiheit, in selbst=
errungener Bewußtheit zu dem Urquell alles Lebens zurückkehrt.

So fällt mit dem Verstehen dieses größten Gesetzes ein ganz neues
und eigenes Licht auf die drei letzten Dinge: auf unser innerstes aller=
heiligstes uns allen unbewußtes Dauerwesen, auf die unendliche Bahn,
die es durchlaufen muß, und auf den Tod, der diese Bahn formt und
rhythmisch abteilt.

Beginnen wir mit dem Letzten. Was ist die Aufgabe des Todes?
Wie kommt der Tod in die Natur?

Es ist ein wichtiger Grundsatz aller Organisation, „daß kein Leben
auf einer Oberfläche wirken und daselbst seine hervorbringende Kraft
äußern könne, sondern die ganze Lebenstätigkeit verlangt eine Hülle,
die gegen das äußere rohe Element, es sei Wasser oder Luft oder Licht,
sie schütze, ihr zartes Wesen bewahre, damit sie das, was ihrem Innern

96

spezifisch obliegt, vollbringe. Diese Hülle mag nun als Rinde, Haut oder Schale erscheinen, alles was zum Leben hervortreten, alles was lebendig wirken soll, muß eingehüllt sein. Und so gehört auch alles, was nach außen gekehrt ist, nach und nach frühzeitig dem Tode, der Verwesung an. Die Rinden der Bäume, die Häute der Insekten, die Haare und Federn der Tiere, selbst die Oberhaut des Menschen sind ewig sich absondernde, abgestoßene, dem Unleben hingegebene Hüllen, hinter denen immer neue Hüllen sich bilden, unter welchen sodann, oberflächlicher oder tiefer, das Leben sein schaffendes Gewebe her=vorbringt."

Im Übersinnlichen ein ähnliches Phänomen. Luzifer gibt allem Einzelleben die Möglichkeit, sich nach außen abzuschließen, bis das Vereinzelte zuletzt wie verzaubert und erstarrt in sich gefangen ist. Und doch dient er nur dem Leben, das sich unter der starrsten Hülle entwickelt. Der Tod nimmt die Hülle weg, und das Leben verwandelt sich. Das Leben ist nichts anderes als ein fortwährendes gelindes Auflösen stets sich neubildender Hüllen und der Tod ein Abstoßen der gröbsten.

Dies Bild kehrt bei Goethe immer wieder. „Siehst du ihn nicht? — so heißt es in dem Mahomet=Fragment — an jeder stillen Quelle, unter jedem blühenden Baum begegnet er mir in der Wärme seiner Liebe. Wie dank ich ihm! Er hat meine Brust geöffnet, die harte Hülle meines Herzens weggenommen, daß ich sein Nahen emp=finden kann."

„Wenn ich wieder so fühle, daß mitten in all dem Nichts sich doch wieder so viel Häute von meinem Herzen lösen, mein Inneres ewig allein der heiligen Liebe gewidmet bleibt, die nach und nach alles Trennende durch den Geist der Reinheit, der sie selbst ist, ausstößt und so unend=lich lauter wird wie gesponnen Gold."

„Der Mensch hat viel Häute abzuwerfen, bis er seiner selbst und der weltlichen Dinge nur einigermaßen sicher wird." (An Plessing 1782)

„Vom Geiste fallen mir täglich Schuppen und Nebel, daß ich denke, er müsse zuletzt ganz nackend dastehen und doch bleiben ihm noch Hüllen genug." (An Lavater 1781)

„Täglich werfe ich eine neue Schale ab und hoffe, als ein Mensch wiederzukehren." (Ital. Reise)

„Selbstische Menschen sind wohl zugleich auch gut, es kommt nur darauf an, daß die harte Schale, die den fruchtbaren Kern umschließt, durch gelinde Einwirkung aufgelöst werde."

Diesen fruchtbaren Seelenkern nennt Goethe die reine Selbstheit, die durch starrzähen Egoismus sich nicht ausbilden könne. (An Zelter, 1832)

Hinter all den Hüllen ruht, den wenigsten bewußt, was den Menschen erst zum Menschen macht: des Menschen höheres Ich, seine göttliche ewige Wesenheit, und kein Übel, kein Tod, keine Vernichtung kann dieses Ich erreichen und mit feindlichem Anhauch auslöschen.

„Wohltätig war es, daß dieses äußere so heftige Übel nicht in mein Innerstes drang und mein eigentliches Ich wie ein ruhiger Kern in einer stachligen Schale für sich lebendig wirksam blieb." (An Boisserée, 1823)

Faust nennt das Ich ein Ebenbild der Gottheit, das den Erdensohn abstreift und im Schauen einer geistigen Welt „sein Selbst genoß in Himmelsglanz und Wahrheit". Auch als sein Schauen beherrschter, bewußter wird, bleibt das Höchste immer die Erkenntnis des Innersten.

> Dann führst du mich zur sichern Höhle, zeigst
> mich dann mir selbst, und meiner eignen Brust
> geheime tiefe Wunder öffnen sich.

Die Unterhaltungen der Auswanderer sprechen von diesem Höchsten und Letzten in uns als „von dem guten und mächtigen Ich, das so still und ruhig in uns wohnt und so lange bis es die Herrschaft im Hause gewinnt, wenigstens durch zarte Erinnerungen seine Gegenwart unaufhörlich merken läßt."

Wenn Makarie von ihren Verwandten sprach, so war es, als wenn diese innerste Natur eines jeden durch die ihn umgebende individuelle Maske durchschaute, „die Personen, welche Wilhelm kannte, standen wie verklärt vor seiner Seele: das einsichtige Wohlwollen der unschätzbaren Frau hatte die Schale losgelöst und den gesunden Kern veredelt und belebt."

Von hier aus gesehen, haften die Fehler und Mängel nur an den Hüllen des Ich: „Laster und Verbrechen kleben am Individuum und richten dieses zugrunde, alles Gute und Tugendhafte zieht uns ins Allgemeine". Im Ich ist Gottes Wesenheit als Keim in den Menschen eingesenkt, das Ich muß immer tiefer zu sich selbst erwachen, um sich seiner Unendlichkeit bewußt zu werden. Deshalb ist der Mensch das Beste, was die Natur darstellt, deshalb der „Kern der Natur Menschen im Herzen"; deshalb die Persönlichkeit höchstes Glück der Erdenkinder.

Sofort nun wende dich nach innen:
das Zentrum findest du dadrinnen,
woran kein Edler zweifeln mag.

Wenn die Leute den Weisen fragen: „Allein was ist Unendlichkeit?" bekommen sie die Antwort:

Wie kannst du so dich quälen!
Geh in dich selbst! Entbehrst du drin
Unendlichkeit in Geist und Sinn,
so ist dir nicht zu helfen.

Die Ahnung dieser inneren Unendlichkeit und Wesensgleichheit mit dem Unaussprechlichen läßt uns allein die äußere Unendlichkeit des Sternenhimmels ertragen.

Es ist Wilhelms Erlebnis unter dem nächtlichen Gewölbe. „Wie kann sich der Mensch gegen das Unendliche stellen, als wenn er alle geistigen Kräfte, die nach vielen Seiten hingezogen werden, in seinem Innersten, Tiefsten versammelt, wenn er fragt: darfst du dich in der Mitte dieser ewig lebendigen Ordnung auch nur denken, sobald sich nicht gleichfalls in dir ein herrlich Bewegtes um einen reinen Mittelpunkt kreisend hervortut? Und selbst wenn es Dir schwer würde, diesen Mittelpunkt in deinem Busen aufzufinden, so würdest du ihn daran erkennen, daß eine wohlwollende, wohltätige Wirkung von ihm ausgeht und von ihm Zeugnis gibt." —

„Keppler sagte: Mein höchster Wunsch ist, den Gott, den ich im Äußeren überall finde, auch innerlich, innerhalb meiner gleichermaßen gewahr zu werden. Der edle Mann fühlte sich nicht bewußt, daß eben

in dem Augenblicke das Göttliche in ihm mit dem Göttlichen des Uni=
versums in genauester Verbindung stand."

<blockquote>
Schicksal und Glaube finden keinen Teil,
in reiner Brust allein ruht alles Heil:
denn immerfort, bei allem, was geschah,
blieb uns ein Gott im Innersten so nah;
wo Erd und Himmel sich im Gruße segnen,
dem Staunenden als Herrlichstes begegnen.
</blockquote>

Das reine Erlebnis des Ich ist das seltenste des Menschen. „Ge=
sundes Hineinblicken in sich selbst, ohne sich zu untergraben, nicht mit
Wahn und Fabelei, sondern mit reinem Schauen in die unerforschte
Tiefe sich wagen, ist eine seltene Gabe".

Dieses Zentrum im Innern ist ein Stern, um den wir uns peri=
pherisch selbst drehen. Die Bahn unseres Lebens ist ein Kreisen um
unser unbewußtes Ich.

<blockquote>
Wie das Gestirn,
ohne Hast,
aber ohne Rast,
drehe sich jeder
um die eigne Last.
</blockquote>

„Ich muß noch herauskriegen, in welcher Zeit und Ordnung ich mich
um mich selbst bewege   ."

Und nun stehen wir da, wo wir den Kern seiner Gedanken über Un=
sterblichkeit fassen können. Das Dauerwesen in uns, das niemand be=
wiesen werden kann, das jeder selbst in seiner Unzerstörbarkeit und
Wesenhaftigkeit erfahren muß, ist auf dem unendlichen Weg begriffen,
auf dem es durch immer neue Verselbstungen geht, sich in neuen Ver=
hüllungen einschließt, die Schalen immer wieder sprengt und durch die
Überwindung dieser Puppenzustände — durch Metamorphose — sich immer
schöner entfaltet: ewig pulsierendes Leben auch hier, Ein= und Aus=
atmen zwischen Körperwelt und Geisteswelt, immer tiefer bewußteres
Hineinwachsen in den Kosmos und immer restloseres Sichbefreien von
seinen Banden, und wenn Goethe sich umsah nach einem Gedanken,
der dies auszudrücken zureichend gewesen wäre, dann kam ihm keine
andere Lehre entgegen als die der Wiederverkörperung. Daß Goethe

diese Lehre in sein Weltbild aufgenommen, daran kann man gar nicht
mehr zweifeln: sie ist ein Fall, ein Beispiel für das umfassende und
überall geltende Weltgesetz, das er in allen Naturerscheinungen und
in allem Leben wirksam fühlt: Siftole hier die Verkörperung, und
Diaftole die Rückkehr zur geistigen Welt.

Über die reine Tatsache der Unsterblichkeit selbst hat Goethe sich nie
ereifert.

> Daß du nicht enden kannst, das macht dich groß,
> und daß du nie beginnst, das ist dein Los.

Es sei einem denkenden Wesen durchaus unmöglich, sich ein Nichtsein,
ein Aufhören des Denkens und Lebens zu denken; insofern trage jeder
den Beweis der Unsterblichkeit in sich selbst und ganz unwillkürlich.

> So löst sich jene große Frage
> nach unserm zweiten Vaterland:
> Denn das Beständige der irdischen Tage
> verbürgt uns ewigen Bestand.

Dies ist: reine, unermüdliche, vollgerechte Geistestätigkeit in unwandelbar edler Gesinnung.

Immer knüpft sein Begriff vom Fortleben zunächst irgendwie an den
des Fortwirkens an. „Die Überzeugung unserer Fortdauer entspringt
mir aus dem Begriff der Tätigkeit, denn wenn ich bis an mein Ende
rastlos wirke, so ist die Natur verpflichtet, mir eine andere Form des
Daseins anzuweisen, wenn die jetzige meinen Geist nicht länger auszuhalten vermag.“

„Wenn einer fünfundsiebzig Jahre alt ist, kann es nicht fehlen, daß
er mitunter an den Tod denke. Mich läßt dieser Gedanke in völliger
Ruhe, denn ich habe die feste Überzeugung, daß unser Geist ein Wesen
ist ganz unzerstörbarer Natur, es ist ein Fortwirkendes von Ewigkeit zu Ewigkeit. Es ist der Sonne ähnlich, die bloß unsern irdischen
Augen unterzugehen scheint, die aber eigentlich nie untergeht, sondern
unaufhörlich fortleuchtet.“

„Wirken wir fort, bis wir, vor- oder nacheinander, vom Weltgeist
berufen, in den Äther zurückkehren! Möge dann der ewig Lebendige
uns neue Tätigkeiten, denen analog, in welchen wir uns schon erprobt,

nicht verfagen! Fügt er fodann Erinnerung und Nachgefühl des Rech=
ten und Guten, was wir hier fchon geleiftet, väterlich hinzu, fo wür=
den wir gewiß nur defto rafcher in die Kämme des Weltgetriebes ein=
greifen." (An Zelter, 1827)

Fauft, den Tod ins Auge faffend, fagt nichts anderes:

> Ein Feuerwagen fchwebt, auf leichten Schwingen,
> an mich heran! Ich fühle mich bereit,
> auf neuer Bahn den Äther zu durchdringen,
> zu neuen Sphären reiner Tätigkeit.

So entfpringt Goethes Glaube an Unfterblichkeit zunächft dem ganz
unmittelbaren Gefühl eines unzerftörbaren Dauerwefens in uns von
ewiger Willens= und Tatkraft und unverfiegbarer geiftiger Energie.
Welche Schauplätze des Fortwirkens diefes ewige Wefen auch fuchen
mag: es ift unermüdlich, ja immer wachfend. Stirbt der Menfch,
fo kehrt er zurück in die Urheimat des Geiftes, in der er fchon im=
mer war:

> Der Weltumfegler freudig trifft
> den Hafen, wo er ausgefchifft.

Tod ift wie Schlaf Verjüngung:

> Dann lebft du auf, aufs jüngfte wieder auf,
> von neuem zu fürchten, zu hoffen, zu begehren.

Aber auch noch unmittelbarere Gewißheit als jenes Gefühl unermüd=
licher geiftiger Energie fcheint Goethe erfahren zu haben. Es ift das
Erlebnis der fchönen Seele, das Goethe felbft gekannt hat:

„In den vielen fchlaflofen Nächten habe ich befonders etwas empfunden,
das ich nicht deutlich befchreiben kann. Es war, als wenn meine Seele
ohne Gefellfchaft des Körpers dächte, fie fah den Körper felbft als ein
ihr fremdes Wefen an, wie man etwa ein Kleid anfieht. Sie ftellte fich mit
einer außerordentlichen Lebhaftigkeit die vergangenen Zeiten und Be=
gebenheiten vor und fühlte daraus, was folgen werde. Alle diefe Zeiten
find dahin, was folgt wird auch dahin gehen; der Körper wird wie
ein Kleid zerreißen, aber Ich, das wohlbekannte Ich, Ich bin."

> Nachts, wenn gute Geister schweifen,
> Schlaf dir von der Stirne streifen,
> Mondenlicht und Sternenflimmern
> dich mit ewigem All umschimmern:
> scheinst du dir entkörpert schon,
> wagest dich an Gottes Thron.

Was sagen diese geheimnisvollen Verse anders als jene Worte der schönen Seele, daß der Mensch sein ewiges in so dichten Hüllen versttecktes Wesen zwischen Schlaf und Wachen wie außer dem Leibe, befreit von der Physis, ganz unmittelbar erleben kann?

Und nun der Weg, die ewige Wanderschaft! Sie sind unendlich wie das Ich selbst; sie deuten vor und zurück in nicht mehr erkennbare Fernen:

> Ich daure so wie sie.
> Wir alle sind ewig.
> Meines Anfangs erinnre ich mich nicht,
> zu enden hab ich keinen Beruf,
> und seh das Ende nicht.

Das Gefühl ewiger Wanderschaft kennt Goethe von Jugend auf. „Jawohl, ich bin nur ein Wandrer, ein Waller auf der Erde! Seid ihr denn mehr?" (Die Leiden des jungen Werthers)

„Mir kommt vor, das sei die edelste von unsern Empfindungen: die Hoffnung, auch dann zu bleiben, wenn das Schicksal uns zur allgemeinen Nonexistenz zurückgeführt zu haben scheint. Dieses Leben ist für unsre Seele viel zu kurz; Zeuge, daß jeder Mensch, der geringste wie der höchste, der unfähigste wie der würdigste, eher alles müd wird als zu leben; und daß keiner sein Ziel erreicht, wonach er so sehnlich ausging; denn wenn es einem auf seinem Gange auch noch so lang glückt, fällt er doch endlich, und oft im Angesicht des gehofften Zwecks, in eine Grube, die ihm Gott weiß wer gegraben hat, und wird für nichts gerechnet. Für nichts gerechnet! Ich! Da ich mir alles bin, da ich alles nur durch mich kenne! So ruft jeder, der sich fühlt, und macht große Schritte durch dieses Leben, eine Bereitung für den unendlichen Weg drüben."

So fühlt Egmont vor dem Gange zu dem schwarzen Gerüst: „Was auch den Geist gewaltsam beschäftigt, fordert die Natur zuletzt

unwiderstehlich ihre Rechte und wie ein Kind, umwunden von der
Schlange, des erquickenden Schlafes genießt, so legt der Müde sich
noch einmal vor die Pforte des Todes nieder und ruhet tief aus, als
ob er einen weiten Weg zu wandern hätte".

Und warum sollte es dem Menschen auf dieser unendlichen Wander=
schaft nicht immer wieder auf diese Erde ziehen, wo er seine Tätigkeit
und alle Seelenkräfte schon geübt, wo er schon begonnen hat zu wach=
sen, sich zu vervollkommnen, mit Bewußtheit zu leben, nur noch lange
nicht genug! Hier kann er die Vergangenheit organisch fortentwickeln,
hier alles Schicksal lösend austragen. Wie nahe liegt hier der Glaube
an die Wiederkunft! Wie wenig sollten wir uns wundern, daß Goethe
an Wiederverkörperung geglaubt hat! Goethe hat oft genug davon ge=
sprochen.

Das bekannteste von allen Zeugnissen für seinen Glauben an die
Metempsychose ist das Gedicht „An Charlotte von Stein":

> Sag, was will das Schicksal uns bereiten?
> Sag, wie band es uns so rein genau?
> Ach, du warst in abgelebten Zeiten
> meine Schwester oder meine Frau.
> Kanntest jeden Zug in meinem Wesen,
> spähtest, wie die reinste Nerve klingt,
> konntest mich mit einem Blicke lesen,
> den so schwer ein sterblich Aug durchdringt.

Das ganze Gedicht geht von dem Erlebnis einer Zusammengehörigkeit
aus, die mehr als in einem Leben erprobt sein muß; dieses sich einander
Kennen und Verstehen ist wie ein tiefes Erinnern, weshalb eins das
andere immer wieder suchen muß: es quält, durch die Unvollkommen=
heit der Verbindung jetzt und einer vollkommeneren von einst, und es
erhebt, weil dies Erlebnis einen Schleier in der Hülle des Ichs zer=
reißt, bis zum Ewigen der Seele hinabreicht und sie hinaushebt über
das schwankende und unsichere Fassen und Wiederfahrenlassen dump=
ferer Menschen.

Goethe schreibt im April 1776 an Wieland:

„Ich kann mir die Bedeutsamkeit, die Macht, die diese Frau über
mich hat, anders nicht erklären als durch die Seelenwanderung. Ja,

wir waren einst Mann und Weib! Nun wissen wir von uns, verhüllt, in Geisterduft. Ich habe keinen Namen für uns: die Vergangenheit — die Zukunft — das All."

Dies war auch der Glaube von Frau von Stein selbst. Beide sprechen ausführlich darüber. Goethe wird ohne weiteres verstanden, wenn er ihr schreibt: „wie gut ists, das der Mensch sterbe, um nur die Eindrücke auszulöschen und gebadet wiederzukommen." 1781 verfaßt Herder seine Gespräche über Seelenwanderung: Goethe schreibt darüber an Frau von Stein: „Herders Gespräche über Seelenwanderung sind sehr schön und werden dich freuen, denn es sind deine Hoffnungen und Gesinnungen. Einige Stellen sind allerliebst".

Aber die Liebe zu dieser Frau ist nicht das einzige, was diese Idee ihm nahe bringt.

Da ist zunächst ein Gespräch mit dem Sammler und Kunsthistoriker Boisserée 1815. Man unterhält sich über Goethes Vorliebe für das Römische. Goethe sagt, er habe gewiß schon einmal unter Hadrian gelebt; alles Römische ziehe ihn unwillkürlich an. Boisserée sei gewiß auch schon einmal da gewesen im 15. Jahrhundert.

Warum nennt Goethe hier gerade Hadrian? Ist es nur ein Einfall, ist es eine Erinnerung? —

Dann ein kleines Gespräch mit Falk, wo Goethe sagt: „Wir alle — Wieland, Herder, Schiller — haben uns von der Welt doch irgend etwas und von irgend einer Seite weißmachen lassen, und eben deshalb können wir auch noch einmal wiederkommen. Dergleichen aber konnte ich an Meyer, so lange ich ihn kenne, niemals wahrnehmen"

Hier wäre der Gedanke der Wiederverkörperung mit folgendem ganz anderem verbunden, der als Voraussetzung zugrunde liegt: wir müßten so lange wiederkommen, bis unsere Erkenntnis vollkommen geworden ist, bis wir alle Illusionen, allen Schein der Maja durchschauen und die Welt ohne Schleier klar durchsichtig vor uns steht. Ob dieser Anklang an indische Gedankenverbindungen in diesem halb scherzhaften Gespräch für Goethe sehr bezeichnend ist, darüber ließe sich auch viel und nutzlos streiten.

Wilhelm Meisters Wanderjahre enthalten die Geschichte der Makarie, einer seherischen Frau, die sich einer geheimnisvollen Beziehung zum Sonnensystem bewußt ist. In ihm erkennt sie ihre eigene Bahn, die durch die Kraft seelischer Expansion von der Erde in Spiralen wegstrebt.

„Dorthin (an die Grenze unseres Planetensystems) folgt ihr keine Einbildungskraft, aber wir hoffen, daß eine solche Entelechie sich nicht ganz aus dem Sonnensystem entfernen, sondern, wenn sie an die Grenze desselben gelangt ist, sich wieder zurücksehnen werde, um zu Gunsten unserer Urenkel in das irdische Leben und Wohl= tun wieder einzuwirken."

Makarie käme also zurück, um der Menschen willen. Hier ist der Gedanke geistiger Einwirkung ins Leben, der die Möglichkeit der Wieder= verkörperung als naheliegend erscheinen läßt, mit jenem andern, Goethe so sehr eigenen, verbunden: daß das Ich sich nur durch ewige uner= müdliche Tätigkeit ins Unendliche steigert.

In dem Gesang der Geister über dem Wasser stehen die Verse:

Des Menschen Seele
gleicht dem Wasser:
vom Himmel kommt es,
zum Himmel steigt es,
und wieder nieder
zur Erde muß es,
ewig wechselnd.

Was hätte der ganze Vergleich mit dem Wasser für einen Sinn, wenn die Seele nicht ebenso einmal zum Himmel aufsteigen, einmal wieder zur Erde herabkommen würde, auch sie ewig wechselnd zwischen Himmel und Erde? Wo läge denn sonst der Vergleichungspunkt?

Dasselbe gilt für die Verse aus späterer Zeit, die einen ganz ver= wandten Sinn haben und zugleich das Gesetz der Verselbstung und Entselbstigung ausdrücken:

Und so kommt wieder zur Erde herab,
dem die Erde den Ursprung gab.
Gleicherweise sind wir auch gezüchtigt:
einmal gefestet, einmal verflüchtigt.

Das ausführlichste und wichtigste Zeugnis für Goethes Glauben an

106

Wiederverkörperung ist das große eingehende Gespräch mit Falk über die Monaden.

Es ist im Jahre 1813. Wieland ist gestorben; Goethe schreibt an der Gedächtnisrede, die er dann in der Loge hält. Er ist in einer so ergriffenen Stimmung, daß er das Gelöbnis des Schweigens einmal bricht: es sei eine Stunde, in der es ihm zu sprechen erlaubt werde.

Er knüpft an die Monadenlehre an. Wenn man die Ewigkeit des Weltenzustandes denke, ließe sich auch für die Monaden keine anderen Bestimmungen annehmen, als daß sie ewig auch ihrerseits an den Freuden der Götter als selig mitschaffende Kräfte teilnehmen. „Das Werden der Schöpfung ist ihnen anvertraut. Gerufen oder ungerufen, sie kommen von selbst, auf allen Wegen, von allen Bergen, aus allen Meeren, von allen Sternen, wer mag sie aufhalten? Ich bin gewiß, wie sie mich hier sehen, wohl schon tausendmal dagewesen und hoffe noch tausendmal wiederzukommen."

Dies Gespräch ist vor allem auch wichtig für Goethes Auffassung der Monadenlehre.

Monade oder Entelechie sind die Lieblingsworte des alten Goethe, wenn er das Letzte, das Unzerstörbare eines Lebewesens ausdrücken will. Selten verwendet er den Begriff der Monade auch für Idee: das Ideelle in diesem Sinn ist das Übersinnliche an sich. Aber Idee und Monade sind nicht dasselbe. Bei den Tieren ist der Unterschied ganz klar: die Monade bezeichnet die Gruppenseele, die Idee ist das geistig aufbauende Prinzip, das für viele Tiere dasselbe ist (der Typus), sie wird durch die Monade nur jedesmal modifiziert. Die Idee ist eine höhere, geistigere und allgemeinere Wesenheit, die Monade das Konstante der Gattungen und Arten.

Goethe sagt, die Frage über die Instinkte der Tiere lasse sich nur durch den Begriff von Monaden und Entelechien auflösen. Jede Monas sei eine Entelechie, die unter gewissen Bedingungen zur Erscheinung komme. Die Gruppenseele steht so weit außer dem Einzelnen, daß sie dies Einzelne nur im allgemeinen, durch den Instinkt, nicht im besonderen, durch den Verstand leiten kann.

Der Unterschied zwischen Monade und Entelechie ist weniger groß.

Die Monaden sind für Goethe die letzten Urbestandteile aller Wesen, die Anfangspunkte der Erscheinungen in der Natur, die vor der Ver= körperung im Sichtbaren schon immer vorhanden sind. Monade be= zeichnet den Kern und das innerste Eigenleben jeder abgeschlossenen Individualität, sei dies ein Stern, ein Mensch, oder eine Tierart.

In diesem Sinn ist jeder Planet, ist die Erde selbst eine Monade, d. i. ein unsterbliches Individuum.

> Vom lebendigen Gott lebendig,
> durch den Geist, der alles regt,
> wechselt sie, nicht unbeständig,
> immer in sich selbst bewegt.

„Es ist das Höchste, was wir von Gott und der Natur erhalten haben, diese rotierende Bewegung der Monade um sich selbst, welche weder Rast noch Ruhe kennt"; eine zweite Gunst der von oben wirkenden Wesen sei das Erlebte, das Gewahrwerden, das Eingreifen der lebendig bewegten Monas in die Umgebungen der Außenwelt, wodurch sie sich erst selbst als innerlich Grenzenloses, als äußerlich Begrenztes gewahr wird. Das Wort Entelechie unterstreicht nur diese unermüd= liche und unverwüstliche Selbsttätigkeit der Monade, ihre unsterbliche Kraft zu unbegrenztem Sichauswirken.

„Die Natur kann die Entelechie nicht entbehren; sie ist verpflichtet, uns eine andere Form des Daseins anzuweisen, wenn diese unsern Geist nicht mehr auszuhalten vermag. Jede Entelechie nämlich ist ein Stück Ewigkeit, und die paar Jahre, die sie mit dem irdischen Körper verbinden, machen sie nicht alt." „Die entelechische Monade muß sich nur in rastloser Tätigkeit erhalten. Wird ihr dies zur andern Natur, so kann es ihr in Ewigkeit nicht an Beschäftigung fehlen".

Die Kraft zu ewigem Fortwirken nimmt der Mensch mit durch den Tod. Welches aber sind die neuen Erfahrungen, die er dort, auf der andern Seite, machen wird?

Goethe hat diese Frage, die sich hier sofort auftut, immer nur be= rührt und zwar in den verschiedensten Bildern. Auch hier Stufen, auch hier, im Land des Geistes, langsames Hindurchdringen durch das Niedere, das Individuelle, das Begrenzte, das Elementarische, um

zu dem reineren grenzenlos Göttlichen der höheren Geistwelten auf=
zusteigen.

Diese Stufen sind in dem Paradies des Westöstlichen Divan deut=
lich zu erkennen. Zuerst: seliges Ausruhen, unendliches Genießen des
Helden,

> der an dem Weltall nicht verzagt,
> an Gottes Tiefen sich gewagt.

Mit den Gestalten der Huris umgibt ihn die individuelle jetzt unbe=
schränkte Wunschkraft der Seele, die nichts mehr von außen hemmt.
Diese Gestalten sind keine reinen Geistwesen, sie sind aus dem ätherischen
Stoff der Elemente gewoben, sie haben die Realität einer Spiegelung:

> Wir sind aus den Elementen geschaffen,
> aus Wasser, Feuer, Erd und Luft
> unmittelbar

Das Gedicht: Höheres und Höchstes zeigt, wie alles derartig Bild=
ähnliche aus der Wunsch= und Erinnerungskraft des Ich stammt.
Eine Steigerung gegenüber diesem seligen Genießen, diesem vollkom=
menen Hingegebensein, dem „ewig bräutlich keuschen Kuß“ erfährt
der Mensch erst, wenn er den zentralen geistigen Sinn in sich findet
und ausbilden lernt.

Der Einheit dieses Sinnes entspricht die Einheit der Dinge. „Alle
Manifestationen der Wesenheiten sind verwandt.“

Erst wenn sich dieser eine höchste Sinn im Geist erschlossen hat,
werden die Regionen der Seele durchschritten; es eröffnen sich neue
Kreise. Der Geist tritt endgültig aus seinem eigenen Reich heraus
und findet das Reich Gottes, das Reich, in dem das Weltenwort tönt!
Er vergißt seine Eigenwelt so weit, daß er in ihm aufzugehen scheint.

> Ist somit dem fünf der Sinne
> vorgesehn im Paradiese,
> sicher ist es, ich gewinne
> einen Sinn für alle diese.

> Und nun dring ich aller Orten
> leichter durch die ewigen Kreise,
> die durchdrungen sind vom Worte
> Gottes rein lebendiger Weise.

Ungehemmt mit heißem Triebe
läßt sich da kein Ende finden,
bis im Anschaun ewiger Liebe
wir verschweben, wir verschwinden.

Es ist für Goethe höchst bezeichnend, daß er jede düstere Vorstellung von langsamer Läuterung bei diesem Durchgang durch die Reiche des Jenseits vermeidet. Er versetzt seine Helden sofort in eine Region, wo kein Leiden mehr hinreicht. Man lese in diesem Zusammenhang den Brief an Maler Müller, 1781, über die Darstellung des Todes Mosis:

„Der Streit beider Geister über dem Leichnam Mosis ist eine alberne Judenfabel, die weder Göttliches noch Menschliches enthält. In dem alten Testament steht, daß Mosis, nachdem ihm der Herr das gelobte Land gezeigt, gestorben und von dem Herrn im Verborgenen begraben worden sei. Dies ist schön. Wenn ich nun aber, besonders wie Sie es behandelt haben, den kurz vorher durch Gottes Anblick begnadigten Mann, da ihn kaum der Atem des Lebens verlassen und der Abglanz der Herrlichkeit noch auf seiner Stirn zuckt, dem Teufel unter den Füßen sehe, so zürne ich mit dem Engel, der einige Augenblicke früher hätte herbeieilen und den Körper des Mannes Gottes von der scheidenden Seele, in Ehren übernehmen sollen. Wenn man doch dieses Sujet behandeln wollte, so konnte es, dünkt mich, nicht anders geschehen, als daß der Heilige, noch voll von dem anmutigen Gesichte des gelobten Landes, entzückt verscheidet und Engel ihn in einer Glorie wegzuheben beschäftigt sind; denn das Wort: der Herr begrub ihn, läßt uns zu den schönsten Aussichten Raum, und hier könnte Satan höchstens nur in einer Ecke des Vordergrundes mit seinen schwarzen Schultern kontrastieren und, ohne Hand an den Gesalbten des Herrn zu legen, sich höchstens nur umsehen, ob nicht auch für ihn etwas hier zu erwerben sein möchte."

So fühlt sich der mit den Sterbesakramenten versehene Gläubige „entschieden überzeugt, daß weder ein feindseliges Element noch ein mißwollender Geist ihn hindern könne, sich mit einem verklärten Leibe zu umgeben, um in unmittelbaren Verhältnissen zur Gottheit an den unermeßlichen Seligkeiten teilzunehmen, die von ihr ausfließen."

Fauſt wacht unmittelbar im Paradies auf. Auch ihn, der im innern
Geſicht eines gelobten Landes — der von ihm begründete natürlicheren
und beſſeren Kultur — entzückt Verſcheidenden heben Engel in einer
Glorie weg. Auch hier nichts von Darſtellung langſamer Läuterung,
wo eigene Geiſteskraft durch raſtloſes Wirken der Erlöſung nahege=
kommen.

Er atmet kaum das friſche Leben
ſo gleicht er ſchon der heiligen Schar.

Selige Knaben löſen die Flocken los und warten auf ſeine Lehre;
die Büßerin iſt nahe, dem noch Geblendeten hilfreich beizuſtehen und
alle bewundern, wie er ſie überwächſt, wie ſchnell er die Hüllen ver=
läßt, auch die ätheriſchen, um das Licht voll entfalteter Geiſteskraft
über die neue Umwelt zu ergießen.

Sieh! Wie er jedem Erdenbande
der alten Hülle ſich entrafft,
und aus ätheriſchem Gewande
hervortritt: erſte Jugendkraft!

Wir ahnen auch hier den Weg zu reineren Sphären, zu den „Höhen
der ewigen Reiche", zu dem letzten Ende aller in Gott zurückgenom=
menen Dinge: der ungetrübten Wahrheit des ewigen Wortes, der
reinſten Helligkeit ewigen Lichtes.

Worte die wahren
Äther im klaren,
ewigen Scharen
überall Tag.

Nur das Heroiſche der Entelechie erlaubt, läuternde Zwiſchenzuſtände
ſo ſchnell zu übergehen. Warum ſollten nicht auch dort die Schickſale
und Wege der Seelen einander ſehr unähnlich ſein? „Wir ſind nicht
auf gleiche Weiſe unſterblich und um ſich künftig als große Entelechie
zu manifeſtieren, muß man auch eine ſein."

„Alle Monaden ſind von Natur unverwüſtlich," aber bei dem Über=
gang aus den alten zu neuen Verhältniſſen „kommt alles darauf an,
wie mächtig die Intention ſei, die in dieſer oder jener Mo=
nas enthalten iſt. Jede Monade geht, wo ſie hingehört, ins Waſſer,
in die Luft, in die Erde, ins Feuer, in die Sterne; ja der geheime Zug,

111

der sie dahin führt, enthält zugleich das Geheimnis ihrer zukünftigen
Bestimmung. An eine Vernichtung ist garnicht zu denken; aber von
irgend einer mächtigen und dabei gemeinen Monas unterwegs ange=
halten und ihr untergeordnet zu werden, diese Gefahr hat allerdings
etwas Bedenkliches."

Nur darf die Verschiedenheit der Seelen, nach Schicksal, Fähigkeiten,
Größe, Geisteskraft und Seelenreinheit hier, wo der Gedanke der
Wiederverkörperung im Hintergrunde steht, nicht vom ausschließlich
moralischen Standpunkt verstanden werden. Auch die größten Ente=
lechien, auch Faust und die Helden des Divan muß man sich wieder=
verkörpert denken können. Von den höchsten Höhen des Geistigen wer=
den sie herabfinden, neue Hüllen sich bildend, um auch diese wieder auf=
zugeben. Denn nur innerhalb dieses Kreislaufs zwischen Sinneswelt
und Geisteswelt liegen die Möglichkeiten unendlicher Steigerung. „Alles
ist Metamorphose im Leben, bei den Pflanzen und bei den Tieren bis
zum Menschen, und bei diesem auch."

Fassen wir zusammen. Goethes Glaube an die Wiederkunft unseres
unsterblichen, uns unbewußten Dauerwesens ist mit seinem Denken
über Natur, mit dem Gesetz der Verwandlung und Steigerung, mit
seinem Begriff des Makrakosmos, der ungeheuren Einheit von Tag
und Nacht, sinnlichem und übersinnlichem All fest verbunden. Das Erden=
leben ist die Sistole, die ihre Diastole fordert. Aus ureigenstem Antrieb
findet das Ewige des Menschen immer dahin zurück, wo es fortwirken,
wo es sich weiter entwickeln kann. Da es die Absicht der Gottheit ist,
daß unsere Zustände von vollkommenem Bewußtsein wie von entschie=
denem Willen begleitet sind, zu denen jenes blinde naturhafte Eigen=
wollen, jenes luziferische Selbstbewußtsein des alten Adam nur Vor=
stufen sein können, so ist es nur zu evident, daß der Mensch diesen Willen
und dieses Bewußtsein stufenweise durch Tätigkeit, durch eigene Evo=
lution steigern und ausbilden kann.

So wird diese uralte Lehre des Ostens bei Goethe schon, wenn auch
nur leise und zart, mit dem Naturdenken der neuen Welt verbunden.
Im Osten gründet sie sich auf die Idee fortwirkender Taten und Ver=
schuldungen, bindender Wunschkräfte, ewig ungestillten Begehrens. Die

schon entkörperte Seele wird droben unwiderstehlich von dem Trieb
ergriffen, zurückzukommen, um Vergangenes gut zu machen, Miß=
lungenes auszugleichen, eine unendliche Sehnsucht für immer zu stillen.
Das Gesetz der fortwirkenden Tat wirkt in allem Lebensdurst weiter
und bestimmt das Schicksal und den Lebenswillen. Der östliche Mensch
hat nur den einen Trieb: die eigene Natur von der Vergangenheit zu
erlösen. Der westliche Mensch, der das Christentum in sich aufgenommen,
kommt zurück, nicht allein, um sein Schicksal zu sühnen, weil er an sein
Karma gebunden ist, sondern ebensosehr, um durch immer höhere und
reinere Geistestätigkeit der Evolution der Welt zu dienen und nicht
nur sich selbst, sondern mit sich die ganze Natur zu erlösen, bis kein
Gegensatz zwischen Freiheit und Notwendigkeit, Natur und Gnade,
Schein und Sein mehr vorhanden ist.

Etwas von Goethes tiefstem und letztem Wesen offenbart sich uns
auch hier. Bei Lessing, bei Goethe, bei Richard Wagner findet man die
Idee der Wiederverkörperung auf drei verschiedene Weisen aufgenommen
und motiviert.

Bei Lessing würde der Mensch wiederkommen, um sich selbst zu ver=
vollkommnen. „Warum sollte ich nicht so oft wiederkommen, als ich
neue Kenntnisse, neue Fertigkeiten zu erlangen geschickt bin? Bring
ich auf einmal so viel weg, daß es sich der Mühe wiederzukommen
etwa nicht lohne?" (Die Erziehung des Menschengeschlechts)

Bei Richard Wagner das Motiv der Schuld, der fortwirkenden Tat!
Gurnemanz erzählt, wie Kundry wiederkommt, um frühere Schuld
zu büßen: der dämonische, dunkle, triebhafte Lebenswille kann sich nur
in Parsivals reiner Bewußtheit für immer erlösen.

Und Goethe sieht und erlebt in der Entelechie die unzerstörbare Kraft zu
ewig gegenwärtiger, immer aus sich selbst quillender Geistestätigkeit: ein
Quell, der, je reiner er fließt, um so weniger sich in seiner Fülle je erschöpft.

Wenn sich diese Lehre so auf dreifache Art darstellt, so bedeutet das
keinen Widerspruch.

Lessing sieht vorwärts. Rastlos drängt es ihn nach Vervollkomm=
nung des eigenen Selbst, nach dem Zugewinn neuer Fähigkeiten und
tieferer Erkenntnisse. Dies ist sein elementarster Trieb: in der Gegen=
wart nur für die Zukunft leben!

Richard Wagner sieht zurück. Die Seele muß sich in der Gegenwart immer wieder von der Vergangenheit befreien. Sie schleppt so lange die schwere Last, als sie nicht selbst sich von dieser Vergangenheit für immer zu erlösen weiß. Dies Zurückschauende liegt auch im Buddhismus: ein höchster Moment die Erleuchtung Buddhas unter dem Boddhibaume, ein Schauen in alle Weiten der geistigen Reiche, in alle Tiefen der Natur. Vor seinem Auge liegen alle früheren Zustände und Verkörperungen offen da. In diesem Zurückschauen auf die ganze Vergangenheit und auf den ewigen Kampf der Wesen, die diese Vergangenheit in die ewige Gegenwart herüberziehen, erfaßt ihn das tiefste Mitleid, und sein innerster Wunsch wird, den Menschen von dem Leiden dieser stets weiter wirkenden Vergangenheit zu lösen, die Größe und Gewalt des sich stets anhäufenden Karmas zu tilgen und die Menschen über diesen schmerzvollen Wechsel von Geburt und Grab hinauszuführen.

Goethes geistiges Auge ist nicht vorwiegend zurück und nicht vorwiegend vorwärts gerichtet. Er lebt das tiefe und entselbstigte Leben des Forschers, der rein und ruhig die Natur der gegenwärtigen Geschöpfe beobachtet und in der ewigen Gegenwart des Seins höchste Seligkeit findet. „Das Ewige regt sich fort in allen." Und so wird ihm aller Kreislauf zwischen Jenseits und Diesseits zum ruhigen Atmen des höchsten Weltwesens.

So sucht Goethe die Erlösung in der Gegenwart, im Augenblick. „Ich bin freilich mit meiner Vorstellung sehr ans Gegenwärtige geheftet." (Ital. Reise) „Bleibt uns nur das Ewige jeden Augenblick gegenwärtig, so leiden wir nicht an der vergänglichen Zeit."

„Man bedient sich als Symbol der Ewigkeit der Schlange, die sich in einen Reif abschließt, ich betrachte dies hingegen gern als Gleichnis einer glücklichen Zeitlichkeit. Was kann der Mensch mehr wünschen, als daß ihm erlaubt sei, das Ende an den Anfang anzuschließen." (An von Tebra, 1814)

Epimenides, vor seiner Einweihung in die Geheimnisse des Alls, hat die Wahl zwischen dem Schauen der Gegenwart und dem Seherblick in die Zukunft. Er wählt ewige Gegenwart; im selben Augenblick wird ihm die Welt durchsichtig wie Glas.

Schlafen, meint ihr, schlafen?
An meine Jugend wollt ihr mich erinnern.
Auf Kretas Höhn, des Vaters Herden weidend,
die Insel unter mir, ringsum das Meer,
den Tageshimmel von der einzigen Sonne,
von tausenden den nächtigen erleuchtet —
da strebt's in meiner Seele, dieses All,
das Herrliche, zu kennen; doch umsonst:
der Kindheit Bande fesselten mein Haupt.
Da nahmen sich die Götter meiner an,
zur Höhle führten sie den Sinnenden,
versenkten mich in tiefen, langen Schlaf.
Als ich erwachte hört ich einen Gott:
Bist vorbereitet, sprach er, wähle nun!
Willst du die Gegenwart und das, was ist,
willst du die Zukunft sehn, was sein wird? Gleich
mit heiterm Sinn verlangt ich zu verstehn,
was mir das Auge, was das Ohr mir beut.
Und gleich erschien durchsichtig diese Welt,
wie ein Kristallgefäß mit seinem Inhalt.
Den schau ich nun so viele Jahre schon;
was aber künftig ist, bleibt mir verborgen.

Das Schauen Goethes geht weder zurück zu den Uranfängen der Welt, noch reicht es ins Zukünftige. In seinem Schauen ist immer zugleich das Erlebnis der Allgegenwart. „Indessen ich nun wie ein wachender nicht erwachter Epimenedes die vorübergezogenen Lebensträume durch den Flor einer belebten Gegenwart beruhigt schaue." Auch da, wo er die Lehre des Ostens aufnimmt, offenbart er sein Gegenwartsbewußtsein.

Man wird trotz alledem die Frage stellen: Welche Bedeutung hat diese Lehre für das Ganze seines Lebens gehabt? Hat er mehr als nur gelegentlich an sie gedacht, oder ist sie zu einer jener Kräfte geworden, die sein Weltgefühl ausbildeten und seine Natur bestimmten? Hat er nur deshalb nicht mehr darüber gesprochen, weil es nicht „an der Zeit" war?

Es ist schwer, Endgültiges darüber zu sagen. Zuerst denkt man, Goethe habe diese Idee nur gelegentlich aufgegriffen, vorwiegend im Gespräch, aber keine große Mühe darauf verwandt, ihre unendlichen Konsequenzen

zu durchdenken, ihr also wie einer außer seinem Kreise liegenden Theorie
wenig Wert beigemessen. Je länger man sich aber mit dieser Frage be=
schäftigt, um so wahrscheinlicher wird es einem, daß er den Gedanken
der Wiederverkörperung als eine Form der Sistole und Diastole des
Weltgeistes in sein innerstes Lebensgefühl aufgenommen hat. Seine
Diesseitigkeit, die die Welt kennt, ohne sie zu verachten, die sich weder
zu sehr an die Erde bindet noch sie überfliegt, sein Gefühl, auf unüber=
sehbarem Weg in immer wachsender Kraft und Tätigkeit zu wandern,
seine Abneigung gegen zu tragische Welt= und Lebensansicht, die einzelne
Momente des Daseins so grell beleuchtet, daß die Weite versöhnender
Zusammenhänge darüber verloren geht, seine Läßlichkeit im Urteil mo=
ralischer Gebrechen, die aus der Einsicht in die Langsamkeit und Stetig=
keit der Weltevolution entspringt, ja, sein Menschengefühl, sein Stolz,
sich selbst alles errungen zu haben: dies mag, wenn nicht auf diese Lehre
sich gegründet, so doch an ihr sich innig gestärkt haben. Was ist dies
anders als der Glaube an den Geist, an

> des Menschen Geist, dem nichts verloren geht,
> was er von Wert mit Sicherheit besessen.

Wenn ich weiß, daß ich mit meiner vollen Kraft, mit meinem realsten
Gegenwarts= und Daseinsgefühl, mit meiner ganzen Fähigkeit, die
Schöne der Natur zu schauen, zu lieben und in ihr zu wirken, noch
in Jahrtausenden und Aberjahrtausenden ewig wandernd fortlebe,
dann fällt alle Unrast von mir ab, dann bekommt das Pathos meiner
Seele Weite und Freiheit, dann erlebe ich ewige Gegenwart auch in
der Zeit und fliehe nicht die Welt, in der ich mir mein Schicksal selbst
schaffe und in der ich mich nur durch unendliches Fortstreben in reinster
Tätigkeit auch selbst erlösen kann.

Und doch ist die Bedeutung dieser Lehre für Goethe auch nicht zu
überschätzen. Wenn Goethe sagt, er habe die Welt durch Antizipation
bereits in sich tragen müssen, sonst sei er mit sehenden Augen blind
geblieben, so erklärt er dies nicht mit der Hypothese unbewußter Er=
innerungen und dem Gedanken früherer Geistesarbeit, sondern allein
aus dem Wesen des Makrokosmos: wie das Auge das Licht und die
Farben schon in sich trägt, so der Mensch virtuell den Geist aller Dinge.
Daß er das Bewußtsein dieses Geistes sich erst erarbeiten muß, um

116

ihn zu besitzen, darüber schweigt Goethe. Will er nicht darüber sprechen? Oder geht er solchen Perspektiven nicht nach? Diese und ähnliche Fragen wird man immer offen lassen müssen.

Und dann trifft man diese Lehre wieder als bewußte oder nur dunkel gefühlte Voraussetzung, da wo man sie am wenigsten vermutet.

Die Selige Sehnsucht hat man sein tiefstes Gedicht genannt. Es enthält die Idee der Wiedergeburt durch den Flammentod. Der Schmetterling, des höheren Lichts begierig, stürzt sich in dies Licht hinein und verbrennt. Die letzte Strophe aber führt zur Erde zurück:

> Und solang du dies nicht hast,
> dieses: stirb und werde!
> bist du nur ein trüber Gast
> auf der dunklen Erde.

Burdach hat darauf hingewiesen, daß diese letzte Strophe uns in eine Tiefe und Weite des Sinns hineinreißt, die wir jenem Bild des verbrannten Schmetterlings nicht entnehmen könnten. „In diesem: stirb und werde! ist offenbar nicht oder nicht ausschließlich die Rede von einem einmaligen Aufhören der ewigen Existenz und dem — gleichviel ob bewußten oder bewußtlosen — neuen überirdischen Dasein, sondern auch von einem wiederholten Vergehen und Wiedererstehen des menschlichen Individuums innerhalb des diesseitigen Lebens. Dies Sterben und Werden steht nicht am Ende des Erdendaseins, sondern mitten in ihm, mitten in einer unendlichen Entwicklung, für die der materielle Tod nur einen Einschnitt, keinen Abschluß bedeutet"

Wird das alles nicht viel einfacher, wenn man hier die Lehre der Wiederverkörperung als Voraussetzung annimmt?

Muß der Mensch sich nicht ewig nach Verjüngung sehnen, solange er verkörpert ist, weil die Sistole ihre Diastole fordert? Führt nicht gerade deshalb die letzte Strophe wieder auf die Erde zurück? Dies: stirb und werde! dies Gesetz des Wechsels zwischen Sichaufgeben und sich Sichkonzentrieren, es steht, Ewigkeiten umfassend, über allen einzelnen Erlebnissen, auch über den tiefsten Verwandlungen!

Schon dem jungen Goethe ist Bekehrung und Wiedergeburt nicht das Letzte, sondern nur immer Stufe zu neuen Höhen. „Aber den Wert der Bekehrung kann Gott allein urteilen; Gott allein kann wissen,

wie groß die Schritte sein müssen, die hier die Seele tun muß, um
dort seiner Gemeinschaft und dem Wohnplatz der Vollkommenheit
und dem Umgang und der Freundschaft höherer Wesen näherzu=
kommen".

Mit der Wiedergeburt, mit der Selbstverbrennung hat der Mensch
sein Schicksal nicht zu Ende gelebt, es führt ihn auf die Erde zurück,
um das ewige Gesetz des Weltwesens mit immer tieferem, immer
wacherem Bewußtsein zu durchdringen. Wer dieses Gesetz aber mit
dem Geist und mit dem Herzen erkannt hat, der ist kein trüber Gast
mehr, für den ist die Erde nicht mehr dunkel; er hat die Schatten des
Todes besiegt, die Hüllen sinnlicher Verkörperung verwandelt und sein
Schicksal in Erkenntnis, Tat und Liebe erlöst. Wiedergeburt ist Ex=
pansion, Entselbstigung, beseligendes Ausatmen, auf das erneutes Ein=
atmen notwendig einmal folgt.

> Im Grenzenlosen sich zu finden,
> wird gern der Einzelne verschwinden:
> da löst sich aller Überdruß;
> statt heißem Wünschen, wildem Wollen,
> statt lästigem Fordern, strengem Sollen
> sich aufzugeben ist Genuß.

Das Sterbliche aber, das sich immer wieder aufgeben muß, das Un=
sterbliche, das kühn immer bewußter durch tausend Flammentode
schreitet, damit der „Dauerstern ewiger Liebe Kern" von Mal zu Mal
größer und glänzender leuchte; was sich wachsend und verwandelnd
durch alles hindurch trägt: es steht nicht unter diesem Gesetz des Kreis=
laufs allein, es steht noch viel mehr unter dem Gesetz der Steigerung
als irgend sonst etwas in der Natur. Die endliche Rückkehr zu Gott,
die völlige Erlösung ist das allerletzte Ziel, das nicht vor vollkommenster
Menschwerdung sich erfüllen darf. Uns ist diese fernste Zukunft noch
verhüllt, aber von drüben helfen führende gute Geister, beständig diesem
Ende uns zu nähern, allen Zwiespalt zwischen Egoismus und Güte,
Tod und Leben, Einkehr und Rückkehr, Gott und Welt immer gründ=
licher zu überwinden und so die letzte Vollkommenheit, den Geistes=
menschen, langsam zu gestalten. Immer sind wir unterwegs, immer
zwischen Himmel und Erde, zwischen Sternen und Gräbern, und doch

belebt uns ewig die Hoffnung, in die das Gedicht Symbolum so
feierlich ausklingt:

> Die Zukunft decket
> Schmerzen und Glücke.
> Schrittweis dem Blicke
> doch ungeschrecket
> dringen wir vorwärts.
>
> Und schwer und ferne
> hängt eine Hülle
> mit Ehrfurcht. Stille
> ruhn oben die Sterne
> und unten die Gräber.
>
> Betracht sie genauer!
> Und siehe, so melden
> im Busen der Helden
> sich wandelnde Schauer
> und ernste Gefühle.
>
> Doch rufen von drüben
> die Stimmen der Geister
> die Stimmen der Meister:
> versäumt nicht, zu üben
> die Kräfte des Guten!
>
> Hier flechten sich Kronen
> in ewiger Stille,
> die sollen mit Fülle
> die Tätigen lohnen!
> Wir heißen Euch hoffen!

4. Chriſtus und das Chriſtentum

Über dem ewigen Pulsſchlag, durch den das Dauerweſen in uns ſich abwechſelnd verſelbſtigt, verſinnlicht, verdichtet und immer wieder ſich entſelbſtigt, „in ſich ſelbſt gedrängt" zur geiſtigen Welt zurückkehrt, ohne ſich je zu verlieren: ſteht allbeherrſchend auf der einen Seite Prometheus-Luzifer. Er wäre das ſchlechthin Böſe nur, wenn er allein herrſchte. Trotz aller Gefahren der Eigenſucht, der Vereinſamung, der Abſchnürung von Gott, der Hybris in jeder·Form: durch ihn wird Eigenwille und Eigenbewußtſein erſt ermöglicht und in ſteter Wechſelwirkung mit dem Leben zu freiem Schöpfertum hinaufgebildet. Der ſeiner Kraft bewußt werdende Menſch, der, um fruchtbar leben zu können, egoiſtiſch im reinſten Sinn ſein muß: ſowie er nur lernt, ſich in das Ganze der Welt wieder hineinzuſtellen, erſcheint als Vorſtufe des vollkommenen, des Gott-Menſchen. Und wie das Waſſer als Strahl nur zum Himmel aufſteigen kann, wenn es unter dem Druck der Erde ſteht, ſo ſcheint der Seele ein Durchgang durch das Reich des Luziferiſchen notwendig.

> Waſſerſtrahlen reichſten Schwalles
> drohn den Himmel zu erreichen,
> Sammelquellen raſchen Falles
> nur vermögen ſo zu ſteigen.
>
> Alſo muß die Feuerquelle
> ſich im Abgrund erſt entzünden
> und die Niederfahrt zur Hölle
> ſoll die Himmelfahrt verkünden.

Auf der andern Seite aber ſteht die Macht, die allein von der Gewalt, die alle Weſen bindet, befreit, die allein die Feſſeln des Prometheus, das geiſtig-ſtrenge Band löſen kann, das der ſterbende Fauſt von dämoniſchen Mächten in ſeinem Schickſal gewoben fühlt, die höchſte

120

Liebesfülle also, die in Jesus von Nazareth sich dergestalt aufs Letzte
und Innigste mit dem Menschen verbinden konnte, daß für die ent=
scheidenden Jahre seines Wirkens und Leidens Gott und Mensch ein=
mal auf der Erde restlos und in vollkommenster Bewußtheit Eins
geworden sind; weshalb es für die verlorene unbewußte erste Einheit
kein besseres Bild gibt als Adam, für die wiedergewonnene zweite
Einheit kein leuchtenderes als die Erscheinung des Christus.

Welches ist das Verhältnis Goethes zu der Macht des Christus?

Diese Frage ist schwerer zu beantworten, als alle die wir bisher
berührten, zum Teil wegen des Unausgesprochenen und nicht Auszu=
sprechenden, was hier waltet, zum Teil auch, weil hier ein Mißver=
stehen Goethes vorliegt wie in keinem andern Fall. Wir müssen unter=
scheiden: sein Verhältnis zu Christus und seiner Erscheinung auf Erden;
sein Verhältnis zur Idee des Christentums; sein Verhältnis zur Kirche,
als dem historisch bedingten, wandelbaren, äußeren Christentum; sein
Verhältnis zu den Konfessionen, zu Protestantismus und Katholizismus.

In all diesen Verhältnissen hat Goethe starke Entwicklungen durch=
gemacht, sie sind nicht zu allen Zeiten die gleichen gewesen.

Am konstantesten blieb das zu Christus selbst. Die Erzählung von dem
Leben, Wirken und Leiden des Herrn hatte sich dem Knaben für alle
Zeit so lebendig eingeprägt, durch die Worte der Evangelien, die er
mit „Gefühl und Enthusiasmus" aufgenommen, daß eine so tiefe
Herzenswirkung nicht ohne Früchte bleiben konnte. Dies Verhältnis,
das ursprünglich naiv im Gemüt lag und zunächst nicht weiter reflek=
tiert sein wollte, mußte sich nur, weil seine Christusidee die unendliche
Weite seiner Gottesidee nicht hinter sich lassen durfte, durch die Idee
vertiefen, vergeistigen und erweitern, um aus der schönen halbbewußten
Einsamkeit des Herzens herauszutreten und sich dem Weltganzen ein=
zuordnen. Diese Tendenz zur Vergeistigung, dieser Weg zur reinen
Christusidee ist bei Goethe deutlich genug wenn auch nur eben als
Weg und Tendenz; es wird nicht mit derselben Entschiedenheit ausge=
sprochen wie sein Gottesbegriff.

Was ihn in seinem Bewußtsein zu Zeiten von Christus wegführt,
ist nichts anders als jener Wille zur Verselbstung: prometheïsches
Lebensgefühl, grenzenloser Wissenstrieb, Befriedigung in und an der

Tätigkeit, Rastlosigkeit im Streben, alles Erfahren=, alles Erleben=
wollen, bis zum begeisterten Selbstgenuß schöpferischer Stunden. Er
hätte diese seine Natur nicht aufgeben können, ohne zugleich den Sinn
jeder Evolution zu verneinen. Jeder große Individualismus lebt den
erhabenen Kampf zwischen den zwei Seelen, zu einem guten Zweck
und Endziel, aber niemals verneinend. Der Mensch muß sich als Einzel=
heit fühlen und erleben lernen, er muß erst alle Kräfte des Denkens,
Fühlens und Wollens entwickeln, leise führt die ewige Liebe, die in
diese Kräfte einströmt und hinter ihnen ruht, den Ringenden über sich
hinaus zu dem Höchsten zurück. Gott selbst will den Weg nicht anders
als über das selbsterkämpfte freie Bewußtsein. Auf diesem Weg aber
gibt es Durchgangspunkte, wo das Prinzip der Entselbstigung schein=
bar vergessen wird.

> Zu jenen Sphären wag ich nicht zu streben,
> woher die holde Nachricht tönt.

Der um dieses Weltbewußtsein ringende Mann kann zu dem halb=
bewußten Kinderglauben nicht zurück. Und doch rettet Christus, rettet
die Osterbotschaft den am Leben Verzweifelnden vom Tod, führt ihn
gelinde zurück, hat also in einem entscheidensten Augenblick seines
Lebens den tiefsten Einfluß auf ihn, was ganz unmöglich wäre, wenn
er nicht in den unbewußten Tiefen des Gemütes so stark gewirkt hätte.

> Und doch, an diesen Klang von Jugend auf gewöhnt,
> ruft er auch jetzt zurück mich in das Leben.

Daneben die Szene des Studierzimmers! Die stille Lampe brennt,
glühende Sehnsucht erwacht „nach des Lebens Bächen, ach nach des
Lebens Quellen", und in diesem reinen Verlangen nach lebendiger
Offenbarung der Christuskraft schlägt Faust den Grundtext des Jo=
hannesevangeliums auf und überträgt nun höchst bezeichnender Weise
das Johannëische: am Anfang war das Weltenwort, in das Prome=
thëische: am Anfang war die Tat! Der ewige Pulsschlag ist nirgends
deutlicher als hier.

Es ist der Glaube Goethes, der viel Entsagungen in sich schließt,
daß für die Licht und Nacht verwebende Seele zunächst auch nur der
Wechsel von Tag und Nacht taugt.

Dann in lebendigem Himmelsglanz und Mitte
gewahr, empfind ich Nacht und Tod und Hölle.

Ohne jene tragische Doppelheit wäre der Mensch schon immer im
Paradiese. Es gibt Momente, wo uns keine Erkenntnis ewig notwen=
diger Weltgesetze über diese Doppelheit zu trösten vermag.

Dunkel ist die Nacht, bei Gott ist Licht,
warum hat er uns nicht auch so zugericht?

Die Paria=Legende sagt nichts anderes: mit dem Haupt weilt der
Mensch im Himmel, im Herzen fühlt er sich allen niederziehenden
Kräften der Erde verwurzelt.

„Unsere Zustände schreiben wir bald Gott, bald dem Teufel zu und
fehlen ein wie das andere Mal: in uns selbst liegt das Rätsel,
die wir Ausgeburten zweier Welten sind"

Schwankungen zwischen Eigensinn und Opfer gehen durch sein gan=
zes Leben. „In mir reinigt sichs unendlich und doch gesteh ich gerne
Gott und Satan, Höll und Himmel in mir Einem, oder viel=
mehr möcht ich das Element, woraus des Menschen Seele ge=
bildet ist und worin sie lebt, ein Fegfeuer nennen, worin alle
höllisch und himmlischen Kräfte durcheinandergehen und
=wirken" (An Lavater, 1781)

Man braucht nur einige Konzeptionen des jungen Goethe neben
einander zu stellen, besonders aus der letzten Frankfurter und ersten
Weimarer Zeit, und man hat diese Gegensätze deutlich genug vor sich.
So Prometheus auf der einen:

Du stehst allein!
Dein Eigensinn verkennt die Wonne,
wenn die Götter, du,
die deinigen und Welt und Himmel all
sich all ein innig Ganzes fühlten.

Und als Gegensatz zu dieser Vereinsamung die Verse:

Könnt ich doch ausgefüllt einmal
von Dir, o Ewiger, werden!
Ach diese lange tiefe Qual,
wie dauert sie auf Erden —

und daß er damals schreiben konnte, er wolle „die Welt lassen wie sie ist und dem heiligen Sebastian gleich, an seinen Baum gebunden, die Pfeile in den Nerven, Gott loben und preisen"

Auch Ganymed, der in den Schoß des Alliebenden heimzukehren sich Sehnende, Mahomet, der seine Brüder seine Schätze seine Kinder dem Vater freudebrausend an das Herz Tragende: sie streben nach jener Seite, über der Christus steht.

Während so, in seinem Verhältnis zu Christus selbst, die Entwick=
lung nicht abbricht, sondern pulsiert und lebendig zwischen zwei Polen schwingt, gibt es ganze Lebensjahre Goethes, in denen er sich zu allem kirchlichen Christentum in ausdrücklicher und schroff ausge=
sprochener Opposition fühlt, und so leicht jene der Christustendenz ent=
gegenwirkende Kraft zu bezeichnen ist, so vielfältig ist das, was zwischen ihm und dem Christentum der Kirche steht. Allem äußeren Christen=
tum steht er am fernsten etwa von 1780 (Beginn seiner eigentlichen naturwissenschaftlichen Forschung, Eintritt in die Freimaurerloge) bis zum Tode Schillers. Einen deutlichen Übergang bezeichnen die Jahre vom Tode Schillers bis 1808 (Pandora, Wahlverwandtschaften). So wenig das Verhältnis zu Christus durch seinen Klassizismus und seine Naturforschung wirklich entscheidend erschüttert worden ist: indem er der rein christlichen Bildungswelt den Rücken kehrt, wird er auch jedem kirchlichen Christentum immer mehr entfremdet. Erst als er durch Boisserées Vermittlung altdeutsche Malerei und gotische Kunst wieder staunend und liebend ergreift, bricht hier eine alte Flamme durch, und nun beginnt eine bewußtere und ruhigere Auseinandersetzung mit der gesamten Tradition der Kirche, die erst mit seinem Tode endigt. Sein Verhältnis zu den Konfessionen wird nun eindeutig formuliert und ohne Rücksicht ausgesprochen. Die positivsten Zeugnisse von Goethes Christentum stammen aus der Zeit des alten Goethe. Die Krone dieser ganzen Entwicklung ist der Abschluß des Faust: ein heiliges Vermächtnis seiner letzten Weisheit.

Die große Linie dieser Entwicklung ist klar und eindeutig, und doch ist Goethe nirgends so mißverstanden worden als eben in seinem Ver=
hältnis zum Christentum. Dies beginnt schon zu seinen Lebzeiten. Der Mangel an tiefem Verständnis seiner Natur, auf den er in christlichen

Kreisen immer wieder traf, verschärfte bei ihm Opposition und Wider=
spruch in Haltung und Rede. Es kommen hierbei folgende Hauptmo=
tive in Betracht.

Zunächst und vor allem richtet er sich gegen die Enge der Christen,
die alles ablehnen, was nicht in den engen Kreis rein christlicher Bil=
dungswelt gehört, gegen eine Gesinnung, die aus dem Ganzen von
Wilhelm Meisters Lehrjahre die Bekenntnisse einer schönen Seele
heraustrennen konnte, um das Übrige den Flammen zu übergeben.
Auch die lautere Wärme Wackenroders („Herzensergießungen eines
kunstliebenden Klosterbruders“) konnte ihm eine Beschränkung in christ=
licher Kunstwelt nicht annehmbarer machen; er hätte hier alle Begriffe,
die er sich von der reinen Größe der alten Kunst erworben hatte, auf=
geben müssen. Diese Begriffe von Adel, Einfalt, Ruhe, vollkommenem
Menschentum, absoluter Durchdringung von Idee und Sinnlichkeit waren
zu sehr mit seiner innersten Natur verbunden. Liebe zur alten Kunst
führt zur Anbetung Gottes in der edelsten Form. „Wir andern, die
wir den Homer als Brevier lesen, die wir uns der griechischen Plastik
als der dem Menschen gemäßesten Verkörperung der Gott=
heit mit Leib und Seele hingeben“, treten nur „mit einer Art von
Bangigkeit in jene grenzenlosen Räume, wo sich uns Mißgestalten auf=
dringen und Ungestalten entschweben und verschwinden.“ (An Windisch=
mann, 1815)

Wohl hat die Kunst einen idealischen Ursprung, man kann sagen,
sie sei aus und mit der Religion entsprungen; aber sie muß ihr nicht
dienen, sie ist an und für sich selbst edel.

Ob dies nur für die höchste Kunst, für das vollkommene Durch=
scheinen objektiver Ideen in der Materie oder für alle Kunst überhaupt
gilt, ist gleichviel. Für Goethe entspringt diese Überzeugung unmittelbar
aus der absoluten Religiosität des Genies, aus der Religion des Geistes.
„Die Menschen sind nur so lange produktiv in Poesie und Kunst, als
sie noch religiös sind.“

Neben diesen Fundamentalsätzen sind andere im deutlichen Wider=
spruch gefaßt gegen die neuchristliche Kunst. Sie sind polemisch, sie
wenden sich gegen das Einseitige von Zeitströmungen, die seinen tiefen
Glauben an die Wiedergeburt des Geistes jener großen klassischen Form=

welt schwer enttäuschten. Sie schränken jene ersten Sätze ein, be=
grenzen und bedingen sie und sind für die Zeit und gegen den Zeitgeist
gesprochen.

„Gemüt wird über Geist gesetzt, Naturell über Kunst, und so ist der
Fähige wie der Unfähige gewonnen. Gemüt hat jedermann, Naturell
mehrere; der Geist ist selten, die Kunst ist schwer. Das Gemüt hat
einen Zug gegen die Religion; ein religiöses Gemüt mit Naturell zur
Kunst, sich selbst überlassen, wird nur unvollkommene Werke hervor=
bringen; ein solcher Künstler verläßt sich auf das Sittlich=Hohe, welches
die Kunstmängel ausgleichen soll. Eine Ahnung des Sittlich=Höchsten
will sich durch Kunst ausdrücken, und man bedenkt nicht, daß nur das
Sinnlich=Höchste das Element ist, worin sich jenes verkörpern kann.“

„Das schlechteste Bild kann zur Empfindung und zur Einbildungs=
kraft sprechen; indem es sie in Bewegung setzt, los und frei macht und
sich selbst überläßt; das beste Kunstwerk spricht auch zur Empfindung,
aber eine höhere Sprache, die man freilich verstehen muß: es fesselt
die Gefühle und die Einbildungskraft, es nimmt uns unsere Willkür,
wir können mit dem Vollkommenen nicht schalten und walten wie wir
wollen, wir sind genötigt, uns ihm hinzugeben, um uns selbst von ihm,
erhöht und verbessert, wieder zu erhalten.“

Die große Kunst entspringt unmittelbar aus dem religiösen Sinn
des Menschen, sie ist ohne die Fähigkeit, das Unendliche, das Ideelle
im Einzelnen zu schauen und wieder zu verkörpern, nicht zu denken;
aber dieser religiöse Sinn ist doch nur Naturgrundlage, notwendige
Vorbedingung aller echten Kunst überhaupt: Intuition, Begabung,
innerer Reichtum, Ausbildung, Übersicht, Selbstkritik, geistige Fähig=
keiten aller Art müssen hinzukommen.

Dies ist der erste Hauptgrund seines Widerspruchs; es ist der Protest
des Künstlers, der sich in seinem Lebensprinzip gestört und eingeengt
fühlt. Er schätzt an Jacobs das Verdienst, „das Altertum durch neue
Monumente aufrecht zu erhalten, das ein ganz wahnsinniger prote=
stantisch=katholischer poetisch=christlicher Obskurantismus gern wieder
mit frischen Nebeln einer vorsätzlichen Barbarei überziehen möchte.
Verhindern kann man solche Epochen nicht, solche Krankheiten muß
man vielmehr auswüten lassen.“

Der zweite Grund seiner Opposition liegt in seinem Verhältnis zur Natur. Noch unversöhnlicher als in jenem ersten Fall spricht er nun gegen die Enge der Christen, die nur das Erlebnis eines supranatura= listischen Gottes gelten ließen, für die Gott ein Wesen ganz über aller Natur ist. Ein solches Christentum zerreißt den Makrokosmos in die entgötterte Welt hier und den vereinsamten Gott dort. Eine solche Religion führt von der lebendigen Natur hinweg. Auf allem Leben lastet dann Gottesferne. Goethe aber wird von seinem Gott so tief in die Natur hineingeführt, bis Glaube zum Schauen wird. Den Grund seiner ganzen Existenz fühlte er verneint, wenn man sein ihm heiliges Prinzip: Gott in Natur, Natur in Gott zu sehen, nicht gelten ließ, wenn man seine Religion, die sich auf dieser geschauten Wahrheit in der Natur aufbaute, gar nicht oder höchstens zur Hälfte verstand, indem man wohl die Natur in Gott denken konnte, teilhaftig seines Seins, seines Geistes, aber nicht Gott in der Natur, nicht sein Einwirken durch die Ideen ins Werden und in die Sinneswelt. Wo Goethe auf die Ein= heit von Gott und Welt dringt, geschieht es meist als Protest gegen den christlichen Dualismus, gegen die „hohle Kinderhirnempfindung" eines persönlichen Gottes, der über aller Natur stehe, die ihn nur verberge. Man konnte nicht begreifen, daß Goethe sein Christentum sich in der Natur aufbauen mußte. Es wird durchaus nicht „an den Rand der Naturforschung," an ihren äußersten Horizont gedrängt, wie im 19. Jahr= hundert. Steht doch das ewige Ich, das mit dem Vater identisch ist, im Zentrum der Natur; ist doch ihr Kern Menschen im Herzen! Sein Christentum steht nicht über und nicht außer der Natur, es ruht in ihrem tiefsten Mittelpunkt. „Wer die Natur als göttliches Organ leugnen will, der leugne nur gleich alle Offenbarung."

Aus einem solchen Widerspruch gegen Freunde, die seinen Weg über die Natur höchstens als einen unbegreiflichen Umweg zu Gott und die Offenbarungen Gottes in seinen ewigen Naturwerken nicht als wirk= liche Offenbarungen des objektiven Geistes ansehen konnten, entstand das Gedicht Groß ist die Diana der Epheser. Es ist ein Protest gegen die tötliche Abstraktion einer solchen Gottesvorstellung.

Als gäb's ein Gott so im Gehirn,
da hinter des Menschen alberner Stirn,

der sei viel herrlicher als das Wesen,
an dem wir die Breite der Gottheit lesen.

„Ich bin nun einmal einer der Ephesischen Goldschmiede, der sein ganzes Leben im Anschauen und Verehrung des wunderwürdigen Tempels der Göttin und in Nachbildung ihrer geheimnisvollen Gestalten zugebracht hat, und dem es unmöglich eine angenehme Empfindung erregen kann, wenn irgend ein Apostel seinen Mitbürgern einen anderen noch dazu formlosen Gott aufdringen will. Hätte ich daher irgend eine ähnliche Schrift zum Preis der großen Artemis herauszugeben (welches jedoch meine Sache nicht ist, weil ich zu denen gehöre, die selbst gern ruhig sein mögen und auch das Volk nicht aufregen wollen), so hätte auf der Rückseite des Titelblatts stehen müssen: man lernt nichts kennen als was man liebt, und je tiefer und vollständiger die Kenntnis werden soll, desto stärker, kräftiger und lebendiger muß Liebe ja Leidenschaft sein." (An Jacobi, 1812)

Je intensiver er um die Erkenntnis der Breite der Gottheit selbst rang und je lebendiger seine Hoffnung war, den Abgrund zwischen Subjekt und Objekt, Idee und Erfahrung, Gott und Welt zuletzt doch zu überwinden, desto widerwärtiger erschien ihm die überhebende Beschränktheit kirchlicher Menschen, die gar keine Ahnung hatten, was für ihn die Natur war, weil sie selbst sie nicht suchten, von vornherein aber über sein Streben urteilten und seine tiefe lebensvolle heilig bewahrte Ahnung des ungeheueren Geheimnisses mit einem Schlagwort zu treffen glaubten. „Ofters ziehen sie einem in ihre enge arme Vorstellung. Jedes Menschen Gedanken- und Sinnesart hat etwas Magisches." (Tagebuch, Dez. 1778) Dagegen mußte er sich schützen. Es geschieht schon in der philosophischen Studie von 1784/85. „Sie werden dasjenige, was sie am bequemsten denken, worin sie einen Genuß finden können, für das Gewisseste und Sicherste halten, ja man wird meistenteils bemerken, daß sie andere, welche sich nicht so leicht beruhigen und mehr Verhältnisse göttlicher und menschlicher Dinge aufzusuchen und zu erkennen streben, mit einem zufriedenen Mitleid ansehen und bei jeder Gelegenheit bescheiden trotzig merken lassen, daß sie im Wahren eine Sicherheit gefunden, welche über allen Beweis und Verstand erhaben sei."

Die kirchliche Ablehnung alles freien, nicht nur des rationalistischen Erkenntnisstrebens des Menschen ist in den Versen des Kanzlers für ewige Zeiten gebrandmarkt:

> Natur und Geist — so spricht man nicht zu Christen.
> Deshalb verbrennt man Atheisten,
> weil solche Reden höchst gefährlich sind.
> Natur ist Sünde, Geist ist Teufel,
> sie hegen zwischen sich den Zweifel,
> ihr mißgestaltet Zwitterkind.

Wir sahen, wie die uneigennützige Liebe zur Natur ihn zu dem geistigen Menschen gebildet hatte, als den er sich fühlen durfte, er hatte in ihr, in der Erscheinung selbst, die Grenzen gefunden, über die das helle kraftvolle schöpferische Ideenreich Gottes in die stets zum starren tendierende zwischen Tag und Nacht ewig wechselnde Welt hineinwirkt; wie sollte er jetzt noch das Subjektive, das Sehnsüchtige eines unproduktiven Gemütes über den schauenden erkennenden Geist setzen! Dem widerspricht er: das jedermann angeborene Sehnsuchtsvolle müsse man zurückdrängen; man müsse sich erst einmal rein und entselbstigt dem geistigen Urgrund der Natur zu nähern suchen.

Aus jenem kirchlichen Dualismus von Gott und Natur entspringt aber ein anderes, was ihm noch wesensfremder war: jener extreme kirchlich-protestantische Pessimismus, der immer nur die Schlechtigkeit der menschlichen Natur betont und das Gefühl der Sündhaftigkeit in den Menschen wachzuhalten und auszubilden sucht, weil unser innerster Kern durch den Fall und die fortgeerbte Ursünde verloren ging und bis ins Letzte verdarb, weil unsere ganze Natur deshalb hassenswert wurde und nur von Gott selbst durch ein ganz unbegreifliches Wunder wieder hergestellt werden kann. Wir werden auf diese Lehre, die dem einzelnen Menschen alles Verdienst seiner Vervollkommnung und Erlösung abspricht und alles der von oben wirkenden Gnade zuschreibt, noch zurückkommen. Es ist leicht einzusehen, wie eine Gedankenrichtung, der die ganze Welt nur düster und fliehenswert erscheint, die zum Quietismus in der Mystik, zur Weltverneinung in der Philosophie führt, nur in einem Weltgefühl wurzeln konnte, das Gott und Natur für immer voneinander geschieden hatte.

Der Gotteserde lichten Saal
verdüstern sie zum Jammertal,
daran entdecken wir geschwind,
wie jämmerlich sie selber sind.

„Wenn wir uns als möglich denken können, daß der Schöpfer der Welt selbst die Gestalt seiner Kreatur angenommen und auf ihre Art und Weise sich eine zeitlang auf der Welt befunden habe, so muß dieses Geschöpf schon unendlich vollkommen erscheinen, weil sich der Schöpfer so innig damit vereinigen konnte. Es muß also in dem Begriff des Menschen kein Widerspruch mit dem Begriff der Gottheit liegen; und wenn wir auch oft eine gewisse Unähnlichkeit und Entfernung von ihr empfinden, so ist es doch nur desto mehr unsere Schuldigkeit, nicht immer, wie der Advokat des bösen Geistes nur auf die Blößen und Schwächen unserer Natur zu sehen, sondern eher alle Vollkommenheiten aufzusuchen, wodurch wir die Ansprüche unsrer Gottähnlichkeit bestätigen können."

Dies sind seine Hauptgründe: Natur und Kunst und alles Wahre, das sich in ihnen verkörpert, darf durch nichts beschränkt und beengt werden. Wer Kunst und Wissenschaft besitzt, der hat auch Religion: er kann ohne Gott, ohne Intuition, ohne den heiligen Geist nicht auskommen.

Ebenso entschieden lehnt Goethe jede dogmatische Geschichtsbetrachtung ab. So Stolbergs Auffassung Platos als „Mitgenossen einer christlichen Offenbarung" Plato ist eine so unbedingt große Erscheinung der Geistesgeschichte überhaupt, daß es grundfalsch wäre, ihn nicht zuerst aus sich und seiner Welt begreifen zu wollen. Das außerkirchlich Große gewaltsam in die Perspektive rein kirchlicher Offenbarungslehre zu rücken, empört Goethe. Alle Bildungswelten müssen in der Betrachtung selbständig nebeneinander bestehen können, sie deuten wohl aufeinander hin, ergänzen sich einander, folgen organisch aufeinander, die christliche aber ist so bedingt für ihn wie die klassische oder die indische.

„Doch es sei! diese Meinung — vorchristlichen Männern eine Art spezieller Offenbarung zuzugestehen — wird immer bei denen bestehen, die sich gern Vorrechte wünschen und zuschreiben, denen der Blick über

Gottes große Welt, die Erkenntnis seiner allgemeinen ununterbrochenen und nicht zu unterbrechenden Wirkungen nicht behagt, die vielmehr um ihres lieben Ichs, ihrer Kirche und Schule willen Privilegien, Ausnahmen und Wunder für ganz natürlich halten."

Dieselbe leidenschaftliche Heftigkeit, dieselbe Betonung seiner Weite Lavater gegenüber, es zieme sich für die gute Sache nicht, daß Lavater alle köstlichen Federn der tausendfachen Geflügel unter dem Himmel ihnen, als wären sie usurpiert, ausraufe, um seinen Paradiesvogel ausschließlich damit zu schmücken: „dieses ist, was uns notwendig verdrießen und unleidlich scheinen muß, die wir uns einer jeden durch Menschen und dem Menschen offenbarten Weisheit zu Schülern hingeben und als Söhne Gottes ihn in uns selbst und in allen seinen Kindern anbeten. Ich weiß wohl, daß du dich da drinne nicht verändern kannst, und daß du vor dir Recht behälst; doch finde ich es auch nötig, da du deinen Glauben predigst, dir auch den unsrigen als einen ehernen ewig bestehenden Fels der Menschheit wiederholt zu zeigen, den du und die ganze Christenheit mit den Wogen eures Meeres vielleicht einmal übersprudeln, aber weder überströmen noch in seinen Tiefen erschüttern könnt."

Immer sprechen hier zwei Dinge: Notwehr seiner eigensten freien tiefreligiösen Natur, deren ganze Basis er unerschüttert durch alles hindurchtragen muß, und Einspruch gegen die Enge, die ihm diesen eigensten Besitz, diese Weite seines Horizonts, diesen ehernen ewigbestehenden Fels der Menschheit nicht lassen wollte. Und wenn er sich schon mit den hervorragendsten und gebildetsten Vertretern des damaligen Christentums, wie es Jacobi und Lavater doch waren, nicht mehr verständigen konnte und keine Förderung von ihnen zu erwarten hatte, wieviel weniger konnte er bei weniger durchgebildeten kirchlich denkenden Menschen auf Verständnis hoffen! Wo er eine so enge Geistesverfassung spürte, versuchte er es schon gar nicht mehr, sich mitzuteilen. Er nahm dann jene bekannte undurchdringliche Maske vor, die man erst recht wieder mißverstand. Eine Ausnahme bilden seine freundschaftlichen Beziehungen zu dem sächsischen Oberhofprediger Reinhard, einer Badebekanntschaft. Mit ihm konnte er „in einigen Hauptpunkten gegen die herrschende Meinung übereinstimmen, woraus

er einsehen mochte, daß mein scheinbarer liberalistischer Indiffe=
rentismus doch nur eine Maske sein dürfte, hinter der ich
mich gegen Pedanterie und Dünkel zu schützen suchte". Wenn
er die Maske nicht nötig hatte, waren die Menschen über die Wärme
und das Positive seines Glaubens immer erstaunt. So Wilhelm Grimm,
der 1816 über diese Dinge mit ihm spricht: „Wenn er in seinem Buche
von der Kunst in den Rhein= und Maingegenden gegen den heiligen
Geist, den Herrn Christus und die Heiligen eine gewisse kalte und
humane Artigkeit äußert, so sprach er hier recht schön und warm über
das neuerwachte religiöse Gefühl, das nicht wieder untergehen werde,
weil man empfunden, daß man ohne das nicht leben könnte, und es
war wohl zu sehen, daß er in jenem Buche nur aus einer gewissen
Opposition so gesprochen."

Immer seltener läßt er sich aber zum Widerspruch reizen, und wenn
es doch manchmal durchbricht, dann ist es immer derselbe Einspruch
gegen die Enge, Abstraktheit und Starre der kirchlichen Vorstellung,
der er seine Lebensfülle, Bildsamkeit und Weite entgegensetzt. So wenn,
im Gespräch mit dem Kanzler von Müller, von der „Stadt Gottes"
gesprochen wird. Da fährt Goethe auf: was solle das heißen, Stadt
Gottes? Gott habe keine Stadt, sondern ein Reich, kein Reich,
sondern eine Welt, keine Welt, sondern Welten!

Wie sehr ihn aber nur im Augenblick die Enge der Vorstellungs=
welt, die sich in solchen Bildern gefällt, erregt, zeigt der Divan, wo
Goethe selbst dieses Bild verwendet, allerdings ganz im Sinn seiner
Weltfrömmigkeit:

> Frage nicht durch welche Pforte
> du in Gottes Stadt gekommen,
> sondern bleib im stillen Orte,
> wo du einmal Platz genommen.

Wenn man dies alles bedenkt: daß man das, was Goethe aus Oppo=
sition sagt, nicht für letztes Bekenntnis nehmen darf, daß die Maske
der Gleichgültigkeit, die er vornahm, sobald er die ausschließlich kirch=
liche Gesinnung spürte, nicht sein wahres Gesicht sein kann, das ganz
anders bewegt ist, wenn er von seiner Idee des Christentums spricht,
dann wird man einsehen, auf wie schwachen Füßen das Wort von

132

Goethes Heidentum steht. Gewiß, man kann manche seiner Werke heid=
nisch nennen, wenn man darin kirchliche Gesinnungen und Bilder sucht,
man kann sogar manches anführen, wo er selbst von seinem Heiden=
tum spricht, und doch hat nichts das wahre Bild Goethes so entstellt
wie dieses Wort, keins hält sich so zäh durch wie dieses, bis in die
neuesten Werke. Goethe selbst hat es später fast bitter und noch heftiger
abgelehnt als jenes andere von seinem angeblichen Pantheismus, weil
er hier ein noch heilloseres Mißverstehen seiner innersten Natur fühlte.
Zu Rühle sagt er: „Ich heidnisch? Nun, ich habe doch Gretchen hin=
richten und Ottilie verhungern lassen; ist das den Leuten nicht christlich
genug? Was wollen sie noch christlicheres?" Er sei der einzige echte
Christ seiner Zeit „wie Christus ihn haben wollte", wenn man ihn
auch nicht für einen solchen wolle gelten lassen. „Mein Erlöser ist ja
auch der Ihrige, es ist auch in keinem andern Heil und Seligkeit zu
finden". (An Auguste von Stolberg, 1822) Und seine Schwieger=
tochter Ottilie erzählt, er sei einmal auf die Herrlichkeit Christi zu reden
gekommen und habe sie immer ernster, immer feuriger, mit immer
wachsender Rührung gepriesen, bis er, in einen Tränenstrom aus=
brechend, hinausgegangen sei.

Was mag da Goethe wohl gesagt haben? Was sagt er über Christus,
was ist seine Christusidee?

Hier fällt zunächst ein Widerspruch auf: Goethe spricht hier von der
menschlichen, dort von der göttlichen Natur des Erlösers.

> Jesus fühlte rein und dachte
> nur den Einen Gott im stillen;
> wer ihn selbst zum Gotte machte,
> kränkte seinen heiligen Willen.

Daneben stehen Verse wie:

> Vom Himmel steigend Jesus bracht
> des Evangeliums ewige Schrift,
> den Jüngern las er sie Tag und Nacht;
> ein göttlich Wort, es wirkt und trifft.

Noch eindeutiger:

> Gott hat den Menschen gemacht
> nach seinem Bilde;

dann kam er selbst herab,
Mensch lieb, und milde.

Wie sind diese Schwankungen eines so klar und tief denkenden Men=
schen zu begreifen? Soll man wirklich vorschnell annehmen, daß er
in einer der wichtigsten Fragen der Menschheit bis ins höchste Alter
zwei sich scheinbar ausschließende Anschauungen gehabt hat? In Dich=
tung und Wahrheit steht es anders.

„Sehr merkwürdig und folgereich waren mir indessen die Unter=
haltungen Lavaters und der Fräulein von Klettenberg. Hier standen
nun zwei entschiedene Christen gegeneinander über und es war ganz
deutlich zu sehen, wie sich eben dasselbe Bekenntnis nach den Gesinnun=
gen verschiedener Personen umbildet. Man wiederholte so oft in jenen
toleranten Zeiten, jeder Mensch habe seine eigne Religion, seine eigne
Art der Gottesverehrung. Ob ich nun gleich dies nicht geradezu be=
hauptete, so konnte ich doch im gegenwärtigen Fall bemerken, daß
Männer und Frauen einen verschiedenen Heiland bedürfen. Fräulein
von Klettenberg verhielt sich zu dem ihrigen wie zu einem Geliebten,
dem man sich unbedingt hingibt, alle Freude und Hoffnung auf seine
Person legt und ihm ohne Zweifel und Bedenken das Schicksal des
Lebens anvertraut. Lavater hingegen behandelte den seinigen als einen
Freund, dem man neidlos und liebevoll nacheifert, seine Verdienste
anerkennt, sie hochpreist und eben deswegen ihm ähnlich, ja gleich zu
werden bemüht ist. Welch ein Unterschied zwischen beiderlei Richtung!
wodurch im allgemeinen die geistigen Bedürfnisse der zwei Geschlechter
ausgesprochen werden. Daraus mag es auch zu erklären sein, daß
zartere Männer sich an die Mutter Gottes gewendet, ihr, als einem
Ausbund weiblicher Schönheit und Tugend, wie Sannazer getan,
Leben und Talente gewidmet und allenfalls nebenher mit dem gött=
lichen Knaben gespielt haben.

Wie meine beiden Freunde zu einander standen, wie sie gegenein=
ander gesinnt waren, erfuhr ich nicht allein aus Gesprächen, denen ich
beiwohnte, sondern auch aus Eröffnungen, welche mir beide insgeheim
taten. Ich konnte weder dem einen noch dem andern völlig zu=
stimmen; denn mein Christus hatte auch seine eigne Gestalt

134

nach meinem Sinne angenommen. Weil sie mir aber den meini=
gen gar nicht wollten gelten lassen, so quälte ich sie mit allerlei Para=
doxien und Extremen, und wenn sie ungeduldig werden wollten, ent=
fernte ich mich mit einem Scherze."

Nach diesen Worten wäre also das Wesentliche seiner Christusidee
damals schon bestimmt in ihm ausgebildet gewesen.

Wir werden seinen Christusbegriff nur verstehen, wenn wir die schein=
baren Widersprüche nicht so aufzulösen suchen, daß wir uns für die
eine oder andere Auffassung einseitig entscheiden. Es entspricht durch=
aus der völlig undogmatischen Weite seines Geistes, der ruhig die ent=
gegengesetztesten Welttendenzen zusammennimmt und neben= und inein=
ander wirken läßt, sich diese scheinbar ausschließenden Anschauungen
vereinigt und versöhnt zu denken. Jesus von Nazareth, in dem
der Christus sich verkörpert, ist für ihn wirklich Gott und
Mensch zugleich. Er vermag ihn ganz menschlich und wieder ganz
als Gott zu sehen. Deshalb spricht der alte Goethe auch von dem Gott=
Menschen. Das heißt durchaus nicht, daß er in Christus nur einen
außerordentlichen Menschen sieht. Es entspricht dieser Begriff des Gott=
Menschen vielmehr ganz dem der Gott=Natur. Wie er Gott und Natur
immer zusammendenkt, wie sich die sinnliche und übersinnliche Welt
immer zu höherer Synthese durchdringen und nur dem Verstand aus=
einanderfallen, so durchdringt hier Christus, das ewige hohe reine Wesen,
das einen höchsten Platz in Gottes Weltganzem inne hat, das als Wel=
tenwort, als erhabenster und reinster Geist unseres Sonnensystems ge=
dacht werden kann: den Menschen, Jesus von Nazareth, der lehrt wirkt
heilt und leidet nach Menschenart. Gerade der Ausdruck Gott=Mensch
zeigt, wie Goethe die Verkörperung der Christuswesenheit in Jesus
als eine geheimnisvolle Synthese denken konnte, als eine Durchdrin=
gung, viel vollkommener als wir sie heute, nach Analogie unserer
eigenen Natur ahnen können.

So lösen sich diese Widersprüche: Jesus, der menschlich rein fühlt
und denkt, die Erscheinung des Christus in der Zeit, ist nicht Gott. Die
Religion, die dieses menschliche Bild zum Gott macht und anbetet, ist
nicht das wahre Christentum. Und doch ist der Christus Jesus die höchste
Manifestation Gottes und offenbart die tiefste Einswerdung. Jesus hat

als Christus nur das Weltenwort in sich, das er den Menschen ver=
körperlicht nahebringt.

Auch hier liegt die Entwicklung klar: Goethe beginnt mit der Vor=
liebe für die menschliche Erscheinung des Christus in Jesus und endet,
wie die Mystik, in der Anbetung der körperlosen Christusidee, im Jo=
hannäischen Christentum.

Wenn der junge Goethe seinen Pastor lehren läßt, so betont auch
dieser die menschliche Seite. Lehren und Lehre aufnehmen bleibt immer
menschlich. „Ich halte den Glauben an die göttliche Liebe, die
vor so viel hundert Jahren unter dem Namen Jesus Christus auf einem
kleinen Stückchen Welt eine kleine Zeit als Mensch herumzog, für den
einzigen Grund meiner Seligkeit. Da Gott Mensch geworden ist,
damit wir arme sinnliche Kreaturen ihn möchten fassen und begreifen
können, so muß man sich vor nichts mehr hüten, als ihn wieder zu Gott
zu machen.“

Alles was dem jungen Goethe im Neuen Testament recht menschlich
erscheint, ist ihm das Göttliche schlechthin. „Ich bin ein sehr irdischer
Mensch, mir ist das Gleichnis vom ungerechten Haushalter, vom ver=
lorenen Sohn, vom Sämann, von der Perle, vom Groschen göttlicher
als die Offenbarung Johannis“. Gleichnisse und Bilder wirken mensch=
lich, unmittelbar und unwiderstehlich.

Dem alten Goethe aber ist das Bild: Christus über das Meer wan=
delnd, das liebste. In diesem Gleichnisse spricht für Goethe immer Un=
aussprechliches. „Ich wüßte in dem ganzen Evangelium keinen höhern
und ausdrucksvollern Gegenstand als Christus, der, leicht über das
Meer wandelnd, dem sinkenden Petrus zu Hilfe kommt. Die göttliche
und menschliche Natur des Erlösers ist in keinem anderen
Falle den Sinnen und so identisch darzustellen, ja, der Sinn
der christlichen Religion nicht besser mit wenigem auszu=
drücken. Das Übernatürliche, das dem Natürlichen auf eine
übernatürlich=natürliche Weise zu Hilfe kommt und deshalb
das augenblickliche Anerkennen der Schiffer und Fischer, daß der Sohn
Gottes bei ihnen gegenwärtig sei, hervorruft, ist selten gemalt worden.“

Was hier vereinigt gedacht ist, das Übernatürlich=Natürliche, das
wird in der pädagogischen Provinz der Wanderjahre wieder bewußt

getrennt. Streng abgelöst erscheint im Unterricht das Leben von dem
Tode Christi. Das Tiefste, das eigentliche Geheimnis der christlichen
Idee wird den Kindern nicht mitgeteilt, es wird ihnen als ein Letztes
nur „ausstattungsweise" beim Verlassen der Schule ins Leben mit=
gegeben. Christus selbst aber erscheine im Leben, so lehren die drei
Oberen, als ein Weiser im höchsten Sinne; „er wandelt seine Straße
unverrückt, und indem er das Niedere zu sich heraufzieht, indem er
die Unwissenden, die Armen, die Kranken seiner Weisheit, seines
Reichtums, seiner Kraft teilhaftig werden läßt und sich ihnen deshalb
gleichzustellen scheint, so verleugnet er doch nicht von der andern Seite
seinen göttlichen Ursprung" Der Weise, der alles durchschaut, wirkt
durch Vorbild und Lehre in die Zeit, sein göttlicher Ursprung weist
in die Ewigkeit.

Nun verstehen wir, warum Goethes Verhältnis zu Christus so sehr
von dem seines Freundes Lavater abweicht. Lavater ist sich jenes Doppel=
wesens im Gott=Menschen — Christi Erscheinen in Jesus und der zeit=
losen Christusidee — garnicht in dem Maße bewußt. Es verlangt ihn nur
nach dem Menschen, nach der Verkörperung Christi, zu rein persönlichem
Verhältnis; deshalb sein übergroßer, nie zu stillender Christusdurst.
Lavater kommt nie über seine Person hinaus, indem er ein Verhält=
nis von Person zu Person sucht. Goethe schreibt ihm dies mit unerbitt=
licher Wahrhaftigkeit. Lavater fülle seine Schale nur mit seinem eigenen
Blut, er spiegle sich selbst in seiner Anbetung Christi. „Es gibt zu den
schönsten Betrachtungen Anlaß, wenn man Dich das herrliche kristall=
helle Gefäß mit höchster Inbrunst fassen, mit Deinem eignen hochroten
Trank schäumend füllen und den über den Rand hinübersteigenden Gischt
mit Wollust wieder schlürfen sieht. Ich gönne Dir gern dieses Glück,
denn Du müßtest ohne dasselbe elend werden. Bei dem Wunsch und
der Begierde, in einem Individuo alles zu genießen und bei der Un=
möglichkeit, daß Dir ein Individuum genug tun kann, ist es herrlich,
daß aus alten Zeiten uns ein Bild übrig blieb, in das Du Dein
Alles übertragen und in ihm, Dich selbst bespiegelnd, Dich selbst an=
beten kannst."

Viel später, in Dichtung und Wahrheit, dasselbe Urteil! Lavater
sei eigentlich ganz real gesinnt gewesen. Um Verwirklichung der Person

Christi war es ihm am meisten zu tun; daher jenes beinahe unsinnige
Treiben, ein Christusbild nach dem andern fertigen, kopieren, nachbilden
zu lassen. Lavater habe Christum buchstäblich aufgefaßt. Das heißt,
daß Goethe vieles in den Evangelien sinnbildlich und nicht dogmatisch
versteht. „Mein Verhältnis zur christlichen Religion lag nur in Sinn
und Gemüt und ich hatte von jener physischen Verwandtschaft, zu der
Lavater hinneigte, nicht den mindesten Begriff". Je mehr er durch seine
Hingabe an die Natur Sehnsucht und Bedürfnis überwand, desto
weniger hätte ihm eine solche Hingabe an das menschliche Christusbild
genügen können. Er erlebt in Jesus immer freier, reiner und inner-
licher die Offenbarung des Christus. Er ahnt immer deutlicher das
Mysterium, das mit seiner Erscheinung verbunden ist. Tiefsinnig setzt
er der Manifestation höchster Liebe und reinsten Willens eine andere
Offenbarung göttlichen Urlebens gegenüber: die Sonne! Christus ist
in Jesus eine so vollkommene Offenbarung alles innerlichen Lebens in
der Zeit, im Menschen, wie die Sonne alles gestaltenden Daseins im
Raume und in der Körperwelt.

„Ich halte die Evangelien alle für durchaus echt; denn es ist in ihnen
der Abglanz einer Hoheit wirksam, die von der Person Christi ausging und die so göttlicher Art wie nur je auf Erden das Göttliche
erschienen ist. Fragt man mich, ob es in meiner Natur sei, ihm an-
betende Ehrfurcht zu erweisen, so sage ich: durchaus! Ich beuge mich
vor ihm, als der göttlichen Offenbarung des höchsten Prinzips der Sittlichkeit. Fragt man mich, ob es in meiner Natur sei, die Sonne zu
verehren, so sage ich: durchaus! Denn sie ist gleichfalls eine Offenbarung
des Höchsten, und zwar die mächtigste, die uns Erdenkindern wahrzu-
nehmen vergönnt ist. Ich anbete in ihr das Licht und die zeugende Kraft
Gottes, wodurch allein wir leben und weben und sind und alle Pflanzen und Tiere mit uns."

Von diesem Vergleich zwischen Sonne und Christus ist der Übergang zu der reinen Idee des Christus als dem höchsten Geiste unseres
Sonnensystems, als einer erhabensten Weltenmacht im Makrokosmos,
nicht schwer. Faust nennt ihn den durch alle Himmel Gegossenen:

den nie entsproßnen,
unausgesprochnen,

durch alle Himmel gegoßnen,
freventlich durchstochnen.

In dem Weltentstehungssystem aus Dichtung und Wahrheit heißt es, daß die Erlösung nicht allein von Ewigkeit her beschlossen, sondern als ewig notwendig gedacht wird, ja daß sie durch die ganze Zeit des Werdens und Seins sich immer wieder erneuern muß. „Nichts ist in diesem Sinne natürlicher, als daß die Gottheit selbst die Gestalt des Menschen annimmt, die sie sich zu einer Hülle schon vorbereitet hatte und daß sie das Schicksal des Menschen auf kurze Zeit teilt, um durch diese Verähnlichung das Erfreuliche zu erhöhen und das Schmerzliche zu mildern."

Ich denke, dies genügte, zu zeigen, wie fern Goethe allem Rationalismus und Liberalismus steht, die in dem Christus Jesus nur den größten Menschen sehen. Er ist für Goethe der Gott-Mensch, d. i. Mensch und Gott. Wie die Natur nicht ohne Gott existieren kann, so vermag er hier das Natürliche von dem Übernatürlichen nicht zu trennen.

Am meisten mißverstanden wurde aber sein Verhältnis zu dem eigentlichen Geheimnis in Christi Erscheinung: dem Opfertod und der Osterbotschaft. Chamberlain sagt einfach, Goethe habe die Paulinische, d. h. die mystische Auffassung des Todes Christi abgelehnt. Das ist durchaus nicht genau. Nur so viel ist richtig, daß er eine ausgesprochene Abneigung gegen den Kult hat, den die Kirche dem Bild des Gekreuzigten widmet. Man muß aber auch diese Abneigung richtig verstehen. Sie beruht nicht auf einer Leugnung des Mysteriums, sondern ist ein Protest gegen die Art dieses Kultus und gegen seine Veräußerlichung. Sein Taktgefühl fühlt sich hier peinlich verletzt. Er läßt in der Pädagogischen Provinz einen Schleier vor die Leiden des Herrn ziehen, gerade weil sie die größte Ehrfurcht in ihm erregen; allerdings bricht nirgends der Instinkt des antiken Menschen in ihm deutlicher durch, dem die Entweihung der Mysterien als höchstes Verbrechen gilt.

„Wir ziehen einen Schleier über jene Leiden, eben weil wir sie so hoch verehren. Wir halten es für eine verdammungswürdige Frechheit, jenes Martergerüst und den daran leidenden Heiligen dem Anblick der Sonne auszusetzen, die ihr Angesicht verbarg, als eine ruchlose Welt ihr dies Schauspiel aufdrang, mit diesen tiefen Geheimnissen, in welchen die göttliche Tiefe des Leidens verborgen liegt, zu spielen, zu tändeln, zu verzieren und nicht eher zu ruhen, bis das Würdigste gemein und abgeschmackt erscheint."

Man kann hier die erregte Erbitterung nicht verkennen über die Welt, die den Heiland gekreuzigt, weshalb er auch den Tod Christi das „jammervollste aller Ereignisse" nennt. Wenn man sich darauf beruft, daß der junge Goethe doch den Menschen rät, sich mehr am heiligen Leben wie am heiligen Grabe zu erbauen, so will er damit die Men=schen veranlassen, die Auferstehung in sich selbst und in der Natur zu empfinden. Die Osterbotschaft der Freude, einer allen verkündigten und jedem erlebbaren Auferstehung, und nicht die der Trauer am Grab des Gekreuzigten: es ist auch die Botschaft der Osterchöre im Faust. Christus selbst ist ja in Werdelust schaffender Freude nah!

Der Chor der Jünger drückt zuerst nur die Trauer der Verlasse=nen aus:

> Ach! an der Erde Brust
> sind wir zum Leide da.
> Ließ er die Seinen
> schmachtend uns hier zurück:
> Ach! wir beweinen,
> Meister, dein Glück!

Dies Leid wird ihnen verwiesen im Chor der Engel. Die neue Ver=kündigung ist: erlebt die Auferstehungswonne in euch! Dann seid ihr ihm nahe, dann lebt Er in euch, und nicht wenn ihr dem Schmerz euch hingebt. Christus läßt sich verwirklichen, Christus ist um euch und in euch, er ist ja da!

> Christ ist erstanden,
> aus der Verwesung Schoß.
> Reißet von Banden
> freudig euch los!
> Tätig ihn Preisenden,
> Liebe Beweisenden,
> brüderlich Speisenden,
> predigend Reisenden,
> Wonne Verheißenden:
> euch ist der Meister nah,
> euch ist er da!

Dies ist die wahre und einzige Osterfeier: das Erlebnis der Nähe höchster barmherziger Gottesliebe, das Leben für ihn, den Geopferten, ein Leben in seinem Geiste, hier auf der Erde, hier unter den Brüdern! Nicht Gram und Schmerz über Tod und Trennung!

Von hier ist nur ein Schritt zu dem erhabenen Ausklang des Parzival von Richard Wagner: Erlösung dem Erlöser! Erlösung dem, der in euch auferstehen möchte! Auferstehung dem allen keimhaft eingeborenen Geiste zu freister vollkommenster Bewußtheit!

Damit stehen wir an der letzten Grenze des Gott-Menschen im Geistigen. Christus wird zur Tendenz, zur kosmischen Wahrheit, die allen innewohnt. Schiller sei die Christustendenz eingeboren gewesen; „er berührte nichts Gemeines ohne es zu veredeln" Diese Kraft ist nicht nur sittlich wirkend zu denken, es ist zugleich die höchste Kraft des liebenden Willens, der Berge versetzt, der über die Wasser wandelt, ohne zu sinken, der die Welt trägt, ohne müde zu werden und alles in großer Verwandlung in das Reich Gottes zurückbringt.

> Christkindlein trägt die Sünden der Welt,
> Sankt Christoph das Kind über Wasser hält.
> Sie haben es beid uns angetan,
> es geht mit uns von vornen an.

Zuletzt erleben wir die völlige Loslösung der Christusidee von ihrem menschlichen Träger.

> Das Unbeschreibliche,
> hier ist's getan.
> Das Ewig=Weibliche
> zieht uns hinan.

Wie man Prometheus=Luzifer, die Welttendenz der Konzentration, da wo sie einseitig auftritt — als extremer Individualismus ohne Allheit, als nacktes Willens= und Tatmenschentum ohne Güte und Wesenhaftigkeit, als Herrschaft ohne Dienst — als ein Ewig=Männliches empfinden kann, so ist diese reinste Kraft barmherziger Liebe, die in der Seele bewußt werden will, jener ersten Tendenz die Wage hält und sie langsam überwindet, das Ewig=Weibliche, ewig=weiblich, weil sie aus den innersten Kräften des Gemütes durch „gelinde Einwirkung" die Natur durch und durch umgestaltet, die höchste Tat im Opfer erkennt und nie aus ihrer Fülle herauszugehen braucht, sondern ganz in sich beruht, in ihrem eigenen Mittelpunkt, und gerade dadurch den unerlösten Gegen=pol über die Grenzen des Titanenreichs, der dämonischen Unrast und der Not des Schicksals hinaufzieht. So kommt es, daß Faust zuletzt die Himmelskönigin verherrlicht, ihr Geheimnis im reinen blauen Him=melszelt schaut und alles Innerste ihr „mit heiliger Liebeslust" ent=gegenträgt.

> Unbezwinglich unser Mut,
> wenn du hehr gebietest;
> plötzlich mildert sich die Glut,
> wie du uns befriedest.
> Jungfrau, rein im schönsten Sinn,
> Mutter, Ehren würdig,
> uns erwählte Königin,
> Göttern ebenbürtig.

Die Kraft des Christus, symbolhaft verkörpert im Ewig=Weiblichen, das im Ewig=Männlichen bewußt werden will und so die Zweiheit in die Einheit zurückführt: sie ist wohl auch einströmend und so als von außen wirkend gedacht, aber erst muß das Ich doch für solche Empfäng=nis sich bereitet, muß so weit sich entselbstigt haben, daß sie einströmen kann! Keine Gnade kann eingreifen, wenn ihr der Mensch nicht in Freiheit entgegenkommt; sie kann nicht helfen, wenn sie nicht aus der eigenen Einigkeit herauswirkt und sich als eigene Kraft ihr entgegen=trägt. Sie muß sich selbst im Menschen begegnen können. Nur dann ist das ewige Wesen selber die Nahrung unseres innersten Seelen=kernes. Je schwächer das „Fünklein" ist, um so weniger wird sie ein=fließen können. Je mehr es wächst, je stärker strömt es zu. In allen Zuständen und Umständen muß der Mensch die Gnade selbst verlangen, in uns selbst muß reiner Wille, reine Tätigkeit, reines Denken, reine Liebe die Umgeburt bewirken, ja alle falschen Schritte führen schließ=lich zu einem unschätzbaren Gute hin, alle Schmerzen sind heilsam, aller Schmerzen „still im Herzen heimlich bildende Gewalt":

> Schmerzen sind der Jugend Nahrung,
> Tränen seliger Lobgesang.

Es sei der Schlüssel zu Fausts Rettung: „In Faust selber eine immer höhere und reinere Tätigkeit bis ans Ende, und von oben die ihm zu Hilfe kommende ewige Liebe."

Ewig ist des Menschen Ich von allgegenwärtiger, allteilnehmender, barmherziger, in alles sich ergießender Liebe umflossen. So sieht Goethe die Gnade im Menschen wirken:

> Gerettet ist das edle Glied
> der Geisterwelt vom Bösen:
> Wer immer strebend sich bemüht,
> den können wir erlösen.
> Und hat an ihm die Liebe gar
> von oben teilgenommen,
> begegnet ihm die selige Schar
> mit herzlichem Willkommen.

Goethe steht in seiner Auffassung der Gnade im Gegensatz einerseits zu dem Optimismus der Aufklärung, die alles Verdienst dem guten Willen des Menschen zuschreibt. Als Förster meint, das Faustproblem werde sich lösen aus den Worten: Ein guter Mensch in seinem dunk= len Drange ist sich des rechten Weges wohl bewußt, erwidert Goethe: „Das wäre ja Aufklärung. Faust endet als Greis, und im Greisen= alter werden wir Mystiker" Der Greis, dessen Gemüt das Ewige verschließt, der in allem Vergänglichen das Gleichnis übersinnlicher Ewigkeit erkennt, fühlt bewußt das Einströmen und Einleuchten höhern Lichts, das sein tiefstes Leben nährt und wachhält.

Dann wird andrerseits hier erst der Gegensatz zu jener vorwiegend protestantisch=kirchlichen Auffassung der Gnade recht auffallend, die nicht nur die Schwäche, sondern die völlige Verderbtheit unserer Natur betont, und die in der Gnadenwahl des Calvinismus, wo das Ver= dienst des freien Willens gänzlich aufgehoben ist, ihre extremste Fas= sung gefunden hat. Man erinnere sich an alle seine Worte, die die Ewigkeit des menschlichen Seelenkerns aussprechen, und man wird leicht einsehen, wie ungoethisch eine solche Anschauung ist. Der innerste Kern, noch von allem Außenleben abgetrennt, wächst doch still und ruhig fort, bis seine Zeit gekommen ist, die Schalen zu sprengen. Der Glaube an die radikale Durchsetztheit unserer innersten Natur vom Bösen ist

für Goethe geradezu eine psychische Krankheit. Sie entzieht dem
Menschen jede gesunde Kraft notwendigen Selbstbewußtseins, sie läßt
ihn sehnsüchtig das draußen suchen, was er zunächst nur in sich selbst
finden kann.

> Erquickung hast du nicht gewonnen,
> wenn sie dir nicht aus eignem Busen quillt.

Er sagt über Lavater, er wünsche ihm einige Tropfen selbständigen
Gefühls einflößen zu können, ein kranker Körper und ein schweifender
Geist haben ihm die kollektive Kraft entzogen und ihn so der besten
Freude, des Wohnens in sich selbst, beraubt. „Es ist unglaublich,
wie schwach er ist und wie man ihm, der doch den schönsten schlichtesten
Menschenverstand hat, den ich je gefunden habe, gleich Rätsel und My=
sterien spricht, wenn man aus dem in sich und durch sich wirken=
den Herzen redet."

Es war entscheidend für Goethe, hier sich selbst zu finden. Alles was
ihn von den Herrenhuter Brüdern, die ihn zuerst so sehr angezogen
hatten, wieder entfernte, war nichts anders als jener Pessimismus in
der Gnadenlehre.

„Ich mußte jedoch bemerken, daß die Brüder so wenig als Fräulein
von Klettenberg mich für einen Christen wollten gelten lassen, welches
mich anfangs beunruhigte, nachher aber meine Neigung einigermaßen
erkältete. Lange konnte ich jedoch den eigentlichen Unterscheidungsgrund
nicht auffinden, ob er gleich ziemlich am Tage lag. Was mich nämlich
von der Brüdergemeinde sowie von andern werten Christenseelen ab=
sonderte, war dasselbe, worüber die Kirche schon mehr als einmal in
Spaltung geraten war. Ein Teil behauptete, daß die menschliche Natur
durch den Sündenfall dergestalt verdorben sei, daß auch nicht das min=
deste Gute an ihr zu finden, deshalb der Mensch auf seine eigenen Kräfte
durchaus Verzicht zu tun und alles von der Gnade und ihrer Ein=
wirkung zu erwarten habe. Der andere Teil gab zwar die erb=
lichen Mängel der Menschen sehr gern zu, wollte aber der
Natur inwendig noch einen gewissen Keim zugestehen, wel=
cher, durch göttliche Gnade belebt, zu einem frohen Baume
geistiger Glückseligkeit emporwachsen könne. Von dieser letz=
tern Überzeugung war ich aufs innigste durchdrungen .

Mich hatte der Lauf der vergangenen Jahre unablässig zur Übung
eigner Kraft aufgefordert, in mir arbeitete eine rastlose Tätigkeit, mit
dem besten Willen, zu moralischer Ausbildung. Die Außenwelt forderte,
daß diese Tätigkeit geregelt und zum Nutzen anderer gebraucht werden
sollte. Die Kluft, die mich von jener Lehre trennte, ward mir deutlich,
ich mußte also auch aus dieser Gesellschaft scheiden, und da. mir meine
Neigung zu den heiligen Schriften so wie zu dem Stifter und zu den
früheren Bekennern nicht geraubt werden konnte, so bildete ich mir ein
Christentum zu meinem Privatgebrauch und suchte dieses durch fleißiges
Studium der Geschichte und durch genaue Bemerkung derjenigen, die sich
zu meinem Sinn hingeneigt hatten, zu begründen und aufzubauen."

So hat Goethes versöhnender Glaube an den guten Kern in jedem
Menschen am allermeisten dazu beigetragen, daß er sich von allem
äußern Christentum der Kirche für immer getrennt und sich in Freiheit
sein eigenes Christentum ausgebildet hat. In diesem Christentum zum
Privatgebrauch stand an erster Stelle der Satz, daß dies unser ver=
borgenes Innerste mit Gottes Wesenheit identisch ist: Ich und der
Vater sind eins.

Die entscheidende bewußte Lösung von jeder Kirche und jeder kirch=
lichen Gemeinschaft beginnt schon in Straßburg. „Mein Umgang mit
den frommen Leuten hier ist nicht gar stark, ich hatte mich im Anfang
sehr stark an sie gewendet, aber es ist als wenn es nicht sein sollte.
Sie sind so von Herzen langweilig, wenn sie anfangen, daß es meine
Lebhaftigkeit nicht aushalten konnte. Lauter Leute von mäßigem Ver=
stande, die mit der ersten Religionsempfindung auch den ersten ver=
nünftigen Gedanken dachten und nun meinen, das wäre alles, weil sie
sonst nichts wissen, dabei so hällisch (pietistisch) und meinem Grafen so
feind, und so kirchlich und pünktlich, daß ich Ihnen nichts weiter zu
sagen brauche." (An Frl. v. Klettenberg, 1770)

In Kestners Schilderung heißt es: „Vor der christlichen Religion
hat er Hochachtung, aber nicht in der Gestalt, wie sie unsere Theologen
vorstellen" Der Pastor aber wünscht, „daß wir an jenem Tage rein
sein mögen, wenn an das Licht kommen wird, daß die Lehre von
Christi nirgends gedrückter war als in der christlichen Kirche".

In einer sehr bewußt gewordenen geistigen Überlegenheit macht er
dann den ewigen Juden selbst zum Herrnhuter; er hat ihre „Herz=
frömmigkeit", aber auch ihren Pessimismus.

> In Judäa, dem heiligen Land,
> war einst ein Schuster, wohl bekannt
> wegen seiner Herzfrömmigkeit
> zur gar verdorbnen Kirchenzeit.
> War halb Essener, halb Methodist,
> Herrnhuter, mehr Separatist,
> denn er hielt viel auf Kreuz und Qual,
> genug, er war Original.

Ironisiert ist das Ungenügen an der Kirche selbst. Man spürt, wie
Goethe sich gleichsam vergibt, in der Kirche, als weltlich gewordener
Institution, jemals mehr gesucht zu haben als sie geben kann. Kirche
und Brüdergemeinde liegen hier schon hinter ihm, er ist ihnen völlig
entwachsen. Es ist kein Leiden mehr an den notwendigen Unvoll=
kommenheiten solcher großen Gemeinschaften, es ist nichts als das
weise Lächeln: so ist die Welt, so war sie und so wird sie sein.

> Die Priester vor so vielen Jahren
> waren, als wie sie immer waren
> und wie ein jeder wird zuletzt,
> wenn man ihn hat in ein Amt gesetzt.

> Der Schuster aber und seinesgleichen
> verlangten täglich Wunder und Zeichen,
> daß einer predigen sollt für' Geld,
> als hätt der Geist ihn hingestellt.
> Nickten die Köpfe sehr bedenklich
> über die Tochter Zion kränklich,
> daß ach auf Kanzel und Altar
> kein Moses und kein Aaron war,
> daß es dem Gottesdienste ging,
> als wärs ein Ding wie ein ander Ding,
> das einmal nach dem Lauf der Welt
> im Alter dürr zusammenfällt.

Wenn er an Lavater schreibt, er sei zwar kein Widerchrist, kein Un=
christ, aber ein dezidierter Nichtchrist, so heißt das eben nur, daß er

146

Christ in völliger Freiheit nach seinem eigenen Sinne sein und bleiben wolle. Der alte Goethe setzt seine Religion der Weisen dem Standpunkt der Kirche entgegen. Dieser sei mehr menschlicher Art. „Er ist gebrechlich, wandelbar und im Wandel begriffen; doch auch er wird in ewiger Umwandlung dauern, so lange schwache menschliche Wesen sein werden. Das Licht ungetrübter göttlicher Offenbarung ist viel zu rein und glänzend, als daß es den armen, gar schwachen Menschen gemäß und erträglich wäre. Die Kirche tritt als wohltätige Vermittlerin hinzu, um zu dämpfen, zu ermäßigen"

Die Kirche vermittelt die Offenbarung des Lichts der menschlichen Dumpfheit, die es in seiner blendenden Reinheit nicht aufnehmen kann; die Kirche ist der Kompromiß zwischen der unbedingten Forderung und der menschlichen Schwäche, zwischen Natur und Geist, Gesellschaft und Gemeinschaft, Sinnlichem und Übersinnlichem, sie ist nicht die geistige Durchdringung im Sinne des Christus Jesus, sie trachtet nicht am ersten nach dem Reich Gottes, sie bietet nicht das reine Vorbild. Indem sie in die Breite, in die Masse wirkt, muß sie ein Machtprinzip ausbilden, das unbedingt geistfeindlich und dem lebendigen Sinn der Religion tötlich ist. „Staat und Kirche mögen allenfalls Ursache finden, sich für herrschend zu erklären: denn sie haben es mit der widerspenstigen Masse zu tun, und wenn nur Ordnung gehalten wird, so ist es ganz einerlei, durch welche Mittel; aber in den Wissenschaften ist die absoluteste Freiheit nötig: denn da wirkt man nicht für heut und morgen, sondern für eine undenklich vorschreitende Zeitenreihe".

Wer herrschen will, muß sich anpassen. „Man möchte hier bemerken, daß es eigentlich der römischen Kirche am besten gelungen sei, die Religion populär zu machen, indem sie solche nicht sowohl mit den Begriffen der Menge als mit den Gesinnungen der Menge zu vereinigen gewußt hat".

„Es ist gar viel Dummes in den Satzungen der Kirche, aber sie will herrschen, und da muß sie eine bornierte Masse haben, die sich duckt und die geneigt ist, sich beherrschen zu lassen. Die hohe reichdotierte Geistlichkeit fürchtet nichts mehr als die Aufklärung der unteren Massen. Sie haben ihnen die Bibel lange genug vorenthalten, so lange es irgend möglich war."

Durch das „barocke Heidentum", das „heidnische Judentum", das
auf der Kirche lastet, ging die erste Reinheit der Idee des Christen=
tums verloren. „Was sollte auch ein armes christliches Gemeindeglied
von der fürstlichen Pracht eines reichdotierten Bischofs denken, wenn
es in den Evangelien die Armut und Dürftigkeit Christi sieht, der mit
seinen Jüngern zu Fuß ging, während der fürstliche Bischof in einer
von sechs Pferden gezogenen Karosse einherbraust"

„Eine ins Leben tretende Idee weckt sogleich die Eigenschaften der
Individuen auf, wirkt psychisch, wirkt moralisch und kommt daher in
den Fall, anstatt eine reine gesunde Entwicklung zu genießen, vom
rechten Wege krankhaft abgeleitet zu werden. Wird ja die Geschichte
der Kirchen und Nationen dadurch so verwirrt, daß der Hauptgedanke,
der höchst rein und klar den Weltlauf begleiten mag, durch den Augen=
blick, das Jahrhundert, durch Lokalitäten und sonstige Besonderheiten
getrübt, gestört und abgelenkt wird." (An Meyer, 1829)

In der Kirche liegt das Schwergewicht auf Dienst und guten
Werken, nicht auf Erkenntnis und Schauen. Aber „gute Werke sind
der einzige Trost dessen, der sich große Untaten nicht verzeihen kann"

„Bald nach ihrer Entstehung und Verbreitung litt die christliche
Religion durch sinnige und unsinnige Ketzereien, sie verlor ihr ur=
sprüngliches Reine. Als sie aber gar rohe Völker und verderbte Ge=
sittete bändigen und beherrschen sollte, waren derbe Mittel nötig; nicht
Lehren, sondern Dienst bedurfte man. Der einzige Mittler zwischen
dem höchsten Gott des Himmels und dem Erdenmenschen war nicht gut
genug, und so entstand eine Art von heidnischem Judentum, das noch
bis auf den heutigen Tag lebt und webt. Das mußte alles in den
Gemütern umgeworfen werden, deshalb bezieht sich das Luthertum
einzig auf die Bibel." (An Zelter, 1816)

Über diesen Kontrast zwischen reinster Idee und Wirklichkeit, Ur=
christentum und Kirche ist Goethe nie hinausgekommen. Der Geist
echter Liebesgemeinschaft, dem alle sich einfügen, der als Lebensblut
alle durchströmt, alle trägt und der zuletzt in allen auf scheinbar ganz
natürliche Weise höchste geistige Gaben wirkt, die Weihe, mit der sie
Brot und Wein genossen und teilten, die freudige Entsagung, mit der
sie Armut und Verfolgung trugen: dies alles zog Goethe am Ur=

christentum so an. Man lese den Aufsatz des jungen Goethe: Was
heißt mit Zungen reden? Es heißt: „Vom Geiste erfüllt, in der
Sprache des Geistes, des Geistes Geheimnisse verkündigen." „Die
Fülle der heiligsten tiefsten Empfindungen drängte für einen Augenblick
den Menschen zum überirdischen Wesen, er redete die Sprache der
Geister, und aus der Tiefe der Gottheit flammte seine Zunge Leben
und Licht."

Alles hat ihn am Urchristentum tief berührt, weil hier die reinste
Idee sich noch ohne Kompromiß, Trübung und Verweltlichung dar=
stellte. In der Brüdergemeinde glaubte er ein erneuertes Urchristen=
tum zu finden. „Seit meiner Annäherung an die Brüdergemeinde
hatte meine Neigung zu dieser Gesellschaft, die sich unter der Sieges=
fahne Christi versammelte, immer zugenommen. Jede positive Reli=
gion hat ihren größten Reiz, wenn sie im Werden begriffen ist, des=
halb ist es so angenehm, sich in die Zeiten der Apostel zu denken, wo
sich noch alles frisch und unmittelbar geistig darstellt, und die Brüder=
gemeinde hatte hierin etwas Magisches, daß sie jenen ersten Zustand
fortzusetzen, ja zu verewigen schien. Sie knüpfte ihren Zustand an die
frühsten Zeiten an, sie war niemals fertig geworden, sie hatte sich nur
in unbemerkten Ranken durch die rohe Welt hindurchgerungen".

Sieht Goethe von diesem reinen Zustand der ersten Gemeinschaft
auf die zeitliche Kirche, so empfindet er bei diesem Kontrast zwischen
Idee und Wirklichkeit ein Schaudern.

In der Italienischen Reise heißt es: „Dem Mittelpunkt des Katho=
lizismus mich nähernd, von Katholiken umgeben, mit einem Priester
in eine Sedie eingesperrt, indem ich mit reinstem Sinn die wahrhafte
Natur und die edle Kunst zu beobachten und aufzufassen trachtete, trat
mir so lebhaft vor die Seele, daß vom ursprünglichen Christentum alle
Spur verloschen ist; ja wenn ich es mir in seiner Reinheit vergegen=
wärtigte, so wie wir es in der Apostelgeschichte sehen, so mußte mir
schaudern was nun auf jenen gemütlichen Anfängen ein unförmliches,
ja barockes Heidentum lastet. Da fiel mir der Ewige Jude wieder ein,
der Zeuge aller dieser wundersamen Ent= und Aufwickelungen ge=
wesen und so einen wunderlichen Zustand erlebte, daß Christus
selbst, als er zurückkommt, um sich nach den Früchten seiner

Lehre umzusehen, in Gefahr gerät, zum zweitenmal ge=
kreuzigt zu werden."

> Wo, rief der Heiland, ist das Licht,
> das hell von meinem Blut entbronnen!
> Weh! und ich seh den Faden nicht,
> den ich so rein vom Himmel 'rab gesponnen.
> Wo haben sich die Zeugen hingewandt,
> die weis' aus meinem Blut entsprungen,
> und ach, wohin der Geist, den ich gesandt —
> sein Wehn, ich fühls, ist all verklungen.

Damit stehen wir bei Goethes Protestantismus. Goethe ist Protestant
aus innerstem Temperament. Es ist der Drang zu Freiheit und Weite,
zu unbeschränkter Erkenntnis, zu unmittelbarem Schauen, der Wider=
spruch gegen Enge und Einschränkung. Das Wesen des Deutschen
liege darin:

> Freiheit erwacht in jeder Brust:
> Wir protestieren alle mit Lust.

Auch Faust will sich diese Freiheit bis zuletzt täglich selbst beweisen.
Er kann sie nur ungehemmt von alten Bindungen in seinem innersten
Bewußtsein sich erarbeiten und verdienen. Gott selbst ruft und mahnt:

> Doch ihr, die echten Göttersöhne,
> erfreut euch der lebendig reichen Schöne.

Göttersöhne werden die Menschen nur wenn sie das Bewußtsein ihres
unsterblichen Wesens sich selbst erringen.

„Es ist nicht zu leugnen, daß der Geist durch die Reformation sich
zu befreien suchte" Genau besehen hätten wir noch alle Tage zu re=
formieren und gegen andere zu protestieren.

So ist sein Protestantismus das was er im echtesten Sinne immer
sein muß: keine Lehre, kein Bekenntnis, keine Kirche, keine neuen
Formen an Stelle von alten, nicht einmal ein Glaube, sondern Frei=
heitsgefühl, Ablehnung des Abgeleiteten, Rückkehr zum Ursprünglichen,
zur Natur, zu ihrer Wahrheit, zur formlosen Religion des Geistes
und Herzens, die über allen Religionen ist: Anbetung im Geist

und in der Wahrheit! Deshalb ist die Reformation nicht „Sache einer christlichen Genossenschaft, sondern ein Anliegen der gesamten Christenheit, eine Folge und Wirkung des Geistes, der schon in Paulus, Augustinus und Athanasius lebendig war: des Geistes der Freiheit".

Der katholisierenden Richtung der Romantik widerspricht bewußt „Shakespeare und kein Ende": Shakespeare hatte den Vorteil, „daß er zur rechten Erntezeit kam, daß er in einem lebensreichen, protestantischen Lande wirken durfte, wo der bigotte Wahn eine Zeitlang schwieg, so daß einem wahren Naturfrommen, wie Shakespeare, die Freiheit blieb, sein reines Innere, ohne Bezug auf irgend eine bestimmte Religion, religiös zu entwickeln".

Egmont und Götz sind durch und durch protestantisch, die Italienische Reise bekennt diesen Protestantismus am offensten.

Allerdings heißt es da zunächst: „Wie freut's mich, daß ich nun ganz in den Katholizismus hineinrücke und ihn in seinem Umfange kennen lerne." „Man müßte, wenn man hier leben wollte, gleich katholisch werden, um Teil an der Existenz der Menschen nehmen zu können. Alles ladet dazu ein und es ist viel Freiheit und Freimütigkeit unter ihnen." (Tagebuch, September 1786) Aber fast noch zur selben Zeit notiert er, man verdiene wenig Dank von den Menschen, wenn man ihr inneres Bedürfnis erheben, ihnen von sich selbst eine große Idee geben, ihnen das Herrliche eines großen wahren Daseins fühlen machen wolle, „aber wenn man die Vögel belügt, ihnen Märchen erzählt, ihnen vom Tag zum andern forthilft, dann ist man ihr Mann, und darum sind so viel Kirchen zustande gekommen, weil von daher für das Bedürfnis der Sterblichen am besten gesorgt wird" Je weiter er in das katholische Milieu mit dem Gepränge seiner Kirchenfeste und dem „Klingeln und Plappern der Pfaffen" hineinkommt, je mehr fühlt er, daß er sich dem nie anpassen wird.

„Gestern war Fronleichnam. Ich bin nun ein für allemal für die kirchlichen Zeremonien verdorben, alle diese Bemühungen, eine Lüge geltend zu machen, kommen mir schal vor und die Mummereien, die für Kinder und sinnliche Menschen etwas Imposantes haben, erscheinen mir, auch sogar wenn ich die Sache als Künstler und Dichter ansehe,

abgeschmackt und klein. Es ist nichts groß als das Wahre und das
kleinste Wahre ist groß." (An Frau von Stein, Juni 1787)

„Vom Theater und den kirchlichen Zeremonien bin ich gleich übel
erbaut, die Schauspieler geben sich viel Mühe um Freude, die Pfaffen
um Andacht zu erregen und beide wirken nur auf eine Klasse, zu der
ich nicht gehöre, beide Künste sind in ein seelenloses Gepränge aus=
geartet. Auf alle Fälle ist der Papst der beste Schauspieler, der hier
seine Person produziert." (An Carl August, Februar 1787)

Am ersten Weihnachtstag ist er in der Peterskirche, wo der Papst
das Hochamt hält. „Es ist ein einzig Schauspiel in seiner Art, präch=
tig und würdig genug, ich bin aber im protestantischen Diogenismus
so alt geworden, daß mir diese Herrlichkeit mehr nimmt als gibt"
Und an Allerseelen, wo er die Feier nicht versäumt, ergreift ihn ein
Verlangen, das Oberhaupt der Kirche möge den goldenen Mund auf=
tun und „von dem unaussprechlichen Heil der seligen Seelen mit
Entzücken sprechend, uns in Entzücken versetzen" Er ist sehr enttäuscht,
nur Gebärde und Verneigung zu sehen und die protestantische Erb=
sünde regt sich. „Hat doch Christus schon als Knabe durch mündliche
Auslegung der Schrift und in seinem Jünglingsleben gewiß nicht
schweigend gelehrt und gewirkt; denn er sprach gern, geistreich und
gut. Was würde der sagen, dacht ich, wenn er hereinträte und
sein Ebenbild auf Erden summend und hin und wider wankend an=
träfe?"

Der Einschlag protestantisch freien Wesens ist es, der ihm die Ge=
stalt des Philippo Neri, des Heiligen aus dem 16. Jahrhundert, so
lieb macht. Man lese die Allgemeine Betrachtung, mit der er diese
wundervolle Studie abschließt:

„Zu Anfang des 16. Jahrhunderts hatte sich der Geist der bilden=
den Kunst völlig aus der Barbarei des Mittelalters hervorgehoben;
zu freisinnigen heiteren Wirkungen war sie gelangt. Was sich aber in
der edlen menschlichen Natur auf Verstand, Vernunft, Religion bezog,
genoß keineswegs einer freien Wirkung. Im Norden kämpfte ein ge=
bildeter Menschensinn gegen die plumpen Anmaßungen eines veralte=
ten Herkommens; leider waren Worte und Vernunftgründe nicht hin=
reichend, man griff zu den Waffen. Tausende und Abertausende, die

152

ihr Seelenheil auf reinem freien Wege suchten, gingen an Leib und Gütern auf die grausamste Weise zugrunde.

„Im Süden selbst suchten edlere schönere Geister sich von der Gewalt der alles beherrschenden Kirche loszulösen, und wir glauben, an Philipp Neri einen Versuch zu sehen, wie man wohl ein frommer Mann sein, auch ein Heiliger werden könne, ohne sich der Alleinherrschaft des römischen Papstes zu unterwerfen. Freilich findet Neri für Gefühl und Einbildungskraft gerade in dem Element, welches von der römischen Kirche beherrscht wird, gleichfalls ein Behagen; sich ganz von ihr loszuhalten, wird ihm deshalb unmöglich. Wie lange zaudert er, bis er sich in den Priesterstand begibt, wie löst er sich ab von allem kirchlichen Schlendrian, und wie sucht er Lehre sowohl als Leben heiter, sittlich und einwirkend praktisch zu machen."

Die Reformation hat erst die Möglichkeit und Vorbedingung geschaffen für den frei auf sich selbst stehenden, in sich selbst beruhenden, Gottesoffenbarungen unmittelbar in allem Leben suchenden Menschen. Dies ist das Höchste, wozu die Reformation erziehen kann. Dazu kommt, bei Goethe, die wirkliche Verehrung von Luthers Person und Leistung. „Luther arbeitete, uns von der geistlichen Knechtschaft zu befreien; möchten doch alle seine Nachfolger so viel Abscheu vor der Hierarchie behalten haben, als der große Mann empfand." (Brief des Pastors)

„Wir wissen gar nicht, was wir Luther und der Reformation im allgemeinen alles zu danken haben. Wir sind frei geworden von den Fesseln geistiger Beschränktheit, wir sind infolge unserer fortwachsenden Kultur fähig geworden, zur Quelle zurückzukehren und das Christentum in seiner Reinheit zu fassen. Wir haben wieder den Mut, mit festen Füßen auf Gottes Erde zu stehen und uns in unserer gottbegnadeten Menschennatur zu fühlen."

Goethe hat immer dankbar anerkannt, was er Luthers Bibelübersetzung schuldete, die er ein Riesenwerk nennt, nur das Zarte unterstehe er sich hin und wieder besser zu machen.

Auch sei der Hauptbegriff des Luthertums sehr würdig begründet. Er beruhe auf dem entschiedenen Gegensatz von Gesetz und Evangelium, sodann auf der Vermittlung solcher Extreme. Um auf einen

höhern Standpunkt zu gelangen, müsse man nur statt jener zwei
Worte die Ausdrücke Notwendigkeit und Freiheit, mit ihren Syno=
nymen, mit ihrer Entfernung und Annäherung setzen. „Und so erblickt
denn Luther in dem alten und neuen Testament das Symbol des
großen sich immer wiederholenden Weltwesens. Dort das Gesetz, das
nach Liebe strebt, hier die Liebe, die gegen das Gesetz zurückstrebt und
es erfüllt, aber nicht aus eigener Macht und Gewalt, sondern durch
den Glauben, und zwar durch den ausschließlichen Glauben an den
allverkündigten und alles bewirkenden Messias. Aus diesem Wenigen
überzeugt man sich, wie das Luthertum mit dem Papsttum nie ver=
einigt werden kann, der reinen Vernunft aber nicht widerstrebt, so=
bald diese sich entschließt, die Bibel als Weltspiegel zu betrachten,
welches ihr eigentlich nicht schwer fallen sollte“. (An Zelter, 1816)
Und doch ist ihm selbst an Luther manches zu mittelalterlich eng. Er
sei durchaus „dogmatisch=praktisch“; so auch sein Enthusiasmus. Sein
Teufelsglaube ist ihm zu sinnlich, zu sehr Aberglaube. „Wie bequem
macht sich’s nicht Luther durch seinen Teufel, den er überall bei der
Hand hat, die wichtigsten Phänome der allgemeinen und besonders der
menschlichen Natur auf eine oberflächliche und barbarische Weise zu
erklären und zu beseitigen; und doch ist und bleibt er, der er war,
außerordentlich für seine und künftige Zeiten. Bei ihm kam es auf
Tat an; er fühlte den Konflikt, in dem er sich befand, nur allzu lästig,
und indem er sich das ihm Widerstrebende recht häßlich, mit Hörnern,
Schwanz und Klauen dachte, so wurde sein heroisches Gemüt nur
desto lebhafter aufgeregt, dem Feindseligen zu begegnen und das Ge=
haßte zu vertilgen“ Als der junge Voß Goethe nach dessen Krank=
heit die Tischreden vorließt, „da fing er an zu wettern und zu fluchen
über die verfluchte Teufelsimagination unseres Reformators, der die
ganze sichtbare Welt mit dem Teufel bevölkerte und zum Teufel per=
sonifizierte“
Goethe ist Protestant dem ursprünglichsten Geist nach. Jede dog=
matische Ausgestaltung des Protests bleibt ihm fremd. Dieser ursprüng=
liche Geist geht aber in den neuen Formen bald wieder verloren.

Reformation hätt ihren Schmaus
und nahm den Pfaffen Hof und Haus,

um wieder Pfaffen 'nein zu pflanzen,
die nur in allem Grund der Sachen
mehr schwätzen, weniger Grimassen machen.

Der große Anteil, den er zuerst am dreihundertjährigen Reformations=
fest nimmt, schlägt sehr bald in nüchterne Betrachtung um: „Pfaffen
und Schulleute quälen unendlich, die Reformation soll durch hunderter=
lei Schriften verherrlicht werden, ich fürchte nur, durch alle diese Be=
mühungen kommt die Sache so ins Klare, daß die Figuren ihren my=
thologischen Anstrich verlieren. Denn, unter uns gesagt, ist an der
ganzen Sache nichts interessant als Luthers Charakter und es ist
auch das Einzige, was der Menge eigentlich imponiert. Alles Übrige
ist ein verworrener Quark, wie er uns noch täglich zur Last fällt"

Er selbst findet es auffallend, daß er doch so mancherlei gemacht
habe, „und doch ist keins von allen meinen Gedichten, das im Luthe=
rischen Gesangbuch stehen könnte". Sobald die guten Werke und das
Verdienstliche derselben aufhören, trete sogleich die Sentimentalität dafür
ein, bei den Protestanten. Es ist das Leere, Nüchterne, Traditionslose, der
Mangel an Sinn für das Geheimnis, an Ehrfurcht vor dem Unaus=
sprechlichen, was alles durch den Rationalismus in die protestantische
Kirche gekommen ist. Indem der alte Goethe über allen Rationalis=
mus weit hinaus schreitet, findet er im katholischen Kultus, wenn er
ihn mit dem der protestantischen Kirche vergleicht, wieder große Vor=
züge. Der sakramentalische Sinn, den der katholische Dienst ausbilde,
erziehe zur Ehrfurcht vor dem Geheimnis. Es fehle dem protestanti=
schen Kultus zu sehr an Fülle und Konsequenz, als daß er die Ge=
meinde zusammenhalten könne, er habe zu wenig Sakramente.

„Die Sakramente sind das Höchste der Religion, das sinnliche
Symbol einer außerordentlichen Gunst und Gnade. In dem Abend=
mahl sollen die irdischen Lippen ein göttliches Wesen verkörpert emp=
fangen und unter der Form irdischer Nahrung einer himmlischen teil=
haftig werden. Dieser Sinn ist in allen christlichen Kirchen eben der=
selbe, es werde nun das Sakrament mit mehr oder weniger Ergebung
in das Geheimnis, mit mehr oder weniger Akkomodation an das was
verständlich ist, genossen, immer bleibt es eine heilige große Handlung,
welche sich in der Wirklichkeit an die Stelle des Möglichen oder Un=

möglichen, an die Stelle desjenigen setzt, was der Mensch weder er=
langen noch entbehren kann. Ein solches Sakrament dürfte aber nicht
allein stehen, kein Christ kann es mit wahrer Freude, wozu es gegeben
ist, genießen, wenn nicht der symbolische oder sakramentliche Sinn in
ihm genährt ist. Er muß gewohnt sein, die innere Religion des Herzens
und die der äußeren Kirche als vollkommen eins anzusehen, als das große
allgemeine Sakrament, das sich wieder in so viele andere zergliedert und
diesen Teilen seine Heiligkeit, Unzerstörlichkeit und Ewigkeit mitteilt.

„So, durch mehrere sakramentliche Handlungen, welche sich wieder,
bei genauerer Ansicht, in sakramentliche kleinere Züge verzweigen, vor=
bereitet und rein beruhigt, kniet er hin, die Hostie zu empfangen, und
daß ja das Gleichnis dieses hohen Akts noch gesteigert werde, sieht er
den Kelch nur in der Ferne: es ist kein gemeines Essen und Trinken,
was befriedigt, es ist eine Himmelsspeise, die nach himmlichem Tranke
durstig macht.“

Diese Auffassung des Sakramentes aber ist ohne jede schroffe dua=
listische Transzendenz und Transsubstanziation: das Erlebnis des
Abendmahles ist „wahre Himmelsspeise“, ohne doch die Christuswesen=
heit für den Moment in die eine ganz besondere Materie der Hostie
zu verzaubern. Goethe spricht von den düstern Regionen, wo auch die
Transsubstantiation hause: „mein Zerebralsystem müßte ganz um=
organisiert werden — was doch schade wäre — wenn sich Räume für
diese Wunder finden sollten“ Für Goethe ist die katholische Auf=
fassung des Abendmahles undenkbar (die einmalige Wandlung der
Hostie), weil das Sinnliche immer Ausdruck und Verkörperung des
Übersinnlichen ist und dies im Abendmahl nur bewußtes Erlebnis wird.
Die Auffassung des Sakraments als Symbol und Gleichnis erzieht
den Menschen zu dem Erlebnis tieferer Durchdringung von Geist und
Materie, sowie man das Sakrament mit Andacht, Reinheit und Kon=
zentration aufnimmt. Es ist ein Mittel auf dem Weg zur Einheit, zur
unio mystica, dem höchsten klarsten Bewußtseinszustand, den der Mensch
als ein fernes Ziel nur immer vor sich haben kann. Deshalb setzt das
Sakrament sich „an die Stelle des Möglichen und Unmöglichen“, was
wir in unserem jetzigen Zustand weder ganz erlangen noch ganz ver=
missen können.

Auch sind diese Gedanken über die Sakramente als hoher gleichnis=
hafter Handlungen aus dem Ganzen von Goethes Welt organisch ge=
wachsen. Sie verweisen aufs Gleichnis, das immer durchsichtiger wird,
je mehr der Mensch in allem Endlichen den Ausdruck einer über alle
Bilder erhabenen übersinnlichen Welt achtet. Wie Goethe hier die
Sakramente üben und ehren lehrt, die die Hauptpunkte des Menschen=
lebens mit dem Übersinnlich=Göttlichen verbinden, so gibt er, im Ver=
mächtnis altpersischen Glaubens: schwerer Dienste tägliche
Bewahrung, das gleichnishafte Erleben jeder Tätigkeit, jeden
Zustandes.

> Schleppt ihr Holz herbei, so tut's mit Wonne,
> denn ihr tragt den Samen irdischer Sonne;
> pflückt ihr Pambeh, mögt ihr traulich sagen:
> diese wird als Docht das Heilige tragen.
>
> Werdet ihr in jeder Lampe brennen
> fromm den Abglanz höhern Lichts erkennen,
> soll euch nie ein Mißgeschick verwehren,
> Gottes Thron am Morgen zu verehren.

Wieviel mehr aber ist diese Durchdringung des ganzen Lebens mit
dem Abglanz höhern Lichts bis in den Alltag hinein wirklich ein Ver=
mächtnis Goethes, wieviel mehr offenbart es noch Goethes eigenste
tiefe Geist und Körper umfassende in allem allgegenwartfühlende Welt=
frömmigkeit!

Wir finden allerdings auch in Gesprächen die Klagen über den Mangel
an Sakramenten im Protestantismus wieder. Er sagt zu Voß, die
protestantische Religion habe dem einzelnen Individuum zu viel zu tragen
gegeben; jeder müsse sein belastetes Gewissen selbst tragen und verliere
oft darüber die Kraft, mit sich wieder in Harmonie zu kommen. „Die
Ohrenbeichte hätte den Menschen nie sollen genommen werden." Goethe
hat selbst gern Freunden, die sich mit vergangenen Dingen schleppten,
Absolution erteilt und sie damit von der Vergangenheit zu befreien
gesucht. In einem tiefen Sinn nennt er seine Werke Bruchstücke einer
großen Konfession, er betrachtet vieles was er geschrieben hat, als
öffentliche Beichte.

„Das Publikum lernt niemals begreifen, daß der wahre Poet

eigentlich doch nur als verkappter Bußprediger das Verderbliche der
Tat, das Gefährliche der Gesinnung an den Folgen nachzuweisen
trachtet. Doch dieses zu gewahren, wird eine höhere Kultur erfordert
als wie gewöhnlich zu erwarten steht. Wer nicht seinen eigenen Beicht=
vater macht, kann diese Art Bußpredigt nicht vernehmen."

„Es wäre schön zu untersuchen, ob nicht Protestanten mehr als Katho=
liken zu Selbstbiographien geneigt sind. Diese haben immer einen Beicht=
vater zur Seite und können ihre Gebrechen hübsch einzeln loswerden,
ohne sich um eine fruchtbare Folge zu bekümmern; der Protestant im
entgegengesetzten Falle trägt sich selber die Fehler länger nach und
ihm ist es doch um ein sittliches Resultat zu tun." (An Göttling, 1826)

Dasselbe Problem behandelt das Tagebuch von 1807: „Es kommt
darauf an, daß der Mensch immerfort an seine drei idealen Forderungen:
Gott, Unsterblichkeit, Tugend erinnert und sie ihm möglichst ga=
rantiert werden. Der Protestantismus hält sich an die moralische Aus=
bildung des Individuums, also ist Tugend sein erstes und letztes, das
auch in das irdische bürgerliche Leben eingreift. Gott tritt in den Hinter=
grund zurück, der Himmel ist leer und von Unsterblichkeit ist bloß proble=
matisch die Rede. Der Katholizismus hat zum Hauptaugenmerk, dem
Menschen seine Unsterblichkeit zuzusichern, und zwar dem Guten eine
glückliche. Dem Rechtgläubigen ist sie ganz gewiß, und wegen gewisser
kleinerer oder größerer Differenzien setzt er noch einen Mittelzustand,
das Fegefeuer, in den wir von der Erde aus durch fromme und gute
Handlungen einwirken können. Ihr Gott steht auch im Hintergrunde,
aber als Glorie von gleichen, ähnlichen und subordinierten Göttern,
so daß ihr Himmel ganz reich und voll ist. Da an eine sittliche Selbst=
bildung nicht gedacht oder vielmehr in früheren roheren Zeiten nicht
daran geglaubt worden, so ist statt derselben die Spezialbeichte einge=
führt, da denn niemand sich mit sich selbst herumzuschlagen braucht,
eine empfundene Entzweiung nicht selbst zu vereinen und ins Ganze
herzustellen aufgefordert ist, sondern darüber einen Mann von Metier
zu Rate zieht."

Damit ist jedoch nicht gesagt, daß Goethe die Beichte in der Form
und Wirklichkeit, wie sie die Kirche heute übt, auch in allen Einzelheiten
gutgeheißen hätte. Er ist sich auch vollkommen klar darüber, daß der

158

Geist des katholischen Dienstes in den Protestantismus niemals über=
zuleiten ist. Das Ehrwürdige, Tiefwirkungsvolle des katholischen Kul=
tus beruht ja gerade darauf, daß er durch die vielen Jahrhunderte
lebendig gewachsen und geworden ist. „Die Protestanten fühlen die
Leere und wollen einen Mystizismus machen, da ja gerade der My=
stizismus entstehen muß." So sei auch die Messe etwas durchaus Ge=
wordenes.

Es wäre deshalb grundfalsch, das Katholische bei Goethe so unter=
streichen zu wollen, wie dies oft von Seiten katholischer Schriftsteller
geschieht. Es gibt keinen katholischen Goethe, auch der Gesinnung nach
nicht, wenn man unter katholisch das versteht, was es heute ist: die
allein seligmachende Kirche, die als Institution in der Überfülle ihrer
Formen erstarren mußte, die das Schauen nicht mehr besitzt und sich
jeder durchgreifenden Regeneration zäh widersetzt. Goethe ist frei und
groß genug, der katholischen Idee zu huldigen, die ungeheure Tradition
der Kirche als Geistesmacht anzuerkennen, deren tiefe Schätze dem Pro=
testantismus verloren gingen, ihre Fähigkeit zu bewundern, im Men=
schen den Sinn für das Geheimnis wachzuhalten und doch seine ganze
Freiheit gegenüber der in und mit der Zeit erstarrten Kirche sich völlig
zu bewahren. Wenn Goethe in seinem Trieb, alles zu umfassen, auch
zuletzt ein Verhältnis zur geistigen Tradition des Katholizismus ge=
funden hat: der äußeren Kirche seines Jahrhunderts bleibt der alte
Goethe so fremd wie der Jüngling. Er hätte dem Zauber dieser Tra=
dition gegenüber, die in sich so unendlich logisch und geschlossen ist und
die dem Menschen alles so zu geben weiß, daß er es dann nur zu neh=
men braucht, nie so weit nachgegeben, daß er auch nur im entfern=
testen an einen Übertritt hätte denken können. Hierüber, und über die
Gründe eines solchen Verhältnisses muß man sich vollkommen klar sein.
Jede Konversion war für ihn Geständnis eigener Ohnmacht, Preis=
gabe der inneren Würde freien auf sich selbst gestellten denkenden
Menschentums, wenn er sie nicht aus opportunistischen Gründen ent=
schuldbar fand wie bei Winckelmann.

Man lese nur, was Goethe über die Konversionen seiner Zeit sagt.
Bei Friedrich Schlegels Übertritt bemerkt er zu Wilhelm Grimm:
„Sie wollen uns nehmen, was wir uns erworben haben." Eine solche

Konversion erscheint ihm als die Verneinung jeden Fortschritts, jeder sinnvollen geschichtlichen Entwicklung. Die Jahrhunderte seit Luther wären ja dann umsonst gewesen. „Stolbergs öffentlicher Übertritt zerriß die schönsten früher geknüpften Bande. Ich verlor dabei nichts, denn mein näheres Verhältnis zu ihm hatte sich schon längst in allgemeines Wohlwollen aufgelöst. Bald hatte ich zu bemerken, daß er sich nie auf sich selbst stützen werde; sodann erschien er mir als einer, der außer dem Bereiche meines Strebens Heil und Beruhigung suche."

Was ist, alles in allem, Goethes eigenstes Christentum? Es ist die Idee vollkommenen, durch und durch gewandelten Menschentums, das alles sühnt: reinste aktivste Barmherzigkeit; entselbstigte erlösende Liebe; bis zur unio mystica von Ich und Gott.

Schon der Pastor spricht von der Unmöglichkeit, die christliche Religion in ein Glaubensbekenntnis zu bringen. „Paulus hat Dinge geschrieben, die die ganze Kirche in corpore nicht versteht. Da sieht's denn schon gewaltig scheu um unsre Lehre aus, wenn wir alles, was in der Bibel steht, in ein System zerren wollen." Deshalb ist ihm jede Bekenntnisformel schon zu viel; deshalb seine Vorliebe für das Testament Johannis, das ihm in höchster Simplizität den wesentlichsten Inhalt der Idee auszusprechen scheint. „Kindlein, liebet euch!" Er ist tolerant, nur weil er aufs wesentliche sieht; sein außer- und überkirchlicher Standpunkt verleitet ihn nicht dazu, die Erneuerung der Kirche anderswo zu suchen als in der geistigen Entwicklung der gesamten Menschheit. Heftige Angriffe auf die Kirche sind ihm gleich lästig wie die Enge starrer Orthodoxie. Sein Verhalten zwischen Lavater und Basedow ist hierfür bezeichnend. „Wenn dieser die Bibel buchstäblich und mit ihrem ganzen Inhalt, ja Wort für Wort, bis auf den heutigen Tag für geltend annahm und für anwendbar hielt, so fühlte jener den unruhigsten Kitzel, alles zu verneuen und sowohl die Glaubenslehren als die äußerlichen kirchlichen Handlungen nach eigenen einmal gefaßten Grillen umzumodeln." Beides ist ihm gleich fremd und fern.

Auch daß die Kirche die Mission hat, die Menschheit zu ideeller großer wirklicher Menschengemeinschaft zu erziehen, würde Goethe gewiß gelten lassen, ohne die machtlose und tatsächliche Unvollkommenheit dieser Gemeinschaft in der Zeit je übersehen zu können. Er hat es als schmerzlich notwendige Entsagung hingenommen, nicht in einer engeren und zugleich natürlich=freien spirituellen Gemeinschaft leben zu können. Aber für ihn gibt es nur eine Gemeinschaft, die der Idee genügt: die Gemeinschaft der Heiligen, „der im höchsten Sinne Guten und Wahren". Zu ihr allein bekennt er sich; „solchen muß man ein schriftlich gutes Wort gönnen, aussprechen und auf dem Papier hinterlassen". Eine solche Gemeinschaft im Geiste läßt den Menschen innerlich und äußerlich völlig frei; sie verbindet ihn aber im Bewußtsein mit den Tiefen der Menschheit; im stillen hat sich Goethe einer solchen übersinnlichen Gemeinschaft immer zugerechnet. „Es war nie eine sichtbare Kirche auf Erden" (Brief des Pastors)

> Der Tempel steht, dem höchsten Sinn geweiht,
> auf Felsengrund in hehrer Einsamkeit.
> Daneben wohnt die fromme Pilgerschar,
> sie wechseln, gehend, kommend, Jahr für Jahr.
>
> So ruhig harrt ein wallendes Geschlecht,
> geschützt durch Mauern, mehr durch Licht und Recht,
> und wer sich dort sein Probejahr bestand,
> hat in der Welt gar einen eignen Stand.

Sein Christentum ist ferner ohne Gegensatz zur Natur, ohne Fremd= heitsgefühle der Natur gegenüber, es ist kein de profundis, es ist ohne Quietismus und Weltverneinung. Es möchte, daß „man sich doch ein= mal in der Welt zu Hause" fühlt „und nicht wie geborgt oder im Exil". Seine Forderung ist: diene der Wahrheit und dem Leben, in reinster Gesinnung, in entselbstigtem Wirken, in der der ganzen Mensch= heit geopferten Tat! Nur so versöhnt sich das Innerste dem Äußeren; nur durch immer tiefere Blicke in das Werden aller Welten erfaßt das Ich die Natur als einen Teil seines eignen Wesens.

Sein Christentum hat immer einen Hauch von Weltlichkeit in gutem Sinne, weil es spontan gelebt, in der freien Welt erworben und erprobt ist. Dies haben alle seine geistigen Begriffe: der Friede Gottes, die Liebe, die das Leben ist, der Heilige Geist — die Hymne veni creator spiritus nennt er einen Appell ans Genie! — seine

Läßlichkeit in der Beurteilung alles menschlichen Treibens, sein Op=
timismus, „daß es gegen das Böse manches Gleichgewicht gebe,
daß man sich von den Übeln wohl wiederherstelle, daß man sich von
Gefahren rette und nicht immer den Hals breche", bis zum Ver=
zeihen Mahadös, der in der verderbtesten Sünderin den guten Kern
erkennt und rettet.

> Doch der Götter=Jüngling hebet
> aus der Flamme sich empor,
> und in seinen Armen schwebet
> die Geliebte mit hervor.
> Es freut sich die Gottheit der reuigen Sünder:
> Unsterbliche heben verlorene Kinder
> mit feurigen Armen zum Himmel empor.

Noch tiefer als die Forderung, man solle seine Feinde lieben, erscheint
ihm der Gedanke, daß Gott sich auch des Widerwärtigen vorteilhaft
zu bedienen wisse, was nur wieder sagen will, daß Gott die Verselbstung
als notwendige Unterlage der Entselbstigung benütze.

Sein Christentum ist faustischen Geistes, es schaut nicht in unfrucht=
barer Sehnsucht zurück und hinüber, es will ein vollkommenes Wohnen
in sich selbst, zu immer tieferem Erwachen, es lebt bis zuletzt in der
Gesinnung: über Gräber vorwärts! Sein höchster Blick ist von
einem selbsterschaffenen Luginsland hinein in die neue Kultur, in das
neue Land, sein höchstes Erlebnis das Vorgefühl freieren und besseren
Menschentums, dem er die Lebensbedingungen geschaffen.

Man hat immer einen Widerspruch darin sehen wollen, daß Faust,
der sein ganzes Leben lang außer der Kirche strebt und kämpft und
noch zuletzt das reine Verhältnis zur Natur und die reine Tat im
Dienste der Menschheit als das Höchste erkennt, im katholischen Him=
mel endige. Wie hätte Goethe aber das Übersinnliche darstellen sollen,
welch anderer Gestaltenkomplex hätte ihm die Überlieferung bieten
können, um das auszudrücken, was er über die geistige Welt zu
sagen hatte? Goethe war sich vollkommen bewußt, daß es eben nur
Bilder sein können, die er übernimmt, für Wesen und Zustände, die
bild= und formlos sind. Er füllt sie mit einem Gehalt, der über die

kirchliche Anregung weit hinausgeht. „Ich hätte mich sehr leicht im Vagen verlieren können, wenn ich nicht meinen poetischen Intentionen durch die scharfumrissenen christlichkirchlichen Figuren und Vorstellungen eine wohltätig beschränkende Form und Festigkeit gegeben hätte."

Ein ganz allgemeiner, überkirchlich-absoluter Gehalt liegt auch in den Worten der Heiligen, der drei Patres, die drei Stufen, drei typische Seelenzustände darstellen auf dem Weg der Entselbstigung, die keiner Seele erspart werden können.

Der pater exstaticus zeigt den Weg der brennendsten Liebe, die in ihrer mentalen Reinheit und Glut des Menschen Ich durch und durch reinigt von allem Fremden, mit dem es sich als Erdenwesen verhaftete:

daß ja das Nichtige
alles verflüchtige,
glänze der Dauerstern,
ewiger Liebe Kern.

Der Weg des profundus ist die schauende Erkenntnis einer Seele, die, nachdem sie in innerlichem Feuer alles rein gebrannt, in entzückter Schau zur Außenwelt sich wendet: zur allmächtigen Liebe draußen, die alles bildet, alles hegt. Liebesboten, hierarchische Wesen in allem Sichtbaren: in dem Blitz, der die Atmosphäre reinigt, in dem Wasser, das sich liebevoll im Sausen in den Abgrund stürzt, in dem Baum, der sich mit kräftig eigenem Triebe himmelswärts aufschwingt; hier spricht, was ewig schaffend uns umwallt. So erweitert sich die Seele zur Welt, das Ich zu Gott, das Atman zum Brahman.

In dem seraphicus ist Inneres und Außeres, exstatische Liebe und schauende Erkenntnis vollkommen eins geworden. Er besitzt den Geist des Außeren und den Geist des Inneren in seiner höchsten Identität. Wenn der exstaticus von dem Heiligen Geist getragen und erfüllt ist, wenn der profundus das Reich des Sohnes im Anschauen Seiner Welt sucht, so ruht der seraphicus im innersten Herzen der Gott-Natur selbst. Alle Offenbarungen der Liebe kommen ihm entgegen, als ein Wissender spricht er von solcher Höhe, aus so tiefer Gestilltheit, so aus dem allerheiligsten Zentrum der Welt heraus, daß seine Worte nicht mehr für

163

den Himmel allein gelten, sondern eine feierlichste Mahnung sind an
alle Welten des einen Vaters überhaupt:

> Steigt hinan zu höhrem Kreise,
> wachset immer unvermerkt,
> wie, nach ewig reiner Weise,
> Gottes Gegenwart verstärkt.
> Denn dies ist der Geister Nahrung,
> die im freisten Äther waltet:
> ewigen Liebens Offenbarung,
> die zur Seligkeit entfaltet.

5. Urreligion

Was ist das Wesen des Goetheschen Geistes?

Es ist immer sein letztes Streben: durch die grenzenlose Vielheit, Besonderheit, Wandelbarkeit, durch die tausend und abertausend Bedingungen in aller Erscheinung zu dem einfachsten, dem Unbedingten, dem Urbedingenden hindurchzudringen. Goethe nennt es das Urphänomen. In allen Pflanzen und Tieren sucht sein Blick das Eine, das Wesen von Pflanze und Tier, an dem alle Teil haben, das in allen wirkt, das schöpferische Prinzip: Urpflanze und Urtier. Sie sind nicht nur das zeitlich Erste und Einfachste; sie stehen nicht in der sinnlichen Welt am Anfang: in der Welt der Ideen ist der Raum nicht unser Raum und die Zeit nicht unsere Zeit.

Ein hohes Urphänomen ist das Licht: das physische Licht Abglanz des Urlichts, dessen Gleichnis die Natur uns erleben läßt und das allen zuletzt verheißen ist.

> So im Kleinen ewig wie im Großen
> wirkt Natur, wirkt Menschengeist, und beide
> sind ein Abglanz jenes Urlichts droben,
> das unsichtbar alle Welt erleuchtet.

Auch das Urchristentum ist nicht so sehr historische Erscheinung, nach dem man sich zurücksehnt, als reine Auswirkung der Idee und so an keine Zeit gebunden.

Dies ist ein Geheimnis Goethes: während er in den Jahrtausenden menschlicher Tradition sich bewegt wie in seinem Hause, wird er nie zum historisch lebenden Menschen. Er findet das Ewige im Vorübergehenden, ohne dieses je in seiner Bedingtheit zu überschätzen. Er faßt die entferntesten Dinge zusammen, weil er alles Zusammengesetzte und Historische von den einfachsten Manifestationen des Geistes aus begreift. So geht eine Linie von seinen Forschungen über das Urge=

stein der Erde, der ersten Grundlage alles physischen Daseins, zu der Urreligion: der reinsten Idee der Religion, dem letzten Fundament seiner geistigen Existenz.

Solche Zusammenhänge bestehen. In der Studie über den Granit, eine seiner ersten wissenschaftlichen Neigungen, heißt es: er fürchte den Vorwurf nicht, daß es ein Geist des Widerspruchs sei, der ihn von der Betrachtung und Schilderung des menschlichen Herzens, des jüng= sten, beweglichsten, veränderlichsten, erschütterlichsten Teiles der Schöp= fung, zu der Betrachtung des ältesten, festesten, tiefsten, unerschütter= lichsten Sohnes der Natur geführt habe. Alle natürlichen Dinge stehen in einem genauen Zusammenhang. „Man gönne mir, der ich durch die Abwechslungen der menschlichen Gesinnungen, durch die schnellen Bewegungen derselben in mir selbst und in andern manches gelitten habe und leide, die erhabene Ruhe, die jene einsame stumme Nähe der großen leisesprechenden Natur gewährt.

Auf einem hohen nackten Gipfel sitzend und eine weite Gegend über= schauend, kann ich mir sagen: hier ruhst du unmittelbar auf einem Grunde, der bis zu den tiefsten Orten der Erde hinreicht, keine neuere Schicht, keine aufgehäuften zusammengeschwemmten Trümmer haben sich zwischen dich und den festen Boden der Urwelt gelegt; du gehst nicht wie in jenen fruchtbaren schönen Tälern über ein anhaltendes Grab, diese Gipfel haben nichts Lebendiges erzeugt und nichts Leben= diges verschlungen, sie sind vor allem Leben und über alles Leben.

In diesem Augenblick, da die innern anziehenden und bewegenden Kräfte der Erde gleichsam unmittelbar auf mich wirken, da die Ein= flüsse des Himmels mich näher umschweben, werde ich zu höheren Be= trachtungen der Natur hinaufgestimmt. Es wird ein Gleichnis in mir rege, dessen Erhabenheit ich nicht widerstehen kann. So einsam, sage ich zu mir selbst, indem ich diesen nackten Gipfel hinabsehe und kaum in der Ferne am Fuß ein gering wachsendes Moos erblicke: so einsam, sage ich, wird es dem Menschen zumute, der nur den ältesten, ersten, tiefsten Gefühlen der Wahrheit seine Seele eröffnen will.

Ja, er kann zu sich sagen: hier auf dem ältesten ewigen Altar, der unmittelbar auf die Tiefe der Schöpfung gebaut ist, bringe ich dem Wesen aller Wesen ein Opfer. Ich überschaue die ersten festesten An=

166

fänge unferes Dafeins, ich überfchaue die Welt, ihre fchrofferen und
gelinderen Täler und ihre fernen fruchtbaren Weiden, meine Seele wird
über fich felbft und über alles erhaben und fehnt fich nach dem näheren
Himmel." Nichts könnte beffer als dies Bild — Goethe vom Altar des
hohen kahlen Berggipfels, alles Leben überfchauend, dem Himmel nahe,
nur den älteften erften tiefften Gefühlen der Wahrheit fein Inneres
öffnend, dem Wefen aller Wefen opfernd — den Hauch, die Weite, die
Gelöftheit der Stimmung in uns erregen, in der wir Goethes eigenfte
Religion gefunden und gelebt denken müffen.

Diefes Bild — der Altar des Berggipfels — kehrt bei Goethe
immer wieder.

> Vom Gebirg zum Gebirg
> fchwebet der ewige Geift,
> ewigen Lebens ahndevoll.
>
> Und Altar des lieblichften Danks
> wird ihm des gefürchteten Gipfels
> fchneebehangner Scheitel,
> den mit Geifterreihen
> kränzten ahnende Völker.
> Du ftehft mit unerforfchtem Bufen
> Geheimnisvoll offenbar
> über der erftaunten Welt
> und fchauft aus Wolken
> auf ihre Reiche und Herrlichkeit,
> die du aus den Adern deiner Brüder
> neben dir wäfferft.

Dort hinauf eilen die Druiden:

> Doch eilen wir nach oben,
> begehn den alten heiligen Brauch,
> Allvater dort zu loben.

Dorthin zieht es des Menfchen Geift:

> Wenn wir in das Freie fchreiten,
> auf den Höhen, da ift Gott.

Goethe fchreibt am 22. März 1831, ein Jahr vor feinem Tode, an
Boifferée, er habe von Erfchaffung der Welt an keine Konfeffion ge=
funden, zu der er fich völlig hätte bekennen mögen.

Die Religion aber, zu der allein er sich rückhaltlos bekennt, ist die Idee der Religion selbst, das eine naheste einfachste und zugleich diffe= renzierteste Verhältnis von Mikrokosmos und Makrokosmos: die Ur= religion, von der die verschiedenen Weltreligionen nur differenzierte Erscheinungsformen zeigen. Sie ist Goethes eigentlichstes Geheimnis. Eine deutliche Frucht aber dieser Religion ist seine ihm so eigene Welt= frömmigkeit:

„Wir wollen der Hausfrömmigkeit das gebührende Lob nicht ent= ziehen: auf ihr gründet sich die Sicherheit des einzelnen, worauf zuletzt denn auch die Festigkeit und Würde des ganzen ruhen mag; aber sie reicht nicht mehr hin, wir müssen den Begriff einer Weltfrömmig= keit fassen, unsre redlich menschlichen Gesinnungen in einen praktischen Bezug ins Weite setzen und nicht nur unsre Nächsten fördern, sondern zugleich die ganze Menschheit mit= nehmen."

Wo finden wir bei Goethe das Wesen der Urreligion selbst dargestellt?

Daß sie schon die Sehnsucht des jungen Goethe als etwas fast Un= erreichbares ahnt, zeigt eine Stelle aus dem Aufsatz: Zwo biblische Fragen: „Die einzige brauchbare Religion muß einfach und warm sein; von der einzigen wahren haben wir nicht zu urteilen, wer will das echte Verhältnis der Seele gegen Gott be= stimmen als Gott selbst?"

Die Grundidee der Urreligion hätte Goethe dargestellt in dem Gedicht Die Geheimnisse, aus der ersten Hälfte der achtziger Jahre. Wir besitzen davon das Fragment der vierundvierzig Stanzen, gerade nur die Exposition, zu denen noch die vierzehn Stanzen der Zueignung und einige Bruchstücke kommen; außerdem noch eine Erklärung des Fragments, die Goethe 1816, also mehr als 30 Jahre später, auf eine Anfrage hin im Cottaschen Morgenblatt veröffentlichte, die aber das Rätsel durchaus nicht löst.

Da heißt es: der Hörer wäre im Geiste durch alle Länder und Zei= ten geführt worden, er hätte überall das Erfreulichste, was die Liebe Gottes und der Menschen unter so mancherlei Gestalten hervorbringt, erfahren, daraus sollte die angenehmste Empfindung entspringen, in= dem weder Abweichung, Mißbrauch noch Entstellung, wodurch jede

Religion in gewissen Epochen verhaßt wird, zur Erscheinung gekommen
wäre. Von jeder Religion sollte also das Reinste, Ursprünglichste
dargestellt werden, und zwar auf folgende Weise:

Ein junger Ordensgeistlicher, in einer gebirgigen Gegend verirrt,
trifft zuletzt in einem freundlichen Tale ein herrliches Gebäude, das
auf Wohnung von frommen geheimnisvollen Männern deutet. Bruder
Markus findet daselbst zwölf Ritter, welche nach überstandenem sturm-
vollen Leben endlich hier zu wohnen und Gott im stillen zu dienen
Verpflichtung übernommen. Ein dreizehnter, den sie für ihren Oberen
erkennen, Humanus, ist eben im Begriff, von ihnen zu scheiden. Wir
erfahren vorher seine Geschichte. Diese erzählt jedoch nicht er allein,
jeder von den zwölfen, mit denen er sämtlich im Lauf der Zeiten in
Berührung gekommen, kann von einem Teil dieses großen Lebens-
wandels Nachricht und Auskunft geben.

Hier würde sich denn gefunden haben, daß jede besondere Religion
einen Moment ihrer höchsten Blüte und Frucht erreicht hat, worin sie
jenem obern Führer und Vermittler sich angenaht, ja sich mit ihm vollkommen vereinigt. Diese Epochen sollten in jenen zwölf Repräsentanten
verkörpert und fixiert erscheinen, so daß man jede Anerkennung Gottes
und der Tugend, sie zeige sich in noch so wunderbarer Gestalt, doch
immer aller Ehren, aller Liebe würdig müßte gefunden haben. Und
nun konnte nach langem Zusammenleben Humanus gar wohl von ihnen
scheiden, weil sein Geist sich in ihnen allen verkörpert, allen angehörig,
keines irdischen Gewandes mehr bedarf.

Dies ist also die Grundidee: Humanus, der Mittelpunkt der Gemeinschaft, ist der führende Geist der Menschheit. Seine Geschichte
kann nur in einer Stufenfolge von Offenbarungen in den verschiedenen
zeitlich einander folgenden Religionen begriffen werden. (Hegel hat
diesen Gedanken dann weiter ausgeführt.) Der Geist der Menschheit
offenbart sich am reinsten immer da, wo ein neues Erleben der übersinnlichen Welt in die Erscheinung tritt. Gott ist mit den großen Stif-
tern selbst, der höchste Geist der Menschheit verkörpert sich in ihnen.
Indem sie alle in ihm leben und von ihm inspiriert sind, lassen sie sich
zuletzt alle sehr gut im Geist des völlig bewußt gewordenen Menschen
wieder vereinigen. In dem Augenblick aber, da die zwölf Ritter-Mönche

—es sind geistliche Ritter wie die Diener des Gral, wie die Templer—
wirklich eins geworden sind, kann der Führer der Menschheit, der früher
vorzüglich bei jeweils einer in die Wirklichkeit tretenden Religion ist,
Abschied nehmen; er verkörpert sich ja dann in ihrer spirituellen Ge=
meinschaft, er geht in sie ein, er lebt in ihrem Bewußtsein.

Dies ist die letzte und höchste Idee der Geheimnisse; sobald die Mensch=
heit wirklich im Geiste eins geworden ist (nicht nur durch Verkehr,
Zivilisation, Sprache, Bündnisse, was nur Vorbedingungen wären),
sobald sie sich durch die verschiedenen Bekenntnisse nicht mehr zerrissen
fühlt, dann ist das Ziel der Menschheitsentwicklung überhaupt erreicht:
Humanus lebt dann gleichmäßig in allen, alles in der Wahrheit ver=
einigend, was vorher auseinanderfiel. An seine Stelle kann nun Bru=
der Markus treten.

Die Erklärung des Fragments spricht von wunderbarer Schickung,
die den armen Pilgrim Markus in die hohe Stellung einsetzt, das Ge=
dicht von den Befehlen höherer Wesen, die ihn senden.

> Was er erzählet, wirkt wie tiefe Lehren
> der Weisheit, die von Kinderlippen schallt:
> an Offenheit, an Unschuld der Gebärde
> scheint er ein Kind von einer andern Erde.

Markus offenbart die reinste wahrhafteste schlichteste Gesinnung christ=
lichen Jüngertums. Wie Christus sich an alle Menschen richtet, so ist
es dem vorherbestimmt, über den Religionen einzelner Völker zu stehen,
der seinen Geist am treusten verkörpert. Er bringt das Edelste, das
Unentbehrlichste mit, was der Mensch besitzen kann und soll; er wird
würdig befunden, alle Geheimnisse zu erfahren, die die andern besitzen
und die der Fremdling zunächst bei seinem Eintritt unmöglich erraten
kann. Die geheimnisvolle Brüderschaft, die die letzte zukünftige Lebens=
gemeinschaft schon jetzt ideell im Verborgenen darstellt, ist umgeben
mit dem ganzen Zauber tiefer dem Uneingeweihten unverständlicher
Symbole, feierlicher Riten und seltsamer Gebräuche.

> Was hier verborgen, ist nicht zu erraten,
> man zeige denn es dir vertraulich an:
> du ahnest wohl, wie manches hier gelitten,
> gelebt, verloren ward, und was erstritten.

> Doch glaube nicht, daß nur von alten Zeiten
> der Greis erzählt — hier geht noch manches vor,
> das was du siehst, will mehr und mehr bedeuten,
> ein Teppich deckt es bald und bald ein Flor.
> Beliebt es dir, so magst du dich bereiten!
> Du kamst, o Freund, nur erst durchs erste Tor:
> im Vorhof bist du freundlich aufgenommen,
> und scheinst mir wert, ins Innerste zu kommen.

Wir müssen es als schmerzlich empfinden, daß das Fragment der Ge=
heimnisse da abbricht, wo auch wir noch im Vorhof stehen und die
Symbole und Erscheinungen kaum zu deuten sind. Wir erfahren nichts
von den verschiedenen Individualitäten der Zwölf. Wir wissen nicht,
wie Goethe damals die einzelnen Weltreligionen ihrer höchsten Idee
nach zu erfassen vermocht hätte. Nur das Gesetz hören wir, dem sich
alle beugen, das fundamentalste Gesetz aller geistigen Gemeinschaft, das
alle anerkennen und das die erste Bedingung jeder Aufnahme in ihren
Bund ist: das Gesetz der Selbstbezwingung.

> Von der Gewalt, die alle Wesen bindet,
> befreit der Mensch sich, der sich überwindet.

Jeder muß dies höchste Gesetz freiwillig auf sich nehmen.

> Das Opfer, das die Liebe bringt,
> es ist das teuerste von allen;
> doch wer sein Eigenstes bezwingt,
> dem ist das schönste Los gefallen.

Aber wir erfahren nichts von der Geschichte der einzelnen Ritter. Das
Gedicht ist wohl unvollendet geblieben, weil Goethe damals, in den
achtziger Jahren, das ungeheure Material noch nicht selbständig durch=
lebt und durchdrungen hatte. Er selbst sagt später zu Boisserée, er habe
es zu groß angelegt. Erst die Noten zum Divan, erst Dichtung und
Wahrheit geben ausführliche Studien über einzelne große Weltreli=
gionen; zwei Beispiele mögen zeigen, wie Goethe den Geist östlicher
Religionen aufnahm und so mit innerlichstem Gefühl und Leben
durchdrang, daß er die große Einheit von Gott und Natur selbst
durch die Gefühlssphäre und Gedankenwelt der fremden Religionen
zu erleben vermochte.

Das schönste dieser Zeugnisse ist seine Studie über die Lichtreligion der älteren Perser. Dieser mußte er besonders nahe kommen. Man erinnere sich, wie der Knabe der aufgehenden Sonne opfert, wie der alte Goethe Christus und die Sonne als zwei gleich erhabene Manifestationen des einen Gottes auffaßt. Das Licht der Sonne ist wunderbar bedeutend für sein Leben. Mittags Schlag 12 Uhr kommt Goethe auf die Welt, und als er stirbt, ist es wieder beinahe zur Zeit ihrer Kulmination.

Faust beginnt mit dem großen erhaben feierlichen Ton der Sonne in der Sphärenharmonie der Welten:

> Die Sonne tönt, nach alter Weise,
> in Brudersphären Wettgesang,
> und ihre vorgeschriebne Reise
> vollendet sie mit Donnergang.

Faust, im zweiten Teil, erwacht, die aufgehende Sonne zu feiern, die alles Eigenwesen schmelzende Urkraft höchsten glühendsten Lebens:

> Nun aber bricht aus jenen ewigen Gründen
> ein Flammenübermaß, wir stehn betroffen;
> des Lebens Fackel wollten wir entzünden,
> ein Feuermeer umschlingt uns, welch ein Feuer!

Die Farbenlehre spricht von dem Erlebnis der geistigen Einheit des geheimnisvoll klaren Lichts: das Licht sei etwas, das man nicht analysieren könne. Sein Wesen können wir nur in seinen Wirkungen erfassen. Und so seien die Farben die Taten des Lichts, Taten und Leiden; „in diesem Sinne können wir von denselben Aufschlüsse über das Licht erwarten".

„Die Neueren machen das Licht zum Gegenstand, den es doch nur zeigen soll." (Zu Jean Paul)

In der Kosmogonie sieht Goethe auf die Zeiträume, wo das Licht in die Erscheinung tritt. Es wirkt von dem Augenblick an, wo die Elohim „dem unendlichen Sein die Fähigkeit geben, sich auszudehnen, sich gegen sie zu bewegen"

Ein höchstes Erlebnis des Menschen ist, sich als Kind des Lichts zu erfahren. „Das Licht und Farbenwesen verschlingt immer mehr meine Gedankenfähigkeit und ich darf mich wohl von dieser Seite ein Kind des Lichts nennen."

Der reinste Zustand des eigenen Geistes erscheint ihm als lautere Sonnenklarheit.

> Wenn das Gefühl sich herzlich oft in Dämmrung freut,
> so gnüget heitre Sonnenklarheit nur dem Geist.

> Ich träumt und liebte sonnenklar,
> daß ich lebte, ward ich gewahr.

Die Welt nimmt dies Licht nicht an, in ihr ist die Nacht vorherrschend. Wir fühlen in der Welt immer eine Trennung vom Licht.

In uns selbst Tag und Nacht, Licht und Schatten: „Lieben und Haffen, Hoffen und Fürchten sind auch nur differente Zustände unfres trüben Inneren, durch welches der Geist entweder nach der Licht- oder Schattenseite hinsieht. Blicken wir durch die trübe organische Umgebung nach dem Lichte hin, so lieben und hoffen wir; blicken wir nach dem Finstern, so haffen und fürchten wir.“

Es ist „im Wissenschaftlichen, wie in allem Irdischen, die Nacht mächtiger als der Tag: denn wieviel Dunst und Wolken, wie mancher Nebel und Höhenrauch, ja beim heiterften Himmel die notwendige Trübe der Atmosphäre und die klimatischen Lagen, wie verkümmern sie uns den Lichtanteil, der von der Sonne gern immer gleich tätig zu uns herabkäme! Diese Betrachtung bestimmte mich, das Klare vor dem Trüben, das Verständige vor dem Ahndungsvollen vorwalten zu laffen, damit bei Darstellung des Außern das Innere im stillen geehrt würde.“

Dies ist die Aufgabe: dem Licht zu dienen, es in der echten Wissenschaft zu erfüllen, es in schöner Tat zu verkörpern, seine Herrschaft damit zu festigen, seine unendliche Reinheit zu verkündigen. Sein Geist ist unfer Geist, ist unsere eigene gestaltende Kraft, es gestaltet sich in uns die Organe, die von außen es aufzunehmen fähig werden.

> Wär nicht das Auge sonnenhaft,
> wie könnten wir das Licht erblicken?
> Lebt nicht in uns des Gottes eigne Kraft,
> wie könnt uns Göttliches entzücken?

„Das Auge hat sein Dasein dem Licht zu danken. Aus gleichgültigen tierischen Hilfsorganen ruft sich das Licht ein Organ hervor, das seinesgleichen werde; und so bildet sich das Auge am Licht fürs Licht, damit das innere Licht dem äußeren entgegentrete."

Von diesem innern Licht aber heißt es in Ottiliens Tagebuch: „Man mag sich stellen, wie man will, und man denkt sich immer sehend. Ich glaube, der Mensch träumt nur, damit er nicht aufhört zu sehen. Es könnte wohl sein, daß das innere Licht einmal aus uns heraustrete, so daß wir keines anderen mehr bedürften."

Dies alles muß man zusammennehmen, um zu verstehen, was Goethe in der Religion der alten Parsen so anzieht. Er sagt:

„Auf das Anschauen der Natur gründete sich der alten Parsen Gottes= verehrung. Sie wendeten sich, den Schöpfer anbetend, gegen die auf= gehende Sonne, als der auffallend herrlichsten Erscheinung. Dort glaubten sie den Thron Gottes, von Engeln umfunkelt, zu erblicken. Die Glorie dieses herzerhebenden Dienstes konnte sich jeder, auch der geringste, täglich vergegenwärtigen. Aus der Hütte trat der Arme, der Krieger aus dem Zelt hervor, und die religioseste aller Funktionen war vollbracht. Dem neugeborenen Kinde erteilte man die Feuertaufe in solchen Strahlen, und den ganzen Tag über, das ganze Leben hin= durch sah der Parse sich von dem Urgestirn bei allen seinen Hand= lungen begleitet."

„Die alten Parsen verehrten aber nicht nur das Feuer; ihre Re= ligion ist durchaus auf die Würde der sämtlichen Elemente gegründet, insofern sie das Dasein und die Macht Gottes verkündigen. Daher die heilige Scheu, das Wasser, die Luft, die Erde zu besudeln. Eine solche Ehrfurcht vor allem was den Menschen Natürliches umgibt, leitet auf alle bürgerlichen Tugenden. Aufmerksamkeit, Reinlichkeit, Fleiß wird angeregt und genährt."

Die Reinheit von Haus, Straße und Feld soll die Reinheit des Lichts darstellen.

Alles geschehe im Dienst des Lichts: ob der Mensch das Feld ins reine gräbt, ob er pflanze oder reines Wasser in reine Kanäle leite. „Eine so zarte Religion, gegründet auf die Allgegenwart Gottes in seinen Werken der Sinneswelt, muß einen eigenen Einfluß auf die Sitten ausüben."

174

Dies alles faßt das Vermächtnis altperſiſchen Glaubens
noch einmal zuſammen:

Ich fühlte, fühlte
tauſendmal, in ſo viel Lebenstagen,
mich mit ihr, der kommenden, getragen,
Gott auf ſeinem Throne zu erkennen,
ihn den Herrn des Lebensquells zu nennen,
jenes hohen Anblicks wert zu handeln
und in ſeinem Lichte fortzuwandeln.

So führt dieſe Religion des Menſchen Seele zur geiſtigen Einheit mit
der Natur zurück, niemand braucht aus ihr herauszutreten wer ſich zu
dem Licht bekennt, wer' das Licht in ſich erfüllt, ihm dient, und ſo Welt
und Geiſt zuſammenfaßt.

Ein zweites Beiſpiel, wie Goethe die geiſtige Intention einer Welt=
religion in ſein Leben aufnimmt, iſt ſein Verhältnis zum Islam.
Die Religion des Islam iſt die Antitheſe eines reinen Naturdienſtes,
denn hier ſteht im Mittelpunkt, was dort ganz zurücktritt: des Men=
ſchen Verhältnis zum Schickſal. Der Islam, ſeiner reinſten und
einfachſten Idee nach, iſt für Goethe die Religion der Gottergebenheit.

Dieſe mohammedaniſche Religion gibt „Raum einer Poeſie wie ſie
meinen Jahren ziemt. Unbedingtes Ergeben in den unergründlichen
Willen Gottes, heiterer Überblick des beweglichen, immer kreis= und
ſpiralartig wiederkehrenden Erdetreibens, Liebe, Neigung zwiſchen zwei
Welten ſchwebend, alles Reale geläutert, ſich ſymboliſch auflöſend."

Auch die Übung der Gottergebenheit geht durch ſein ganzes Leben.
Der einzelne „vermag ſeine Verwandtſchaft mit der Gottheit nur da=
durch zu betätigen, daß er ſich unterwirft und anbetet."

Er ſchreibt ſchon 1770: „Wer nicht wie Elieſer, mit völliger Re=
ſignation in ſeines Gottes überall einfließende Weisheit, das Schick=
ſal einer ganzen zukünftigen Welt dem Tränken der Kamele überlaſſen
kann, der iſt freilich übel dran, dem iſt nicht zu helfen," an Sophie
Laroche, 1774: „Ich muß die Welt laſſen wie ſie iſt, und dem heiligen
Sebaſtian gleich, an meinen Baum gebunden, die Pfeile in den Ner=
ven Gott loben und preiſen." 1775 notiert er in ſein Tagebuch: „Be=
dingungsloſe Ergebenheit in das liebe unſichtbare Ding, das

175

mich leitet und schult". In der Kampagne in Frankreich heißt
es: „Zwischen ansteckende Kranke gepackt, wußt ich von keiner Appre=
hension. Der Mensch, wenn er sich getreu bleibt, findet zu jedem Zu=
stand eine hilfreiche Maxime; mir stellte sich, sobald die Gefahr groß
ward, der blindeste Fatalismus zur Hand, und ich habe bemerkt, daß
Menschen, die ein durchaus gefährlich Metier treiben, sich durch den=
selben Glauben gestählt und gestärkt fühlen. Die mohammedanische Re=
ligion gibt hiervon den besten Beweis."

> Wenn Islam Gott ergeben heißt,
> in Islam leben und sterben wir alle.

Parabeln stellten die wunderbaren Führungen und Fügungen dar, die
aus unerforschlichen unbegreiflichen Ratschlüssen Gottes hervorgehen;
sie lehren und bestätigen den eigentlichen Islam, die unbedingte
Ergebung in den Willen Gottes, die Überzeugung, daß nie=
mand seinem einmal bestimmten Lose ausweichen könne.
Durch das Buch der Betrachtungen aber werde man auf jene Punkte
geführt, wo die seltsamsten Probleme des Erdelebens strack und uner=
bittlich vor uns stehen und uns nötigen, dem Zufall, einer Vorsehung
und ihren unerforschlichen Ratschlüssen die Kniee zu beugen und un=
bedingte Ergebung als höchstes politisch=sittlich=religiöses Gesetz auszu=
sprechen.

Wir stehen damit vor Goethes Verhältnis zum Schicksal und vor
seiner Auffassung des Tragischen überhaupt.

Das Tragische eines Lebens beginnt da, wo der Mensch mit end=
lichen Kräften in das Ungeheuere eines ablaufenden Gesamtschicksals
bestimmend eingreifen will. Wo in dem großen Gang der Ereignisse
die Fehler und Verbrechen aller Generationen sich forterben, wo
man jeden Tag fürchten muß, „daß eine frische Maske der allgemeinen
Schicksalshydra vor uns aufsteige," muß das Schicksal des Ganzen
das des Einzelnen, der dem Ganzen nicht in reinster Gesinnung und
bei völliger Bewußtheit und wirklichem Gefühl für den notwendigen
Gang des Ganzen dient, sondern der sich anmaßt, das Ganze nach
seinem Eigenwollen zu beeinflussen, unbedingt zerstören.

176

„Shakespeares Stücke drehen sich alle um den geheimen Punkt, den noch kein Philosoph gesehen und bestimmt hat, in dem das Eigentümliche unseres Ichs, die prätendierte Freiheit unseres Willens, mit dem notwendigen Gang des Ganzen zusammenstößt."

Hier kann nur eines retten: die Erkenntnis aller Notwendigkeiten, die unbedingteste höchstentselbstigte Ergebenheit. Dies ist kein dumpfer Fatalismus. Das unaufhaltsame Schicksal, dem sich der Mensch erkennend unterwirft, ist das Gesetz der Notwendigkeit alles Geschehens, einer Notwendigkeit, die durchaus seelisch-geistiger Natur ist. Der Geist wirkt nichts ungerecht und nichts umsonst. Das Gesetz täuscht uns, wenn wir nur Bruchstücke des großen Zusammenhangs, nur Spiegelungen des Wesenhaften erleben. Indem der Mensch sich die Ruhe der Ergebenheit erringt, unterwirft er sich nicht einer sinnlosen Naturmacht. Ergebenheit führt weder zu hoffnungsloser Resignation noch zu quietistischer Weltflucht. Goethe sagt, man dürfe sich über alle Peinigungen des Schicksals nicht beklagen, so weh es auch tue. Das Schicksal ist eine wohltätige Macht. Auch ist die Resignation jeden Augenblick bereit, in Tätigkeit überzugehen. „Die menschliche Natur scheint eine völlige Entsagung nicht allzu lang ertragen zu können. Die Hoffnung muß wieder eintreten, und dann kommt ja auch sogleich die Tätigkeit wieder, durch welche, wenn man es genau besieht, die Hoffnung in jedem Augenblick realisiert wird."

Gottergebenheit führt zur Geduld, einem süßen Gefühl, sie kann dies nur, weil sie im Innersten weiß, daß nichts sinnlos und ungerecht ist, was geschieht, daß tiefe Geduld höchste Geistesstärke im Erleiden ist und jeden Augenblick in energischste Aktivität übergehen kann. In den Wanderjahren heißt es:

„Daß der Mensch ins Unvermeidliche sich füge, darauf dringen alle Religionen, jede sucht auf ihre Weise mit dieser Aufgabe fertig zu werden. Die christliche hilft durch Glaube, Liebe, Hoffnung gar anmutig nach, daraus entsteht die Geduld, ein süßes Gefühl, was eine schätzbare Gabe des Daseins bleibe, auch wenn ihm, anstatt des gewünschten Genusses, das widerwärtigste Leiden aufgebürdet wird."

„Glaube, Liebe, Hoffnung fühlten einst in ruhiger geselliger Stunde einen plastischen Trieb in ihrer Natur, sie befleißigten sich zusammen

und schufen ein liebliches Gebilde, eine Pandora im höheren Sinne
die Geduld."

So fern ist Gottergebenheit jeder bittern, trostlosen, weltmüden Ver=
neinung, so sehr ist sie konzentriertestes Seelenleben! Die echte Nach=
folge Christi verlangt nichts Höheres. Nicht mein, sondern dein
Wille geschehe! So bis an die Wurzeln durchchristet ist dieser Fa=
talismus!

„Zuversicht und Ergebung sind die echten Grundlagen jeder besseren
Religion, und die Unterordnung unter einen höheren, die Ereignisse
ordnenden Willen, den wir nicht begreifen, eben weil er höher als
unsere Vernunft und unser Verstand ist. Der Islam und die refor=
mierte Kirche sind sich hier am ähnlichsten."

Er schreibt 1782 an Plessing: „Soviel kann ich Sie versichern, daß
ich mitten im Glück in einem anhaltenden Entsagen lebe und bei aller
Mühe und Arbeit sehe, daß nicht mein Wille, sondern der einer höheren
Macht geschieht, deren Gedanken nicht meine Gedanken sind."

Sankt Rochus ist der Gnade gewürdigt worden, vor Gottes Thron
zu stehen, gleich allen denen, die wir als Heilige verehren, „weil er die
vorzüglichste Eigenschaft besaß, die alles übrige in sich schließt: eine un=
bedingte Ergebenheit in den Willen Gottes. Denn obgleich kein
sterblicher Mensch sich anmaßen dürfte, Gott gleich oder demselben auch
nur ähnlich zu werden, so bewirkt doch schon eine unbegrenzte Hin=
gebung in seinen heiligen Willen die erste und sicherste Annäherung
an das höchste Wesen. Eine solche Ergebung in den Willen Gottes,
so hoch verdienstlich sie auch gepriesen werden kann, wäre jedoch un=
fruchtbar geblieben, wenn der fromme Jüngling nicht seine Nächsten
wie sich selbst, ja mehr wie sich selbst geliebt hätte."

Der dämonische Mensch aber, in dem alles Schicksal in stärkeren
Kontrasten, in jäheren Wendungen rasch und rastlos sich auswirkt,
neigt immer zu einem ausgesprochenen Fatalismus. Egmont fühlt
deutlich, wie das aus tieferen Schichten des Innern wirkende Wesen,
die unsichtbar treibenden Geister, dem bewußten Willen gegenüber un=
bedingt überlegen und ganz übermächtig sind. „Es glaubt der Mensch
sein Leben zu leiten, sich selbst zu führen, und sein Innerstes wird un=
widerstehlich nach seinem Schicksal gezogen." Dem wachen Verstand

178

des hellen Tagesbewußtseins müssen die Tiefen des Gesetzes immer
verhüllt bleiben. Was wir unbewußt leben und aus dem Unterbewußten
heraus bejahen, darüber vermögen wir selten uns Rechenschaft zu geben.
In unserer schmalen oberen Bewußtseinsschicht sind wir, vom Alltag
hingenommen, zu schnell bereit, alles was Ahnung und Leben schon
bejaht, im Verstand zu verneinen, zu sündigen in sinnloser Auflehnung
gegen das Unerbittliche, das Notwendige, das scheinbar Starre des
Weltgesetzes, „wo übermächtige Sterne" zwingen, wo „unsre Taten
selbst, so gut als unsre Leiden" unsres Leben Gang hemmen, wo aller
bewußte Eigenwille machtlos wird. Die Ungleichheiten der Schicksale
erscheinen unbegreiflich, weil wir vergleichen, wo wir nicht mehr ver=
gleichen dürfen.

> Denn ein Gott hat
> jedem seine Bahn
> vorgezeichnet,
> die der Glückliche
> rasch zum freudigen
> Ziele rennt;
> wem aber Unglück
> das Herz zusammenzog,
> er sträubt vergebens
> sich gegen die Schranken
> des ehernen Fadens,
> den die doch bittre Schere
> nur einmal löst.

„Die Geheimnisse der Lebenspfade darf und soll man nicht offen=
baren; es gibt Steine des Anstoßes, über die ein jeder Wanderer stol=
pern muß. Der Poet aber deutet auf die Stelle hin."

Und doch ahnt der Tagesmensch, daß jenes strenge Wort: dir kannst
du nicht entfliehn! bei tieferer Bewußtheit des Ichs alles Herbe ver=
lieren müßte. Wir fühlen, daß uns nichts Willkürliches widerfährt,
daß uns nichts Fremdes zustößt, daß alles, was uns begegnet, zu
unserm eigensten Wesen gehört. Nur sind uns diese Tiefen des Innern,
die schicksalswirkenden, nicht aufgetan. Wir bescheiden uns, wir
spüren:

> Nach ewigen ehrnen
> großen Gesetzen

müssen wir alle
unseres Daseins
Kreise vollenden.

Wir erfahren, wie alles Gute wie Früchte schicksalsreif werden und
verdient sein muß.

Wie man den König an dem Übermaß
der Gaben kennt — denn ihm muß wenig scheinen,
was Tausenden schon Reichtum ist — so kennt
man euch, ihr Götter, an gesparten, lang
und weise zubereiteten Geschenken.
Denn ihr allein wißt, was uns frommen kann,
und schaut der Zukunft ausgedehntes Reich,
wenn jedes Abends Stern- und Nebelhülle
die Aussicht uns verdeckt. Gelassen hört
ihr unser Flehn, das um Beschleunigung
euch kindisch bittet; aber eure Hand
bricht unreif nie die goldnen Himmelsfrüchte,
und wehe dem, der, ungeduldig sie
ertrotzend, saure Speise sich zum Tod
genießt!

Man wird in jedem Verhältnis zum Schicksal eine mehr esoterische
und eine mehr exoterische Seite unterscheiden. Das Esoterische ist die
genaue Erkenntnis der unbedingten Gerechtigkeit alles Schicksals, die
klare Überzeugung und letzte Einsicht, daß alle Schicksalsschläge geist-
gewollte Läuterung sind. Goethe stand einer so vergeistigten Auffassung
des seelischen Weltgesetzes von Jugend auf nahe. „Das rücksichtslose
Schicksal, wenn es die reifen Gaben trifft, zerknittert nur das Stroh,
die Körner aber spüren nichts davon und springen lustig auf der Tenne
hin und wieder, unbekümmert, ob sie zur Mühle, ob sie zum Saat-
feld wandern."

Dieses aus dem innersten ewigen Selbst des Menschen heraus wirkende Schicksal macht still und erregt Ehrfurcht. „Wenn gewöhnliche
Menschen, durch gemeine Verlegenheiten des Tags zu einem leidenschaftlich ängstlichen Betragen aufgeregt, uns ein mitleidiges Lächeln
abnötigen, so betrachten wir dagegen mit Ehrfurcht ein Gemüt, in
welchem die Saat eines großen Schicksals ausgesäet worden, das die
Entwickelung dieser Empfängnis abwarten muß und weder das Gute

noch das Böse, weder das Glückliche noch das Unglückliche, was dar=
aus entspringen soll, beschleunigen darf und kann.“

Wer mit Goethe schauen kann, wie aus der Konstellation von vier
Menschen das ungeheuerste Geschick mit innerer Notwendigkeit aus
der Gesamtheit einer seelischen Atmosphäre heraus langsam wächst
und sich entwickelt, für den bleiben die Vorstellungen weitsichtiger
Götter, die mehr oder weniger rationalistischen Begriffe von Nemesis,
göttlicher Vorsehung, Fügung einer höheren Intelligenz, moralischer
Weltordnung alle exoterisch: Namen für etwas, das wir lieber von
außen bewirkt denken, was wir aus den geistigen Kräften der Wesen
selbst so schwer ableiten können. Wir haben uns zu sehr gewöhnt, die
höhere Intelligenz, die moralische Weltordnung als außer und über
den Dingen wirksam zu denken. In Wirklichkeit drücken diese Be=
griffe nur die geistige Seite des Schicksalsgesetzes aus, das in uns
selbst wirkt und das zugleich Tiefen der Welt umfaßt, in denen sich
auch Prometheus geborgen fühlt.

Und doch sind jene exoterischen Begriffe wieder berechtigt, wenn sie
auf höhere Absicht, auf leise Einwirkung teilnehmender und führender
Mächte deuten. Es geschehen Dinge, die uns vor Augen führen, daß zu
den Auswirkungen des eingeborenen Schicksals eines jeden noch etwas
hinzukommt. Schwerer wie irgendwo ist hier die Grenze zwischen innen
und außen zu erkennen. Es sind die eigentlichen Geheimnisse des mensch=
lichen Lebens.

> Was geschehen soll, es wird geschehen! In ganz gemeinen
> Dingen hängt viel von Wahl und Wollen ab; das Höchste,
> was uns begegnet, kommt wer weiß woher.

Was können wir von innen gewirkt, was von außen verursacht an=
nehmen? Goethe deutet darauf in folgenden Worten: „Fehler der In=
dividualität als solcher gäbe die moralische Weltordnung jedem zu und
nach; darüber möge jeder mit sich selbst fertig werden und bestrafe sich
auch selbst dafür, aber wo man über die Grenzen der Indivualität
hinausgreife, frevelnd, störend, unwahr, da verhänge die Nemesis früh
oder spät angemessene Strafe.“ So sei in Kotzebues Tod eine gewisse
Folge einer höheren Weltordnung erkennbar. Indem der Mensch in
den wahren Gang des großen Schicksals der Welt willkürlich störend

einwirkt, ruft er eine Gegenwirkung auf, wie sie in dem gewaltsamen
Ende von Kotzebue zum Ausdruck kommt. Je weiter der Kreis ist, der
durch die Willkür des einzelnen, durch „das Unwahre", gestört ist,
umsomehr erscheint das Gesetz der fortwirkenden Tat als Nemesis.
Aber dies ist nur ein Fall von vielen, wo wir ein Einwirken oder
Rückwirken von außen ahnen müssen. Goethes Denken ist hier resig=
nierter als in irgend einem andern Fall. Es komme im Leben aufs
Leben und nicht aufs Resultat an, man habe den Geringsten mit Ach=
tung anzusehen, „wenn wir in seiner einfachen Geschichte bemerken,
daß eine höhere Hand sich vorbehalten hat, unsichtbar einzugreifen und
dem Verdüsterten, Trübseligen, im Augenblick Hilflosen über einige
Schritte hinweg auf eine glatte Bahn zu helfen.'

„Man glaubt doch zuletzt eine moralische Weltordnung zu erblicken,
welche Mittel und Wege kennt, einen im Grunde guten, fähigen, rüh=
rigen, ja unruhigen Menschen auf diesen Erdenräumen zu beschäftigen,
zu prüfen, zu ernähren, zu erhalten, ihm zuletzt durch Ausbildung zu
beschwichtigen und mit einer geringen Ruhestelle für seine Leiden zu
entschädigen." Um den mit dürftigem Geschick kämpfenden tätigen guten
Menschen fortzuhelfen, bediene sich die Vorsehung öfters gleichgültiger
Personen, die sich in einem behaglichen Zustande befinden, als Werk=
zeuge, welche unbewußt höherem Zwecke zu Dienste stehen. „Das alte
wunderliche Beispiel ist mir immer im Leben gegenwärtig gewesen,
wie ein guter, ehrlicher Landmann und Hausvater seinen Schnittern
das ersehnte Mus zur Erquickung bringen will, von dem Engel aber
beim Schopfe ergriffen den Propheten in der Löwengrube speisen muß.
Bei einem langen Leben konnte man ähnliche Erfahrungen gar öfters
machen."

„Ich will nicht untersuchen, was an dieser Lehre — daß dem Men=
schen nichts begegnen könne als was ihm von einer alles leitenden
Gottheit längst bestimmt worden — Wahres oder Falsches, Nützliches
oder Schädliches sein mag; aber im Grunde liegt von diesem Glauben
doch etwas in uns allen, auch ohne daß es uns gelehrt worden. Die
Kugel, auf der mein Name nicht geschrieben steht, wird mich nicht
treffen, sagt der Soldat in der Schlacht, und wie sollte er ohne diese
Zuversicht in den dringendsten Gefahren Mut und Heiterkeit behalten!

Die Lehre des christlichen Glaubens: kein Sperling fällt vom Dache ohne den Willen eures Vaters, ist aus derselben Quelle hervorgegangen und deutet auf eine Vorsehung, die das kleinste im Auge behält und ohne deren Willen und Zulassen nichts geschehen kann."

„Ein höherer Entschluß begünstigt die Standhaften, die Tätigen, die Verständigen, die Geregelten und Regelnden, die Menschlichen, die Frommen. Und hier erscheint die moralische Weltordnung in ihrer schönsten Offenbarung, da wo sie dem guten, dem wacker Leidenden mittelbar zu Hilfe kommt."

Wilhelm Meister scheine nichts anderes sagen zu wollen, als daß der Mensch trotz aller Dummheiten und Verwirrungen, von einer höheren Hand geleitet, dennoch zum glücklichen Ziele gelange.

> Der Glückliche glaubt nicht,
> daß noch Wunder geschehn! denn nur im Elend erkennt man
> Gottes Hand und Finger, der gute Menschen zum Guten
> leitet.

Goethes Erkenntnisdrang resigniert hier vor der Tiefe des Lebens. Praktisch genommen, lasse sich Glaube und Aberglaube nicht unterscheiden; man tue wohl, „sich in diesen bedenklichen Regionen nicht zu lange aufzuhalten, sondern dergleichen Vorfallenheiten als symbolische Andeutungen, sittliches Gleichnis und Erweckung des guten Sinnes zu benutzen: denn es möchte doch immer gleich schädlich sein, sich von dem Unerforschlichen ganz abzusondern oder mit demselben eine allzu enge Verbindung sich anzumaßen." Und als Rochlitz, in einem Gespräch nach jenen historischen Tagen des Jahres 1813 Gott die Ehre geben und seine moralische Weltregierung laut anerkennen will, bleibt Goethe plötzlich stehen und sagt in feierlichem Tone: „Anerkennen? Wer muß das nicht? Ich aber schweigend." — Schweigend? — „Wer kann es ausreden außer allenfalls für sich selbst? für andere wer? Und wenn er weiß, daß er es nicht kann, so ist es ihm nicht erlaubt."

Seine Gedanken sind deshalb hier fast immer sittlich pragmatisch orientiert, um die bewußten Kräfte gegen das Unbewußte aufzurufen. Wir haben im praktischen Leben allen Nutzen davon, anzunehmen, daß unser guter Geist auch unser Schicksal ist, um uns von unserm guten Geist erleuchten zu lassen. Ein im äußeren Leben stets erleuchteter

Mensch wirke sein Schicksal am großartigsten aus. „Des Menschen
Verdüsterungen und Erleuchtungen machen sein Schicksal!"

Auch die Gespräche über das Schicksal in Wilhelm Meisters
Lehrjahren entsagen einer Erkenntnis dieser Geheimnisse, warnen,
lehren und haben eine deutliche praktisch=empirisch=pädagogische Ten=
denz. Das Schicksal wisse sein wie eines jeden Besten stets einzuleiten,
meint Wilhelm; darauf wird ihm aber erwidert:

„Leider höre ich schon wieder das Wort Schicksal von einem jungen
Manne aussprechen, der sich eben in einem Alter befindet, wo man
gewöhnlich seinen lebhaften Neigungen den Willen höherer Wesen
unterzuschieben pflegt. — So glauben Sie kein Schicksal? keine Macht,
die über uns waltet und alles zu unserm Besten lenkt? — Es ist hier
die Rede nicht von meinem Glauben, noch der Ort, auszulegen, wie
ich mir Dinge, die unbegreiflich sind, einigermaßen denkbar zu machen
suche; hier ist nur die Frage, welche Vorstellungsart zu unserem Besten
gereicht. Das Gewebe dieser Welt ist aus Notwendigkeit und Zufall
gebildet, die Vernunft stellt sich zwischen beide und weiß sie zu beherr=
schen; sie behandelt das Notwendige als den Grund ihres Daseins;
das Zufällige weiß sie zu lenken, zu leiten und zu nützen, und nur, in=
dem sie fest und unerschütterlich steht, verdient der Mensch, ein Gott
der Erde genannt zu werden. Wehe dem, der sich von Jugend auf ge=
wöhnt, in dem Notwendigen etwas Willkürliches finden zu wollen,
der dem Zufälligen eine Art von Vernunft zuschreiben möchte, welcher
zu folgen sogar eine Religion sei. Heißt das etwas anderes, als seinem
eigenen Verstand entsagen und seinen Neigungen unbedingten Raum
geben? Wir bilden uns ein, fromm zu sein, indem wir ohne Über=
legung hinschlendern, uns durch angenehme Zufälle determinieren
lassen, um endlich dem Resultate eines solchen schwankenden Lebens
den Namen einer göttlichen Führung zu geben. — Waren Sie niemals
in dem Falle, daß ein kleiner Umstand Sie veranlaßte, einen gewissen
Weg einzuschlagen, auf welchem bald eine gefällige Gelegenheit Ihnen
entgegenkam und eine Reihe von unerwarteten Vorfällen Sie endlich
ans Ziel brachte, das Sie selbst noch kaum ins Auge gefaßt hatten?
Sollte das nicht Ergebenheit in das Schicksal, Zutrauen zu einer
solchen Leitung einflößen? — Mit diesen Gesinnungen könnte kein Mäd=

chen ihre Tugend, niemand sein Geld im Beutel behalten, denn es
gibt Anläſſe genug, beides los zu werden. Ich kann mich nur über den
Menſchen freuen, der weiß, was ihm und andern nütze iſt, und ſeine
Willkür zu beſchränken arbeitet. Jeder hat ſein eigen Glück unter den
Händen, wie der Künſtler eine rohe Materie, die er zu einer Geſtalt
umbilden will. Aber es iſt mit dieſer Kunſt wie mit allen: nur die
Fähigkeit dazu wird uns angeboren, ſie will gelernt und ſorgfältig aus=
geübt ſein."

Zuletzt hat jedes Lebensalter ſein Verhältnis zum Schickſal. Das
des jugendlichen Menſchen gleicht dem Wagenlenker bei einer Fahrt
auf Tod und Leben. „Wie von unſichtbaren Geiſtern gepeitſcht, gehen
die Sonnenpferde der Zeit mit unſers Schickſals leichtem Wagen durch,
und uns bleibt nichts, als mutig gefaßt die Zügel feſtzuhalten und
bald rechts, bald links vom Steine hier, vom Sturze da, die Räder
abzulenken. Wohin es geht, wer weiß es? Erinnert er ſich doch kaum,
woher er kam!"

Der Mann, der ſich ſelbſt beſitzen will, hofft das Zufällige meiſtern
und das Schickſalshafte geſtalten zu können. Selbſtvertrauen und Gott=
vertrauen halten ſich die Wage, fließen ineinander und laſſen bewußt
alle Grenzen zwiſchen dem Drinnen und Droben dunkel:

> Doch er ſtehet männlich an dem Steuer:
> mit dem Schiffe ſpielen Wind und Wellen,
> Wind und Wellen nicht mit ſeinem Herzen.
> Herrſchend blickt er auf die grimme Tiefe
> und vertrauet, ſcheiternd oder landend,
> ſeinen Göttern.

Der Greis, der zur Myſtik neigt, der ſieht, wie das Unvernünftige ge=
lingt, das Vernünftige fehlſchlägt, gibt den Glauben auf, das Dunkle
mit Bewußtſein beherrſchen zu können und erkennt mit Ehrfurcht rück=
ſchauend im eigenen Leben den höheren Sinn, den geiſtigen Zuſammen=
hang aller Einzelzufälle, das lautere Wirken des reinen Geſetzes: die
Manifeſtation der moraliſchen Weltordnung. (An Sartorius
1820, an Boiſſerée 1831)

Nach zwei Richtungen hin läßt sich Goethes Erlebnis des Schick=
sals abgrenzen. Ergebene Geduld im Erleiden ist nur die eine Seite
des Lebens, sie vermindert keinen Augenblick die Lust zur Selbsttätig=
keit. Nur wer das Schicksal als dumpfe, geist= und zwecklose Natur=
gewalt empfindet, wird schließlich die Hände verzweifelt ruhen lassen,
weil alles so kommen muß, wie es die sinnlosen, dem Menschen feind=
lich gesinnten Elemente wollen, die unser Bestes jeden Augenblick wie=
der vernichten können. Wer aber den geistig wirkenden Grund in allem
Schicksal erkennt, der nimmt auch seine Härten auf sich, als ob alles
gut wäre wie es geschieht, als ob er sich alles so verdient hätte, wenn
er es auch im Kleinen nicht übersehen kann. Alles ist richtig, was mir
widerfährt, alles ist wie es sein muß, alles ist gerecht.

Ebenso fremd wie der dumpfe Fatalismus auf der einen Seite ist
ihm ein Verhältnis zum Schicksal, wie er es bei manchen Christen,
am ausgeprägtesten bei Jung=Stilling, fand. „Der wunderliche Mensch
glaubt eben, er brauche nur zu würfeln, und unser Herrgott müsse ihm
die Steine setzen.“ In Dichtung und Wahrheit heißt es:

„Solche Personen legen große Wichtigkeit auf ihre empirische Lauf=
bahn; man hält alles für übernatürliche Bestimmung, mit der Über=
zeugung, daß Gott unmittelbar einwirke.“ In diesen Menschen sei eine
gewisse Neigung, in ihrem Zustand zu verharren, zugleich aber auch
sich stoßen und führen zu lassen, und eine gewisse Unentschlossenheit,
selbst zu handeln. Ein solcher Zustand verkümmere ein aufmerksames
menschliches Betragen.

„Zwar überließ ich gern einem jeden, wie er sich das Rätsel seiner
Tage zurechtlegen und ausbilden wollte; aber die Art, auf einem aben=
teuerlichen Lebensgange alles, was uns vernünftigerweise Gutes be=
gegnet, einer unmittelbaren göttlichen Eingebung zuzuschreiben, schien
mir doch zu anmaßlich, und die Vorstellungsart, daß alles, was aus
unserm Leichtsinn und Dünkel, übereilt oder vernachlässigt, schlimme,
schwer zu ertragende Folgen hat, gleichfalls für eine göttliche Päda=
gogik zu halten, wollte mir auch nicht in den Sinn.“

So verträgt sich weder die fatalistische Schicksalsidee der Griechen,
die er ausdrücklich als veraltet bezeichnet — ein blindes Verhängnis be=
steht nur für den blinden Sinn — noch diese Art, in den geringsten All=

186

täglichkeiten des Lebens, in jeder kleinsten Angelegenheit der Indivi=
dualität ein Einwirken des Höchsten aufspüren zu wollen, mit der
Größe seiner Idee von Gott und Welt. Kein dunkles Fatum, kein er=
zieherischer Wille Gottes ist im Spiel, wenn wir selbst uns ein wertvolles
Gut im Leben erworben oder verdorben haben. Wir müssen das Rätsel
unseres Schicksals vor allem in uns selbst suchen. Alle Schuld rächt
sich auf Erden: dies ist die Außenseite dieses Gesetzes. Nicht Gott rächt:
unser ewiges Selbst rächt; nicht Gott straft: das Unvergängliche in uns
läutert das Vergängliche, um gutzumachen und auszugleichen. Unser
äußeres Schicksal ist das Resultat unserer ganzen Vergangenheit. Wir
tragen ihre Schatten durch unsere hellste Gegenwart. Wir suchen uns
von diesen Schatten zu befreien und fühlen uns doch stets von ihnen
begleitet.

Ohne tiefe Ehrfurcht vor der Notwendigkeit des allgerechten sühnen=
den Gesetzes hätte Goethe das Leben nicht ertragen. So aber ist er
über sein und seines Nächsten Schicksal ganz ruhig. Er schreibt an
Charlotte von Stein, es sei eine kuriose Empfindung, seines nächsten
Freundes= und Schicksalsverwandten Hals und Arm und Beine täg=
lich als halb verloren anzusehen und sich darüber zu beruhigen, ohne
gleichgültig zu werden. Die Vorstellung eines strafenden und be=
lohnenden Gottes außer und über uns hat schon der junge Goethe
aufgegeben. „Zürnen und Vergeben sind bei einem unveränderlichen
Wesen doch wahrlich nichts als Vorstellungsart.“

Das Gesetz des selbstgeschaffenen Schicksals ist weder mechanisches
Naturgesetz, dem man sich blind unterwerfen muß, das als Gewalt,
Zwang und Alp auf allem Leben lastet; es ist auch nicht freie Tat
Gottes, die in das Geringste unserer alltäglichen Umstände jeden Augen=
blick eingreift. Sein Wirken liegt zwischen der Freiheit der göttlich=
geistigen Welt und der Kausalität der Materie. Es ist geistige Kausali=
tät, geistige Verkettung von Tat zu Tat, durch die Jahrtausende fort=
wirkend aus den Tiefen des Ich heraus: ein Phänomen, das Paulus
mit dem Namen des Gesetzes schlechthin bezeichnet und das im Osten,
in der Lehre vom Karma, bis ins Tiefste durchdrungen worden ist. Diese
Lehre aber verbindet sich im Abendland mit der Lehre von dem ewigen
Ich, das, in eine geistige Welt eingesenkt, wo es keine so schroffen

Grenzen zwischen den Individuen gibt wie in unserer Sinneswelt, nie ganz sich selbst überlassen bleibt. Von dort dringt die Teilnahme höherer Wesen unmittelbar ins Innerste, das sich ihr zu öffnen vermag, von dort kommt immer bereite Hilfe, von dort führen höchste Meister, gelinde leitend, zu dem, der alles schafft und schuf.

Wenn der Westöstliche Divan das Verhältnis Goethes zu einzelnen Weltreligionen genauer umschreibt: zur Lichtreligion der älteren Parsen und zum Islam, so spricht erst die pädagogische Provinz der Wanderjahre wieder ausführlich über die Idee der einen Religion: die Urreligion des Geistes. Nur wird in der pädagogischen Provinz diese letzte Einheit erst in zweiter Linie berührt, die nächste Frage ist hier: wie entwickelt man in dem Menschen ein wesentliches umfassendes lebendiges Verhältnis zu Gott und Natur? Die Frage der Erziehung steht hier durchaus im Vordergrund.

Die Urreligion der Wanderjahre ist die Religion der Ehrfurcht. Das Gebot der Ehrfurcht tritt zu dem der Selbstbezwingung, als zweite fundamentale Forderung. Auf Ehrfurcht gründet sich alles Innenleben überhaupt.

Warum wird in den Menschen zunächst die Ehrfurcht entwickelt, warum nicht zuerst und vor allem Liebe oder Mitleid? Weil Ehrfurcht der Ausgang und Anfang von allem Guten, die Lebensgrundlage jeder Existenz werden muß. Ehrfurcht ist ein ganz allgemeines Gefühl, eine Disposition, mit der der Mensch vor alles, was Leben hat, hintreten soll. Es quillt aus dem Gefühl der Allgegenwart. In Ehrfurcht begegnet der Mensch dem Höchsten wie dem Geringsten, ohne seine innere Freiheit zu verlieren, ohne sich je zu veräußerlichen. Sie ist das natürlichste Fundament echter Sittlichkeit. Wenn ich Ehrfurcht vor dem Wesen des anderen habe, so kann ich nicht störend und gewaltsam in seine Existenz eingreifen. Ich werde alles in seinem Eigensein ruhen lassen. So entwickelt sich aus der Ehrfurcht vor dem Geheimnis des fremden Lebens die Selbstbezwingung, zu der man ein Kind, einen Naturmenschen nicht erziehen kann, ohne ihm eine andere Grundlage zu geben. Es entwickelt sich aus Ehrfurcht die wahre Selbstlosigkeit des Geistes, die völlige rückhaltlose Hingabe an den geistigen Gehalt der Welt, welches wieder die Vorbedingung zu aller tieferen Erkenntnis ist. Und aus Erkenntnis, Hingabe, Selbstbezwingung und Ehrfurcht fließt das Höchste, das alles Leben krönt: die echte, wahre, selbstvergessene, das tiefste Wesen von Gott und Welt erkennenden Liebe. So ist die Erweckung der Ehrfurcht nicht nur die Bildung eines moralischen Sinnes, der den Menschen nur in sich hineinführt; Ehrfurcht soll das ganze Leben durchdringen, alles Tun und alles Leiden, alles Schauen und Denken, den Menschen selbst, seine Beziehungen zu dem Nächsten, zur Natur, zur Welt, zum Geiste. Sie geht nach allen Seiten, nach allen Richtungen, sie stellt den Menschen in die Welt hinein und er= zieht ihn zum Weltbürger in des Wortes wahrstem umfassendsten kos= mischen Sinne.

Ehrfurcht erkennt Goethe als das Fundament seiner geistigen Na= tur. Er sagt zu Boisserée: „Was wäre aus mir geworden, wenn ich nicht immer genötigt gewesen wäre, Respekt vor andern zu haben." Ehrfurcht vor der uns umgebenden Macht in allem zu haben und zu behalten, sei die Hauptgrundlage wahrer Weisheit.

„Mein Gemüt war von Natur zur Ehrerbietung geneigt, und es ge= hörte eine große Erschütterung dazu, um meinen Glauben an irgend= ein Ehrwürdiges wankend zu machen."

Wie kirchlich denkende Menschen von einer Erbsünde sprechen, so gebe es auch eine Art Erbtugend, die Pietät. Sie zeige sich in allen menschlichen Verhältnissen, „in der Familie, gegen Wohltäter, Lehrer, Gönner, Freunde, Schützlinge, Diener, Knechte, Tiere und somit gegen Grund und Boden, Land und Stadt; sie umfaßt alles, und indem ihr die Welt gehört, wendet sie ihr Letztes, Bestes dem Himmel zu; sie allein hält der Egoisterei das Gleichgewicht, sie würde, wenn sie durch ein Wunder augenblicklich in allen Menschen hervor= träte, die Erde von allen Übeln heilen, an denen sie gegen= wärtig und vielleicht unheilbar krank liegt".

In der Pädagogischen Provinz wird Ehrfurcht als ein neuer Sinn im Menschen erst aufmerksam entwickelt. Ehrfurcht sei es, worauf alles ankomme, damit der Mensch nach allen Seiten hin Mensch sei. „Ungern entschließt sich der Mensch zur Ehrfurcht, oder vielmehr er entschließt sich nie dazu; es ist ein höherer Sinn, der seiner Natur ge=

gegeben werden muß und der sich nur bei besonders Begünstigten aus sich selbst entwickelt, die man auch deswegen von jeher für Heilige, für Götter gehalten."

Nach drei Richtungen kann sich Ehrfurcht wenden, und aus diesen drei Richtungen entspringen drei Arten von Religionen.

„Die Religion, welche auf der Ehrfurcht vor dem, was über uns ist, beruht, nennen wir die Ethnische. Es ist die Religion der Völker und die erste glückliche Ablösung von einer niederen Furcht; alle sogenannten heidnischen Religionen sind von dieser Art, sie mögen übrigens Namen haben wie sie wollen." Die israelitische Religion ist der reinste Typus dieser Religion der Völker, sie dient deshalb zu einem Muster und Beispiel für alle übrigen. Der Mensch ist hier völlig in das Volksganze hineingestellt. Nur durch seine Religion hat sich das Judentum in seiner Eigenart so zäh durchgehalten. „Es ist das beharrlichste Volk der Erde, es ist, es war, es wird sein, um den Namen Jehovah durch alle Zeiten zu verherrlichen."

Die zweite Religion, die sich auf Ehrfurcht gründet, nicht vor dem was über uns ist, sondern vor dem was uns gleich ist, nennt die pädagogische Provinz die philosophische. Der Philosoph, der sich in die Mitte stellt, muß alles Höhere zu sich herab, alles Niedere zu sich herauf ziehen, und nur in diesem Mittelzustand verdient er den Namen des Weisen. Er fühlt sich nicht nur wesenhaft in ein Volksganzes eingefügt, seine Gefühle sind Weltgefühle, in seinen Gedanken begegnen sich die Wesen aller Dinge. Insofern steht er in der Mitte der Welt, einsam und doch mit allem Leben tief verbunden. „Der Weise durchschaut sein Verhältnis zu seinesgleichen, zu den Menschen, zur ganzen Menschheit, sein Verhältnis zu allem Notwendigen und Zufälligen, und so lebt er allein im kosmischen Sinne in der Wahrheit."

Was ist, für Goethe, die Wahrheit?

Die Wahrheit im kosmischen Sinne, es ist die objektive eine Wahrheit, das geistige Leben der Dinge, die in allem sich auswirkende Weltvernunft, der Logos.

Der wahre Mensch ist zunächst der religiöse, der sittliche Mensch. Er schreibt über Lavater an Frau von Stein, 1779: „Die Wahrheit ist einem doch immer neu, und wenn man wieder einmal einen so ganz wahren Menschen sieht, meint man, man käme erst auf die Welt. Aber auch ist's im Moralischen wie mit einer Brunnenkur, alle Übel im Menschen, tiefe und flache, kommen in Bewegung und das ganze Eingeweide arbeitet durcheinander. Erst hier geht mir recht klar auf, in was für einem sittlichen Tod wir gewöhnlich zusammen leben, und woher das Eintrocknen und Einfrieren eines Herzens kommt, das in sich nie dürr und kalt ist. Gebe Gott, daß wir unsere Seelen offen behalten und wir die guten Seelen auch zu öffnen vermögen."

Aber dies ist nur e i n e Manifestation der Wahrheit.

Kosmische Wahrheit erschien dem jungen Goethe als Minerva:

> Sind von Anbeginn
> mir deine Worte Himmelslicht gewesen!
> Immer, als wenn meine Seele spräche zu sich selbst,
> sie sich öffnete,
> und mitgeborne Harmonien
> in ihr erklängen aus sich selbst.
> Das waren deine Worte.
> So war ich selbst nicht selbst,
> und eine Gottheit sprach,
> wenn ich zu reden wähnte...

Kosmische Wahrheit gibt sich nicht der einmaligen vergänglichen Person, sie gibt sich nur dem ewigen Selbst.

„Nur sämtliche Menschen erkennen die Natur, nur sämtliche Menschen leben das Menschliche. Ich mag mich stellen wie ich will, so sehe ich in vielen berühmten Axiomen nur die Aussprüche einer Individualität, und gerade das, was am allgemeinsten als wahr anerkannt wird, ist gewöhnlich nur ein Vorurteil der Masse, die unter gewissen Zeitbedingungen steht und die man daher ebensogut als ein Individuum ansehen kann." Deshalb kann den Einzelnen, als Individuum, Irrtum nie verlassen;

doch ziehet ein höher Bedürfnis
immer den strebenden Geist leise zur Wahrheit hinan.

Kosmische Wahrheit ist durchaus überpersönlich.

Dich nenn ich nicht. Zwar hör ich dich von vielen
gar oft genannt, und jeder heißt dich sein,
ein jedes Auge glaubt auf dich zu zielen,
fast jedem Auge wird dein Strahl zur Pein.
Ach, da ich irrte, hat ich viel Gespielen,
da ich dich kenne, bin ich fast allein:
Ich muß mein Glück nur mit mir selbst genießen,
dein holdes Licht verdecken und verschließen.

Jugendlich kommt sie vom Himmel, nackt tritt sie vor den Priester, den
Weisen:

> Still blickt sein Auge zur Erde.

Dann ergreift er das Rauchfaß und hüllt demütig verehrend
sie in durchsichtigen Schleier, daß wir sie zu dulden ertragen.

Wahrheitsliebe ist eine höchste Eigenschaft.

> Wirst du die frommen Wahrheitswege gehen:
> dich selbst und andere trügst du nie.
> Die Frömmelei läßt Falsches auch bestehen,
> deswegen haß ich sie.

Er sagt zu Eckermann, von einem Buch über Napoleon: „Das Buch
ist ganz nüchtern, ohne Enthusiasmus geschrieben, aber man sieht dabei, welch großartigen Charakter das Wahre hat, wenn es
einer zu sagen wagt. Die Gewalt des Wahren ist groß."

Die Weisheit ist nur in der Wahrheit.

Das Wahre fördert, aus dem Irrtum entwickelt sich nichts,
er verwickelt uns nur.

Zum Ergreifen der Wahrheit braucht es eines höheren Organs, als
zur Verteidigung des Irrtums.

Der Irrtum ist zeitlich, die Wahrheit gehört der ganzen Menschheit.

Das Wahre ist gottähnlich, es erscheint nicht unmittelbar, wir müssen
es aus seinen Manifestationen erraten.

Es ist nicht immer nötig, daß das Wahre sich verkörpere, schon
genug, wenn es geistig umherschwebt und Übereinstimmung bewirkt,
wenn es wie Glockenton ernstfreundlich durch die Lüfte wogt.

Es ist eine Fackel, aber eine ungeheuere, deswegen suchen wir alle
nur blinzend so daran vorbeizukommen, in Furcht sogar, uns zu
verbrennen.

Im Schauen kosmischer Wahrheit erfährt der Mensch die Einweihung:

Ein Glanz umgab mich, und ich stand geblendet.
Bald machte mich, die Augen aufzuschlagen,
ein innrer Trieb des Herzens wieder kühn.
Ich konnt es nur mit schnellen Blicken wagen,
denn alles schien zu brennen und zu glühn.]

In der pädagogischen Provinz wird die Religion der Wahrheit, des Logos, den Schülern vermittelt durch die Bilder des Neuen Testaments. Die Lehre Christi richtet sich an den Einzelnen, welchem Volke er auch angehöre, an jede Individualität, der sie den Weg zu der einen Wahrheit offenbart. Was dem Einzelnen rein innerlich begegne, gehöre zur zweiten Religion.

Die Bilder des Neuen Testamentes stellen weder Taten nach Begebnisse, sondern Wunder und Gleichnisse dar. Es ist eine neue Welt, ein neues Äußere, als das vorige, und ein Inneres, das dort ganz fehlt. Durch Wunder und Gleichnisse wird eine neue Welt aufgetan. Durch das Wunder wird das Niedere durch geistige oder geistigen ähnliche Mittel geheilt, bei den Gleichnissen ist es umgekehrt. Hier ist der Sinn, die Einsicht, der Begriff das Hohe, das Außerordentliche, das Unerreichbare. Wenn dieser sich in einem gemeinen, gewöhnlichen, faßlichen Bilde verkörpert, so daß er uns als lebendig, gegenwärtig, wirklich entgegentritt, daß wir ihn uns zueignen, ergreifen, festhalten, mit ihm wie mit unseresgleichen umgehen können, so sei das auch eine zweite Art von Wunder.

Auch in diesem Sinn steht der Weise in der Mitte, die Schwachen, Kranken und Leidenden emporziehend, und das Wesen der geistigen Welten in Bild und Lehre nach unten vermittelnd.

Die dritte Religion ist das eigentliche reine Christentum. Wie Lessing unterscheidet hier Goethe die Religion und Lehre Christi von der christlichen Religion, ohne aber im mindesten wie Lessing der einen vor der andern ausschließlichen Vorzug zu geben: Goethe läßt beide sich durchdringen.

Die dritte Religion gründet sich auf die Ehrfurcht vor dem, was unter uns ist. Es ist ein Letztes, wozu die Menschheit gelangen konnte

und mußte. „Aber was gehörte dazu, die Erde nicht allein unter sich
liegen zu lassen und sich auf einen höheren Geburtsort zu berufen, son=
dern auch Niedrigkeit und Armut, Spott und Verachtung, Schmach
und Elend, Leiden und Tod als göttlich anzuerkennen, ja Sünde selbst
und Verbrechen nicht als Hindernisse, sondern als Fördernisse des
Heiligen zu verehren und lieb zu gewinnen! Hiervon finden sich frei=
lich Spuren durch alle Zeiten; aber Spur ist nicht Ziel, und da dieses
einmal erreicht ist, so kann die Menschheit nicht wieder zurück, und
man darf sagen, daß die christliche Religion, da sie einmal erschienen
ist, nicht wieder verschwinden kann, da sie sich einmal göttlich verkör=
pert hat, nicht wieder aufgelöst werden mag."

Die dritte Religion der Ehrfurcht vor dem, was unter uns ist, wird
den Schülern als ein Letztes und Höchstes nur einmal im Jahre offen=
bart. Alle werden von Jugend auf in der Religion der Völker unter=
richtet. Die Religion des Weisen, die Innere, besonders Herzliche und
Geistige, wird denen erklärt, „die mit einiger Besonnenheit heran=
wachsen". Die Religion des Schmerzes und der Auferstehung bekomm
jedes nur ausstattungsweise ins Leben mit. Die Tiefe des Mysteriums
von Golgatha kann von der Jugend noch nicht begriffen werden. Es
wird ihnen so von Ferne gezeigt, daß sie sich im Leben selbst daran er
innern können. Das Erhabenste ist so vor Trivialisierung geschützt und
zugleich der Sinn für die Tiefe des Geheimnisses den Gründen der Seel
eingepflanzt.

Drei wesentliche Dinge sind damit berührt. Das wahre Christen
tum, das in jedem auch noch so tief stehenden Menschen die Anlag
zu dem göttlichen Ich voraussetzt, ist an kein Volk und an keine Zei
gebunden.

> Unsterbliche heben verlorene Kinder
> mit feurigen Armen zum Himmel empor.

Daher die Freude der Gottheit über den reuigen Sünder: Dies i
der Gehalt von Goethes Indischen Balladen; es ist auch die Lehre de
Paria:

> Ihm ist keiner der Geringste;
> wer sich mit gelähmten Gliedern
> sich mit wildzerstörtem Geiste,

194

düster, ohne Hilf und Rettung,
sei er Brahme, sei er Paria,
mit dem Blick nach oben kehrt,
wird's empfinden, wird's erfahren:
dort erglühen tausend Augen,
ruhend lauschen tausend Ohren,
denen nichts verborgen bleibt.

Die dritte Religion der Ehrfurcht vor dem, was unter uns ist, die Idee reinsten Christentums ist die Krone der umfassenden Weltreligion, alles andere überragend an Bedeutung und Tiefe. Es ist damit ganz eindeutig ausgesprochen, daß diese Einheit aller Religionen der Welt nichts zu tun hat mit der Toleranz der Aufklärung, wenn sie auch ohne die Toleranz der Aufklärung nicht hätte ausgesprochen werden können.

Zu einer Toleranz in diesem Sinne hat Goethe sich nie bekannt. Toleranz sollte eigentlich nur eine vorübergehende Gesinnung sein: sie muß zur Anerkennung führen. Dulden heiße beleidigen.

Nur Gott ist tolerant, nur Gott ist gut: „Gar vieles kann und muß nebeneinander bestehen, was sich gerne wechselseitig verdrängen möchte: der Weltgeist ist toleranter als man denkt." (An Reinhard, 1826)

„Eine wahre allgemeine Duldung wird am sichersten erreicht, wenn man das Besondere der einzelnen Menschen und Völkerschaften auf sich beruhen läßt, bei der Überzeugung jedoch festhält, daß das wahrhaft Verdienstliche sich dadurch auszeichnet, daß es der ganzen Menschheit angehört."

Die sogenannte natürliche Religion (Deismus) habe sämtlichen positiven Religionen gleiche Rechte eingeräumt und dadurch sei eine mit der andern gleichgültig und unsicher geworden.

Wahre Toleranz empfinde der Mensch nur vor den Gebrechen seiner Brüder. Goethes frühste Stücke seien in einem höheren Gesichtspunkte geschrieben. „Sie deuten auf eine vorsichtige Duldung bei moralischer Zurechnung, und sprechen in etwas herben und derben Zügen jenes höchst christliche Wort spielend aus: wer sich ohne Sünde fühlt, der hebe den ersten Stein auf."

In allen religiösen Dingen kann der wahre Grund der Toleranz

nur der sein, daß der Mensch, je höher er steht, desto freier seinen ihm
allein eigenen Weg gehen muß und daß keiner seinen Mitmenschen
durch Überredung auf einen ihm wesensfremden Weg ziehen soll. In
unseres Vaters Haus sind viele Wohnungen. „Jeder hat im Grunde
seine eigene Religion."

Er schreibt an Gräfin Stolberg, 1823: „Redlich habe ich es mein
Lebenlang mit mir und andern gemeint und bei allem irdischen Treiben
immer aufs Höchste hingeblickt; Sie und die Ihrigen haben es auch
getan. Wirken wir also fort, solange es Tag für uns ist, für andere
wird auch eine Sonne scheinen, sie werden sich an ihr hervortun und
uns indessen ein helleres Licht erleuchten. Und so bleiben wir wegen
der Zukunft unbekümmert! In unseres Vaters Reiche sind viele Provinzen, und da er uns hierzulande ein so fröhliches Ansiedeln berei-
tete, so wird drüben gewiß auch für beide gesorgt sein."

„Großen Dank verdient die Natur, daß sie in die Existenz eines
jeden lebendigen Wesens auch so viel Heilungskraft gelegt hat, daß es
sich, wenn es an dem einen oder dem andern Ende zerrissen wird, selbst
wieder zusammenflicken kann; und was sind die tausendfältigen Religionen anders als tausendfache Außerungen dieser Heilungskraft."

Nur werden alle, die nicht nur aus einem individuellen Heilungs-
bedürfnis, sondern zugleich im Drang zu geistiger Schau und wahrer
Vervollkommnung den Weg zu Gott suchen, immer auch am leich-
testen sich verständigen.

Das Überragende der Idee des reinen Christentums hat der alte
Goethe oft betont. Auch selbst eine reinere Vielgötterei, wie die der
Griechen und Römer, müßte doch zuletzt auf falschem Wege ihre Be-
kenner und sich selbst verlieren. Dagegen gebührt der christlichen Religion das höchste Lob, „deren reiner edler Ursprung sich immerfort dadurch bestätigt, daß nach den größten Verirrungen, in welche sie der
dunkle Mensch hineinzog, eh' man sichs versieht, sie sich in ihrer ersten
lieblichen Eigentümlichkeit, als Mission, als Hausgenossen- und Brüderschaft, zur Erquickung des sittlichen Menschenbedürfnisses immer
wieder hervortut."

Die christliche Religion ist ein mächtiges Wesen für sich, woran die

gesunkene Menschheit von Zeit zu Zeit sich immer wieder emporgearbeitet
hat. Und wenige Tage vor seinem Tode:

„Mag die geistige Kultur nun immer fortschreiten, mögen die Natur=
wissenschaften in immer breiterer Ausdehnung und Tiefe wachsen und
der menschliche Geist sich erweitern wie er will: über die Hoheit und
sittliche Kultur des Christentums, wie es in den Evangelien schimmert,
wird er nicht hinauskommen.“

So ist die Urreligion des Geistes nicht ein Geltenlassen aller Be=
kenntnisse nebeneinander, es ist ihre Einheit im menschlichsten Sinne,
ihre Synthese, ihre Durchdringung zu der einen großen Weltreligion
der Wahrheit.

Wilhelm erhält auf die Frage: zu welcher von den drei Religionen
man sich bekenne, die Antwort: zu allen dreien. Sie zusammen
bringen eigentlich die wahre Religion erst hervor; aus dreifacher Ehr=
furcht entspringt die oberste Ehrfurcht: die Ehrfurcht vor sich selbst,
und jene entwickeln sich abermals aus dieser, so daß der Mensch zum
Höchsten gelangt, was er zu erreichen fähig ist: daß er sich selbst für
das Beste halten darf, was Gott und Natur hervorgebracht haben, ja
daß er auf dieser Höhe verweilen kann, ohne durch Dünkel oder Selbst=
heit wieder ins Gemeine gezogen zu werden.“

Dies ist die tiefste und zugleich einfachste Lehre der Urreligion: nach=
dem der Mensch durch alle Zeiten und Zustände hindurchgegangen,
findet er am Ende aller Dinge sich selbst, das absolute Ich, die reine
Selbstheit! Das höchste Streben des Mystikers ist nicht Untertauchen
im All. Wer in die geistige Welt hineinwächst, der erstrebt das gött=
liche Bewußtsein seines Ich, das jetzt nur so still und ruhig in uns
wohnt. Dem Höheren, dem Reineren, Unbekannten gibt der Mensch
aus Dankbarkeit sich freiwillig hin:

Enträtselnd sich den ewig Ungenannten.

Das ganze Geheimnis des Erwachens liegt in diesem Wort. Wer zu
den Göttern geht, findet sich selbst: die eigene innere Ewigkeit.

Dreifache Ehrfurcht, quillend aus der Einheit des göttlichen Ich und
wieder in sie mündend, verbindet sich mit dem letzten aller Religions=
geheimnisse: der Trinität. In der Dreifaltigkeit sind die drei Religionen
schon enthalten. Der Glaube an Gott den Vater ist der Glaube der

Völker. Der Glaube an den Sohn ist für alle mit Leiden Kämpfenden, in Leiden Verherrlichten. Der Glaube an den Geist lehrt die begeisterte Gemeinschaft der Heiligen, das heißt der im höchsten Grad Guten und Weisen.

„Der Lobgesang der Menschheit, dem die Gottheit so gerne zuhören mag, ist niemals verstummt, und wir selbst fühlen ein göttliches Glück, wenn wir die durch alle Zeiten und Gegenden verteilten harmonischen Ausströmungen, bald in einzelnen Stimmen, in einzelnen Chören, bald fugenweise, bald in einem herrlichen Vollgesang vernehmen.“

Nehmen wir alles zusammen! Was ist Goethes Urreligion? Urreligion entspringt „reiner Natur und Vernunft“ und ist unmittelbar göttlicher Abkunft. Ihr Standpunkt wird ewig derselbe bleiben, wird dauern und gelten, solange gottbegabte Menschen vorhanden sind. Sie ist esoterischer Natur, ist viel zu hoch und edel, um allgemein zu werden (zu Eckermann).

Das Gedicht Die Geheimnisse zeigt, daß der Mensch nicht ohne Vorbereitung, nicht ohne innerlichste Arbeit zu dem, was sie an Erkenntnis und Lehre vermittelt, vordringen kann. Die pädagogische Provinz aber zeigt, wie Urreligion, durch die Erziehung zur Ehrfurcht, ins Leben eingeführt wird. Sie ist also doch lehrbar und für das ganze Leben fruchtbar.

Urreligion ist etwas die Menschen und Völker tief Verbindendes. Die Menschheit wird erst zur Einheit und Versöhnung kommen, wenn sie im Innersten ihr Einssein im Bekenntnis der einen Religion gefunden hat.

Wilhelm sagt zu den Oberen: „Ein solches Bekenntnis, auf diese Weise entwickelt, befremdet mich nicht, es kommt mit allem überein, was man im Leben hie und da vernimmt, nur daß euch dasjenige vereinigt, was andere trennt.“

Religion ist heiliges Gut; Urreligion, eben weil sie die Menschheit verbindet, das Heiligste:

    Was ist heilig? Das ist's, was viele Seelen zusammen-
    bindet; bänd es auch nur leicht wie die Binse den Kranz.

    Was ist das Heiligste? Das, was heut und ewig die Geister,
    tiefer und tiefer gefühlt, immer noch einiger macht.

Die Religion der dreifachen Ehrfurcht, der Selbstbezwingung, der Welt=
frömmigkeit, der reinen gottergebenen Geduld, ist deshalb das Heiligste,
weil sie, die letzte überpersönliche Weisheit in sich fassend, alle zur einen
göttlich=kosmischen Wahrheit hinführt. Wahrheit aber, kosmische Wahr=
heit dauert von Ewigkeit zu Ewigkeit:

> Das Wahre war schon längst gefunden,
> hat edle Geisterschaft verbunden:
> das alte Wahre, faß es an!
> Verdank es, Erdensohn, dem Weisen,
> der ihr, die Sonne zu umkreisen,
> und dem Geschwister wies die Bahn.

Ihr Gottesdienst ist form= und bildlos. Nur sparsam bedient sie sich,
in der Lehre, der Symbole. Reinste Bergeshöhe ist der Altar, wo sie
dem Wesen aller Wesen opfert.

„Es gibt nur zwei wahre Religionen: die eine, die das Heilige, das
in und um uns wohnt, ganz formlos, die andere, die es in der schön=
sten Form anerkennt und anbetet. Alles, was dazwischen liegt, ist
Götzendienst.“

Nachdem Goethe dem Gottesdienst der Quäker bei Pyrmont mehrmals
beigewohnt, macht er die Bemerkung: „Es ist eine traurige Sache,
daß ein reiner Kultus jeder Art, sobald er an Orte beschränkt und durch
die Zeit bedingt ist, eine gewisse Heuchelei niemals ganz ablehnen kann.“
Auch in der heftigen Ablehnung aller Vermischungen sinnlicher und
übersinnlicher Dinge im Kultus durch den Gehilfen in den Wahlver=
wandtschaften ist Goethes Standpunkt noch erkennbar.

„Mir will nicht gefallen, daß man sich besondre Räume widmet,
weihet und aufschmückt, um erst dabei ein Gefühl der Frömmigkeit zu
hegen und zu unterhalten. Keine Umgebung, selbst die gemeinste nicht,
soll in uns das Gefühl des Göttlichen stören, das uns überall hin=
begleiten und jede Stätte zu einem Tempel einweihen kann. Ich mag
gerne einen Hausgottesdienst in dem Saale gehalten sehen, wo man
zu speisen, sich gesellig zu versammeln, mit Spiel und Tanz zu ergötzen
pflegt. Das Höchste, das Vorzüglichste am Menschen ist gestaltlos, und
man sollte sich hüten, es anders als in edler Tat zu gestalten.“

Urreligion ist „ein ehern bestehender Fels der Menschheit", den keine
Kirche, keine Partei in ihren Tiefen erschüttern kann, es ist die unsicht=
bare Kirche ewiger Wahrheit, sie bedarf keiner Bilderwelt, ja sie be=
darf nicht einmal besonderer Gebete. Sie ist die Religion des einen
Gebets, das den ganzen Menschen durchdringt und ihn mit dem Herzen
der Welt in Verbindung hält. Es ist „das mentale Gebet, das alle
Religionen einschließt und ausschließt, und nur bei wenigen gottbegün=
stigten Menschen den ganzen Lebenswandel durchdringt"; es entwickelt
sich bei den meisten nur „als flammendes, beseligendes Gefühl des
Augenblicks, nach dessen Verschwinden sogleich der sich selbst zurück=
gegebene, unbefriedigte, unbeschäftigte Mensch in die unendliche Lange=
weile zurückfällt".

Eine Gebetskraft aber, die des Menschen ganzes Leben durchdringt,
verwandelt und erlöst die Erde:

> Denn der Ewige herrscht auf Erden,
> über Meere herrscht sein Blick,
> Löwen sollen Lämmer werden,
> und die Welle schwankt zurück.
> Blankes Schwert erstarrt im Hiebe,
> Glaub und Hoffnung sind erfüllt:
> Wundertätig ist die Liebe,
> die sich im Gebet enthüllt.

Das höchste Symbol aber der Urreligion ist zweimal in den Ge=
heimnissen gegeben. Bruder Markus kommt nach langen Wanderungen
und Irrfahrten an das Tor des Gebäudes, wo er die zwölf heiligen
Männer versammelt finden wird. Während er andächtig dem Läuten
des Glockentones lauscht, sieht er auf dem Bogen der noch geschlossenen
Pforte das Zeichen: ein mit Rosen umwundenes Kreuz.

> Das Zeichen sieht er prächtig aufgerichtet,
> das aller Welt zu Trost und Hoffnung steht,
> zu dem viel tausend Geister sich verpflichtet,
> zu dem viel tausend Herzen warm gefleht,
> das die Gewalt des bittren Tods vernichtet,
> das in so mancher Siegesfahne weht:
> ein Labequell durchdringt die matten Glieder,
> er sieht das Kreuz und schlägt die Augen nieder.

Er fühlet neu, was dort für Heil entsprossen,
den Glauben fühlt er einer halben Welt;
doch von ganz neuem Sinn wird er durchdrungen,
wie sich das Bild ihm hier vor Augen stellt:
er sieht das Kreuz mit Rosen dicht umschlungen.
Wer hat dem Kreuze Rosen zugesellt?
Es schwillt der Kranz, um recht von allen Seiten
das schroffe Holz mit Weichheit zu bekleiden.

Und leichte Silber=Himmelswolken schweben,
mit Kreuz und Rosen sich emporzuschwingen,
und aus der Mitte quillt ein heilig Leben
dreifacher Strahlen, die aus einem Punkte dringen;
von keinen Worten ist das Bild umgeben,
die dem Geheimnis Sinn und Klarheit bringen.
Im Dämmerschein, der immer tiefer grauet,
steht er und sinnt und fühlet sich erbauet.

Markus erblickt dann auch in dem Saal, in der Mitte von dreizehn
bedeutungsvollen Bildern, „zum zweitenmal ein Kreuz mit Rosenzwei=
gen" „Ereignet sich nun diese ganze Handlung in der Karwoche, ist das
Hauptkennzeichen dieser Gesellschaft ein Kreuz mit Rosen umwunden,
so läßt sich leicht voraussehen, daß die durch den Ostertag besiegelte
ewige Dauer erhöhter menschlicher Zustände auch hier beim Scheiden
des Humanus sich tröstlich würde offenbart haben."

Der letzte Sinn des Symbols ist tiefer. Es ist das Zeichen der Zu=
kunft, das Zeichen des Auferstandenen; es ist das Symbol der Ver=
wandlung und Überwindung des Todes, des Leidens, der Materie,
der Welt durch den in sich selbst erleuchteten Geist, sein ewiges Er=
blühen auf dem dunklen Grund der Vergänglichkeit; und die drei
Strahlen, die aus einem Punkte dringen, es ist die höhere Einheit, zu
der sich die drei Ehrfurchten, Vater, Sohn und Geist verbindend, durch=
dringen: die letzte höchste Ehrfurcht vor der Ewigkeit des Ich, dem alle
Freiheit, alle Schönheit, alle Vollendung verheißen ist.

6. Der Mensch

Der höchste und umfassendste Begriff, auf den sich Goethes ganzes Denken gründet, ist der Begriff des Makrokosmos: die völlige Durchdringung natürlicher und geistiger Welt, ihr innigstes In= und Durcheinandersein, dergestalt, daß alle sinnlich wahrnehmbaren Exi=stenzen in lebendiger Verbindung mit der übersinnlichen Welt und mit allem übrigen stehen, und daß dies höchste Zusammensein von Geist und Materie, Vergänglichkeit und Ewigkeit in jedem Augenblick Er=eignis wird, wenn auch für unser heutiges Bewußtsein jene Zusammen=hänge aller Wesen mit uns selbst noch kaum denkbar erscheinen. Ein Bewußtwerden aber dieser Zusammenhänge läßt völlig ohne System, im schulphilosophischen Sinn. Wer sein Selbst erkennt, wer es in allen Wesen sieht, wer so sich geistig der Welt einordnet, dem ist jedes System überflüssig. Höchste Kultur kann nur in der einen Wahrheit beruhen, die Wahrheit aber hat kein System.

So sagt die schöne Seele: „Wie sehr wünscht ich, daß ich mich auch damals ganz ohne System befunden hätte. Aber wer kommt früh zu dem Glück, sich seines eigenen Selbstes, ohne fremde Formen, in reinem Zusammenhang bewußt zu' werden?"

Was ist also der Mensch der Mikrokosmos? Was ist der Sinn seines Lebens?

„Wenn die gesunde Natur des Menschen als ein Ganzes wirkt, wenn er sich in der Welt als in einem großen schönen würdigen und werten Ganzen fühlt, wenn das harmonische Behagen ihm ein reines freies Entzücken gewährt — dann würde das Weltall, wenn es sich selbst empfinden könnte, als an sein Ziel gelangt aufjauchzen und den Gipfel des eigenen Werdens und Wesens bewundern."

Menschsein ist das Erwachen im Makrokosmos. Der Mensch findet in sich selbst das Bild der Gott=Natur wieder, er erlebt sich als das Gleichnis, als den Ausdruck aller Kräfte, als den Punkt, wo alle Unendlichkeiten der Welten sich schneiden, als das Wesen, auf dessen erlösende Tat alles wartet. Der Mensch muß den großen Gang des Ganzen selbstbewußt mitgehen, die Steigerung verwirklichen und den Sinn des Ganzen täglich neu beweisen. Er kommt damit in die große kosmische Gemeinschaft, er ist nicht mehr allein.

Gott selbst hat sich nach jenen imaginierten sechs Schöpfungstagen keineswegs zur Ruhe begeben, „er ist noch fortwährend wirksam wie am ersten; er lebt in höheren Naturen, um die geringeren heranzuziehen".

So würde der Mensch am Ende der Erdentwicklung das Ineinanderwirken von sinnlicher und übersinnlicher Welt bis ins Verborgenste in seinem ganzen Umfang schauend erkennen:

> Und wenn du's vollbracht hast,
> wirst du erkennen der Götter und Menschen unänderlich Wesen,
> drin sich alles bewegt und davon alles umgrenzt ist,
> stille schaun die Natur, sich gleich in allem und allem,
> nichts Unmögliches hoffen und doch dem Leben genug sein.

Mit dieser Erkenntnis würde der Mensch seine Denk-, Willens- und Liebeskräfte voll entwickeln, um als dienendes Glied in diesen Wunderbau des Makrokosmos sich hineinstellen und damit an der schaffenden Freude der Hierarchien, an den Seligkeiten der Götter selbst teilnehmen zu können.

Noch stehen wir in einem unendlichen Prozeß mitten drin. Das ungeheure Ganze, Gott und Natur, atmet. Verselbstung ist Einatmen, die selig befreiende Überwindung dieser Tendenz durch Expansion ist Ausatmen. Beides ist noch immer notwendig zusammen, so lange unser Wille noch mitten unterwegs, noch immer zwischen Natur und Geist, Notwendigkeit und Freiheit, Egoismus und kosmischer Gemeinschaft ist, so lange unser Bewußtsein noch ewig wechselt zwischen Einschlafen und Aufwachen, und so lange all unser Denken noch immer Stückwerk bleibt. Damit aber der Mensch sich selbst immer näher kommen kann und seine eigene Ewigkeit immer tiefer erfahren lernt, damit sein unter- und überbewußtes Ich sich mit seinem bewußten Ich immer mehr vereinigt, treibt es ihn durch eine unendliche Reihe von Zuständen und

Verkörperungen hindurch; immer wieder muß er sich konzentrieren, um Versäumtes auszugleichen und Mangel und Mißverhältnis zu freier harmonischer Allheit umzuleben. Jedes Wesen, das ein Ich in sich trägt, durchläuft diesen unendlichen Weg, wenn es auch in den Zeiten seiner Versinnlichung sich jener abgeklungenen Epochen und dumpferen Zustände gar nicht oder nur in ganz seltenen Momenten traumhaft erinnert. Auf jedem Punkt aber dieser unendlichen Linie zieht es die Konsequenz von Vergangenheit und Zukunft: das Ewige muß die Vergangenheit in einem Heilungsprozeß überwinden und für eine grenzenlose Zukunft in eigenster Verantwortlichkeit tätig sein. Es muß so oft durch den Tod gehen, bis es selbst den Tod ganz überwunden hat. Erst dann bleibt es für immer in Christus, in dem Reich Gottes, in seiner eigenen Unsterblichkeit, in der Wahrheit der Welt.

Dies ist — wir wiederholen es — das Geheimnis Goethes: Gottes Allgegenwart in der Natur, in der sich alle Welten ergreifen, dem Schauenden heilig-öffentlich; wirksam in allem Schicksal aus den Tiefen des Ich; in dreifacher Ehrfurcht angebetet von Ewigkeit zu Ewigkeit in der Urreligion des Geistes.

Wie aber lebt es fort, das uralt Wahre, eingesenkt in den kaum zu erkennenden Keim neuen Menschentums?

Durch innerlichste Arbeit des Menschen, durch ewige reine Tätigkeit, wie sie das ganze Leben Goethes symbolisch darstellt.

Nur Goethes persönlichstes Verhalten zur geistigen Welt könnte man als nicht ganz eindeutig auffassen. Goethe ist vor allem Künstler, und als Künstler muß er die geistige Welt immer durch Symbole, durch Gleichnisse, die der sinnlichen Welt der Erscheinung entnommen sind, ausdrücken. Er wird deshalb immer bei der Erscheinung verweilen. Der eigentliche Dichter sei dazu berufen, die Herrlichkeit der Welt in sich aufzunehmen und sei deshalb immer eher geneigt zu loben als zu tadeln.

Dies ist sein doppeltes Gesicht, dies sind die zwei Seelen in seiner Brust, die beide ihr Recht fordern: als geistiger Mensch hat er den Trieb, ins innerste Geheimnis aller Dinge zu dringen, im Herzen der Gott-Natur die Unruhe zu stillen; als Dichter muß er sich an den Reichtum der

tausendfach bedingten Vorstellungswelt halten, an den Glanz der Er=
scheinung, an alles „was uns im Erdenleben als Bild und Gleichnis
des Unvergänglichen vorschwebt". Er kann sich deshalb jenem ersten
Trieb nicht unbedingt hingeben. Wenn sein letztes Wort auch heißt:

Alles Vergängliche
ist nur ein Gleichnis —

wie im Gleichnis der höhere Sinn verborgen ist, so enthält alles Ver=
gängliche das höhere, übersinnliche Leben: dies Wort sagt vor allem
andern, daß Goethe die Traumhaftigkeit aller Erscheinung niemals ver=
gaß und den Realitätsgrad beider Welten immer richtig gewertet hat.
Er kehrt deshalb dieser Welt noch nicht den Rücken, er nimmt alles
in ihr liebevoll zusammen, um sie uns durchsichtig zu machen. Er ist
Lynceus der Türmer, der von seinem einsamen Turm sein Schauen
entzückt in die Nacht hinaussingt:

Zum Sehen geboren,
zum Schauen bestellt,
dem Turme geboren,
gefällt mir die Welt.
Ich blick in die Ferne,
ich seh in der Näh
den Mond und die Sterne,
den Wald und das Reh.
So seh ich in allen
die ewige Zier,
und wie mirs gefallen,
gefall ich auch mir.
Ihr glücklichen Augen,
was je ihr gesehn,
es sei wie es wolle,
es war doch so schön.

Welch eine Welt von Entsagung liegt in diesem Zurücksehen, in dieser
Freude an der Begrenztheit seiner Welt! Es ist dieselbe Entsagung,
die der Mensch empfinden muß, der vor dem Land der Ideen Anker
wirft.

Auch Faust entsagt; Faust, im zweiten Teil erträgt das volle Licht,
das Meer von Feuer, nur erst für einen kurzen Moment; er wendet

sich, die Sonne im Rücken, dem Wassersturz zu, über dem sich „des bunten Bogens Wechseldauer" wölbt: bald rein gezeichnet, bald in Luft zerfließend. Der Bogen ist das Symbol einer Dauer im Wechsel, die noch die schöne reiche Buntheit der Erscheinung in sich enthält.

Am farbigen Abglanz haben wir das Leben!

Pandora sagt es in anderen Worten: dem Menschen sei bestimmt, „Erleuchtetes zu sehen, nicht das Licht." Es ist immer dasselbe entsagende Genügen an der Gleichnis- und Bilderwelt, die sich vor die Welt des reinen Lichts stellt, das unser Bewußtsein noch nicht erträgt.

Soweit das Ohr, soweit das Auge reicht:
du findest nur Bekanntes, das ihm gleicht
und deines Geistes höchster Feuerflug
hat schon am Gleichnis, hat am Bild genug.

„Das Wahre, mit dem Göttlichen identisch, läßt sich niemals von uns direkt erkennen, wir schauen es nur im Abglanz, im Beispiel, Symbol, in einzelnen und verwandten Erscheinungen; wir werden es gewahr als unbegreifliches Leben und können dem Wunsch nicht entsagen, es dennoch zu begreifen."

„Alles was geschieht ist Symbol, und indem es vollkommen sich selbst darstellt, deutet es auf das Übrige. In dieser Betrachtung scheint mir die höchste Anmaßung und die höchste Bescheidenheit zu liegen." Höchste Bescheidenheit: das Bewußtsein, das alles Vergängliche nur Gleichnis ist und nur durch das Übersinnliche, durch das Ganze verstanden werden kann; höchste Anmaßung: in diesem Gleichnis Gott und Welt enthalten zu denken.

So ist die eine Seele: alles Vergängliche zum Gleichnis nehmen, damit alles Bildliche hinter sich lassen, an Gottes Tiefen sich wagen, in den Glanz der Gottheit hineinsehen, zu den Müttern hinabsteigen, und die andere: die Freude am Bunten, am Abglanz, an der Vielheit, das Ganze im kleinsten suchen, die obere Welt, die Idee in der Sinnenwelt erleben, den Müttern das Idol höchster Schönheit entreißen und mit ihm im Diesseits ein Traumreich errichten, das alle Welten vergessen macht.

Von hier aus darf der Geist mit Geistern streiten,
das Doppelreich, das große, sich bereiten.

Das große Doppelreich, die Durchdringung von Gott und Natur, Idee und Element, die Versöhnung der Welten im Bild zu zeigen, ist die Aufgabe des Künstlers. „Das Vermögen, jedes Sinnliche zu veredeln und auch den totesten Stoff durch Vermählung mit der Idee zu beleben, ist die höchste Bürgschaft unseres übersinnlichen Ursprungs."

Ein Symbol für dies schwebende Verhältnis zwischen zwei Welten ist das Gedicht Schwebender Genius über der Erdkugel, mit der einen Hand nach unten, mit der anderen nach oben deutend:

> Zwischen oben, zwischen unten
> schweb ich hin zu muntrer Schau,
> ich ergötze mich am Bunten,
> ich erquicke mich im Blau.

In Wanderers Sturmlied stehen die Verse, mit denen der Genius die inspirierenden ihn umschwebenden Mächte anruft:

> Ihr seid rein, wie das Herz der Wasser,
> ihr seid rein, wie das Mark der Erde.
> Ihr umschwebt mich, und ich schwebe
> über Wasser, über Erde,
> göttergleich.

Der ganze westöstliche Divan zeigt dasselbe „schwebende Verhältnis" zwischen Oben und Unten, zwischen sinnlicher und übersinnlicher Welt. Wein und Liebe drücken, wie in einer Geheimschrift, im Gleichnis höhere Zustände der Seele aus.

> Wißt ihr denn, was Liebchen heiße?
> Wißt ihr, welchen Wein ich preise?

Der geistreiche Mensch, nicht zufrieden mit dem, was man ihm darstellt, betrachte alles, was sich den Sinnen darbietet, als eine Vermummung, wohinter ein höheres geistiges Leben sich schalkhaft eigensinnig verstecke, um uns anzuziehen und in edlere Regionen aufzulocken.

> Ist unbedingten Strebens
> geheime Doppelschrift,
> die in das Mark des Lebens
> wie Pfeil um Pfeile trifft.

Dann aber werden die Bilder wieder von solcher sinnlich erlebten

Schönheit, daß jener höhere Sinn zurücktritt und wir ins Anschau=
liche zurückgeführt werden. Gerade dies ist es, was ihn in der persi=
schen Mystik anzieht: „Die orientalische mystische Poesie hat deswegen
den großen Vorzug, daß der Reichtum der Welt, den der Adepte weg=
weist, ihm noch jeder Zeit zu Gebote steht. Er befindet sich also
noch immer mitten in der Fülle, die er verläßt, und schwelgt
in dem, was er gern los sein möchte.“

Hiermit ist etwas berührt, was für alle Dichtung überhaupt gilt.
Wahre Dichtung hebt über alles Irdische hinaus, man befindet sich
„in den Zwischenräumen, in welchen die Götter hin= und herschweben“.

„Wir ziehen alles Hohe zu uns herunter, um uns desto lebhafter
von ihm hinaufheben zu lassen.“

Wilhelm Meister enthält das deutlichste Bild des Dichters. Der
Dichter will in den Menschen etwas erregen, ihre Seelen aufwühlen:
dem Volke das Mitgefühl alles Menschlichen geben, sie mit der Vor=
stellung des Glückes und Unglückes, der Weisheit und Torheit, des
Unsinns und der Albernheit entzünden und erschüttern und ihr stockendes
Innere in Bewegung setzen. Er ist ganz von der Mission erfüllt, alles
Weltleben zu vergeistigen und das Geistige zu vermenschlichen. Er ist
weder Weltmensch noch Heiliger, er ist der Weise, der in der Mitte
steht, der Freund der Götter, er ist in alle Geheimnisse des Lebens
eingeweiht, alle Wesen sind ihm vertraut, er lebt den Traum des Lebens
mit wachem Sinn und macht alle andern nur seliger weiterträumen.
„Er, der vom Himmel innerlich auf das Köstlichste begabt ist, der einen
sich immer selbst vermehrenden Schatz im Busen bewahrt, er muß auch
von außen ungestört mit seinen Schätzen in der stillen Glückseligkeit
leben, die ein Reicher vergebens mit aufgehäuften Gütern um sich her=
vorzubringen sucht. Sieh die Menschen an, wie sie nach Glück und
Vergnügen rennen! Ihre Wünsche, ihre Mühe, ihr Geld jagen rast=
los, und wonach? Nach dem, was der Dichter von der Natur erhalten
hat, nach dem Genuß der Welt, nach dem Mitgefühl seiner selbst in
andern, nach einem harmonischen Zusammensein mit vielen oft unver=
einbaren Dingen.

„Was beunruhigt die Menschen, als daß sie ihre Begriffe nicht mit

den Sachen verbinden können, daß der Genuß sich ihnen unter den
Händen wegstiehlt, daß das Gewünschte zu spät kommt und daß alles
Erreichte und Erlangte auf ihr Herz nicht die Wirkung tut, welche die
Begierde uns in der Ferne ahnen läßt? Gleichsam wie einen Gott hat
das Schicksal den Dichter über dieses alles hinübergesetzt. Er sieht das
Gewirre der Leidenschaften, Familien und Reiche sich zwecklos bewegen,
er sieht die unauflöslichen Rätsel der Mißverständnisse, denen oft nur
ein einsilbiges Wort zur Entwicklung fehlt, unsäglich verderbliche Ver=
wirrungen verursachen. Er fühlt das Traurige und das Freudige jedes
Menschenschicksals mit. Wenn der Weltmensch in einer abzehrenden
Melancholie über großen Verlust seine Tage hinschleicht oder in aus=
gelassener Freude seinem Schicksal entgegengeht, so schreitet die emp=
fängliche Seele des Dichters wie die wandelnde Sonne von Nacht
zu Tag fort und mit leisen Übergängen stimmt seine Harfe zu Freude
und Leid. Eingeboren auf dem Grund seines Herzens wächst die schöne
Blume der Weisheit hervor, und wenn die andern wachend träumen
und von ungeheuren Vorstellungen aus allen ihren Sinnen geängstigt
werden, so lebt er den Traum des Lebens als ein Wachender, und das
seltenste, was geschieht, ist ihm zugleich Vergangenheit und Zukunft.
Und so ist der Dichter zugleich Lehrer, Wahrsager, Freund der Götter
und der Menschen."

So erhöht der Dichter dem Liebenden seine Liebe, dem Reichen den
Wert seiner Abgötter. „Ja, wer hat, wenn du willst, Götter ge=
bildet, uns zu ihnen erhoben, sie zu uns hernieder gebracht, als der
Dichter?"

Auch der Dichter im Vorspiel auf dem Theater steigert die Freuden
und die Schmerzen der Seelen, erhebt das Einzelne zu allgemeiner
Weihe, zum großen Alleben des Ganzen und faßt in reinem Gefühl
die unharmonische Vielheit in sich zusammen, daß sie harmonisch
wird, ohne andere Absicht als die Daseinsgefühle aller Wesen zu er=
höhen. Die Noten zum Divan aber vergleichen den Eingeweihten, den
Propheten, der den Menschen durch die Verkündigung der Wahrheit
zu verwandeln strebt, mit dem Dichter, der durch alles frei hindurch
geht, der wirkt ohne wirken zu wollen, der sein Pfund verschleudere,
um Genuß hervorzubringen und selbst zu genießen. Er opfert sein

Bestes nicht unmittelbar durch das Leben, er gibt es seinen Werken,
um Ehre zu erlangen.

„Wollen wir nun den Unterschied zwischen Poeten und Propheten
näher andeuten, so sagen wir: beide sind von einem Gott ergriffen und
befeuert, der Poet aber vergeudet die ihm verliehene Gabe im Genuß,
um Genuß hervorzubringen, Ehre durch das hervorgebrachte zu er=
langen, allenfalls ein bequemes Leben. Alle übrigen Zwecke versäumt
er.“ Er sucht mannigfaltig zu sein, sich in Gesinnung und Darstellung
grenzenlos zu zeigen. Der Prophet hingegen sehe nur auf einen be=
stimmten Zweck; er müsse eintönig werden und bleiben, „denn das
Mannigfaltige glaubt man nicht, man erkennt es“.

Ähnliches sagt auch der Knabe Lenker:

> Bin die Verschwendung, bin die Poesie;
> bin der Poet, der sich vollendet,
> wenn er sein eigenst Gut verschwendet.

Es gibt bei Goethe Augenblicke, wo er über jede künstlerische Tätig=
keit in einem kalten eigenartigen Tone spricht; die Dichtkunst verlange
im Subjekt, das sie ausüben soll, „eine gewisse gutmütige, ins Reale
verliebte Beschränktheit, hinter welche das Absolute verborgen liege“.
„Die Poesie ist doch eigentlich auf die Darstellung des empirisch=patho=
logischen Zustandes des Menschen gegründet.“ Nicht zu sprechen von
jenem Bild des Dichters aus dem Westöstlichen Divan, dem Gegen=
beispiel, das die höchsten Kräfte des Denkens und Wollens zugunsten
des Fühlens — jenes Gefühls des harmonischen Zusammenseins mit
vielen oft unvereinbaren Dingen — verschoben und gestört zeigt.

> Weiß denn der, mit wem er geht und handelt?
> Er, der immer nur im Wahnsinn handelt.
> Grenzenlos, von eigensinnigem Lieben,
> wird er in die Öde fortgetrieben,
> seiner Klagen Reim, in Sand geschrieben,
> sind vom Winde gleich verjagt;
> er versteht nicht was er sagt,
> was er sagt, wird er nicht halten.

Jenes schwebende Verhältnis zwischen zwei Welten, der Kunst an=
gemessen, wird für den Menschen selbst zur Wurzel mancher Leiden,
für den Denker zur Wurzel mancher Widersprüche.

Goethe fand in seinem Wesen Gegensätze, die er nicht ausgleichen
konnte. Er sagt über sich: „Wir können einem Widerspruch in uns
selbst nicht entgehen, wir müssen ihn auszugleichen suchen."

Er habe sich nach promethëischer Weise zeitweise auch von. den
Göttern abwenden müssen, um so natürlicher, weil bei ihm eine Ge=
sinnung jederzeit die übrige verschlang und abstieß.

„Das Herz legt die Gewohnheit nicht ab, es begehrt lieber des Para=
dieses nicht."

Er bittet in seinem Tagebuch: „Gott helfe weiter und gebe Lichter,
daß wir uns nicht selbst so viel im Weg stehen."

Alles Leiden erscheint ihm als bitter notwendig.

Und wenn das grimme Feuer um uns lodert,
das Märtyrtum, es wird von uns gefodert.

In der Italienischen Reise heißt es:

„Ich werde von ungeheueren Mächten hin und wieder geworfen,
und da ist es wohl natürlich, daß ich nicht immer weiß, wo ich stehe.
Man erzählt von einem Schiffer, der, von einer stürmischen Nacht auf
der See überfallen, nach Hause zu steuern trachtete. Sein Söhnchen,
in der Finsternis an ihn geschmiegt, fragte: Vater, was ist denn das
für ein närrisches Lichtchen dort, das ich bald über uns, bald unter
uns sehe? Der Vater versprach ihm die Erklärung des andern Tags,
und da fand es sich, daß es die Flamme des Leuchtturms gewesen, die
einem von wilden Wogen auf= und niedergeschaukelten Auge bald
unten, bald oben erschien.

Auch ich steuere auf einem leidenschaftlich bewegten Meere dem Hafen
zu, und halte ich die Glut des Leuchtturms nur scharf im Auge, wenn
sie mir auch den Platz zu verändern scheint, so werde ich doch zuletzt
am Ufer genesen."

Man könnte ein ganzes Buch schreiben, um dies Bild des leiden=
schaftlich in der Hochspannung aller inneren Kräfte zwischen den zwei
Richtungen seines Lebens kämpfenden Menschen zu zeigen, diesen uns

nahen Goethe, der alle Vorstellungen von der olympischen Ruhe des
Weisen Lügen straft, der über des Lebens labyrinthisch irren Lauf
klagt, der, mit dem Haupt im Himmel weilend, der Erde niederziehende
Gewalt fühlt, der nicht müde wird sich zuzusprechen: es sei doch besser,
„ein für allemal zu entsagen, als immer einmal über den andern Tag
rasend zu werden," und der doch wieder in Verzweiflung über sich
selbst gerät:

> Könnt ich vor mir selber fliehn!
> Das Maß ist voll.
> Ach! warum streb ich immer dahin,
> wohin ich nicht soll.

Goethe hat den tief schmerzlichen Grund aller nur menschlichen Liebe
gefühlt, wie sie nur der empfinden kann, der zugleich die geistige Liebe
kennt. Er sagt zwar: der Liebende wird nicht irre gehen, von ihm
könne man den Weg der Liebe erfahren. Aber dies ist dann die Liebe,
die in ihrer höchsten Steigerung pater exstaticus in sich trägt:

> Ewiger Wonne Brand,
> glühendes Liebeband,
> siedender Schmerz der Brust,
> schäumende Gotteslust.

Goethe weiß, daß man nur das Vollkommene ohne Enttäuschung lieben
kann, und daß nur der ohne Schmerzen liebt, der völlig ohne Begehren
ist. Sowie der Mensch seine Liebe dem Einen widmet, dem vergäng=
lichen Wesen, das ihm das Schicksal zuführt, dann ist es wieder „wie
die Sterne wollten", dann steigt die Liebe von ihrer geistig=mentalen
Höhe herab in die Natur, hier aber sei keine Grenze des Irrens: hier
sei der Weg der Irrtum.

Deshalb das glühendste Verlangen der Überwindung:

> Pfeile, durchdringet mich,
> Lanzen, bezwinget mich,
> Keulen, durchschmettert mich . . .

In beständigen Läuterungen überwindet sich das Menschliche, es ist ein
Zurückfinden zum eigenen Mittelpunkt, zur geistigen Natur, zu dem
„Dauerstern, ewiger Liebe Kern".

Trotz all der ungeheueren Schwankungen bleibe er sich doch stets geheimnisvoll selbst getreu, denn: „was man besitzt, wird man nicht los, und wenn man es wegwürfe".

Zu diesen mehr oder weniger notwendigen Widersprüchen in seiner Natur treten andere in seinem Denken; es sind zunächst die, die nur die verschiedenen Richtungen unserer Seelenkräfte spiegeln. Ein das Weltganze als Künstler empfindender Mensch, ein ganz der Erkenntnis, ein ganz der Tat gewidmetes Leben, sie werden drei verschiedene Arten von Philosophien hervorbringen. Goethe läßt diese Widersprüche ruhig nebeneinander bestehen, weil er jene Seelenkräfte des Denkens, Fühlens und Wollens selbst immer auf ihren einheitlichen Urquell zurückzuführen bestrebt ist.

So ist es zu verstehen, wenn er an Jacobi schreibt, er könne, bei den mannigfaltigen Richtungen seines Wesens, nicht an einer Denkweise genug haben: „Als Dichter und Künstler bin ich Polytheist, Pantheist hingegen als Naturforscher, und eins so entschieden als das andere. Bedarf ich eines Gottes für meine Persönlichkeit, als sittlicher Mensch, so ist dafür auch schon gesorgt." Aber Goethe ist weder Pantheist noch Polytheist noch Monotheist: er ist alles zusammen, jedes zu seiner Zeit, niemals aber das Einzelne allein und ausschließlich.

Ebenso führt der notwendige Wechsel in unserer aktiv handelnden und passiv schauenden Natur zu einem Gegensatz von Realismus und Idealismus, für den dasselbe gilt: „Ich bin nämlich als ein beschauender Mensch ein Stockrealist, so daß ich von allen den Dingen, die sich mir darstellen, nichts davon und dazu zu wünschen imstande bin. Dagegen bin ich bei jeder Art von Tätigkeit, ich darf beinah sagen vollkommen idealistisch: ich frage nach den Gegenständen gar nicht, sondern fordere, daß sich alles nach meinen Vorstellungen bequemen soll." Solche Polaritäten lassen sich immer durch das Bewußtsein der höheren Einheit aller unserer geistigen Kräfte im ewigen Selbst überwinden, das eben über allen seinen Kräften thront und in einer Sphäre lebt, wo Erkenntnis, Wille und Liebe sich nicht mehr widersprechen können.

Die Widersprüche aber, die man in Goethes Worten findet, wenn er über die Grenzen unserer Erkenntnismöglichkeiten spricht, sind schwerer

aufzulösen. Wir haben eine ganze Reihe von Zeugnissen dafür, die be=
sagen: manchen Dingen sei nur bis zu einem gewissen Grade beizu=
kommen, die Natur behalte immer etwas Problematisches hinter sich,
„welches zu ergründen die menschlichen Fähigkeiten nicht hinreichen,"
der Mensch gestehe überall Probleme zu und könne doch keine ruhen
und liegen lassen; dies sei auch ganz recht, „aber mit dem Positiven
muß man es nicht so ernsthaft nehmen, sondern sich durch Ironie dar=
über zu erheben und ihm dadurch die Eigenschaft des Problems erhalten
suchen". Eklektische Philosophie könne es keine geben. „Die Sache ist
so gewaltig schwer, sonst hätten die guten Menschen sich nicht seit Jahr=
tausenden so damit abgequält. Und sie werden es nie ganz treffen. Gott
hat es nicht gewollt, sonst müßte er sie anders machen. Jeder muß
selbst zusehen, wie er sich durchhilft." (Zu Falk) Jeder spreche nur sich
selbst aus, indem er von der Natur spreche, und doch dürfe man nicht
die Anmaßung aufgeben, wirklich von der Welt zu sprechen. Das
schönste Glück sei, das Erforschliche erforscht zu haben, und das Un=
erforschliche ruhig zu verehren. Der alternde Faust aber, im Vorgefühl
wachsender Kultur und diesseitigen Lebens, sagt: nach Drüben sei die
Aussicht uns verrannt.

Und dann haben wir eine ganze Reihe von andern Zeugnissen, die
diesen zu widersprechen scheinen: der Mensch müsse bei dem Glauben
verharren, daß das Unbegreifliche begreiflich sei, er würde sonst nicht
forschen.

„Wir wandeln alle in Geheimnissen. Wir sind von einer Atmo=
sphäre umgeben, von der wir noch gar nicht wissen, was sich alles in
ihr regt, und wie sie mit unserem Geist in Verbindung steht. Soviel
ist wohl gewiß, daß in besonderen Zuständen die Fühlfäden unserer
Seele über ihre körperlichen Grenzen hinausreichen können und ihr ein
Vorgefühl, ja auch ein wirklicher Blick in die nächste Zukunft gestattet
ist." (Zu Eckermann)

Eine lange Erfahrung erweitere den Kreis desjenigen, „was trotz
wunderbarer Erscheinung sich dennoch nicht allein als möglich, sondern
als wirklich erweist, wodurch das Reich des Zufalls mehr und mehr
eingeschränkt erscheint und das Vertrauen weckt in den, der da ist,
der da war und der da sein wird".

„Wie wenige fühlen sich von dem begeistert, was eigentlich nur dem
Geist erscheint."

„In himmlischen Dingen lernen wir nie aus."

Auch an den Vers kann man denken, den Schopenhauer als Vor=
spruch der Welt als Wille und Vorstellung gewählt hat:

Ob nicht Natur zuletzt sich doch ergründe?

sowie an eines seiner letzten schriftlichen Worte (15. März 1832), die
Natur werde allen verständlich werden.

Wie sind diese Widersprüche aufzulösen?

Die strengen Grenzen gelten zunächst für das naturwissenschaftliche
Denken der Zeit. Die Grenzen dieses Erkennens bedrücken Goethe
nicht, weil er sie selbst weit überschreitet. Er sagt, er sei an die
Grenze gelangt, daß er da anfange zu glauben, wo andere verzweifeln,
und zwar diejenigen, die vom Erkennen zu viel verlangen. Von dem
Verstand hat Goethe nicht mehr verlangt, als er geben kann. Glauben
und Schauen aber fließen bei ihm ineinander, nur dem Schauenden
offenbaren sich die Weltgeheimnisse:

> Geheimnisvoll am lichten Tag
> läßt sich Natur des Schleiers nicht berauben,
> und was sie deinem Geist nicht offenbaren mag,
> das zwingst du ihr nicht ab mit Hebeln und mit Schrauben.

Der Mensch bedarf aller geistigen Organe, wenn er sich an das Un=
geheuere wage. „Die himmlischen und irdischen Dinge sind ein so weites
Reich, daß die Organe aller Wesen zusammen es nur zu erfassen ver=
mögen." Die Natur spreche nicht nur zu Gesicht und Gehör allein, sie
spricht „hinabwärts zu andern Sinnen, zu bekannten, verkannten, un=
bekannten Sinnen"; so spreche sie mit sich selbst und zu uns durch tau=
send Erscheinungen.

Dies ist der eine Grund dieser Widersprüche: eine strenge Grenze
der Erkenntnis gibt es nur für den Rationalismus. Sowie der Mensch
alle Organe, alle Kräfte zusammennimmt, dann verschwinden die starren
Grenzen; niemand kann dann sagen; dies kannst du erkennen, dies
nicht; dann gibt es nur Erkenntnisgrade, Stufen, auf denen wir immer
höher steigen, und von denen wir noch nicht wissen, wie weit und wie

hoch sie führen. Auch die Urphänomene, bei denen sich Goethe zu be=
ruhigen scheint, verbinden das Übersinnliche mit dem Sinnlichen und
führen über den Rationalismus hinaus in ein wesenhaftes Natur=
Verstehen.

Dazu kommt ein zweites. Goethe beruhigt sich nie bei dem Verein=
zelten, sondern sucht die großen geistigen Zusammenhänge aller Wesen.
Stückwerk bleibt alles Wissen, so lange wir das Ganze zerlegen und
bei den Teilen stehen bleiben. Da der Verstand die geistigen Zusam=
menhänge der Wesen nie begreifen kann, mußte es Goethe schwer fallen,
sich mitzuteilen. Er sah sich vergeblich nach Hilfe um. „Hier fand ich
weder Meister noch Gesellen und mußte selbst für alles stehen.“ In
dieser schwerempfundenen Einsamkeit mußte er das Übergroße der Auf=
gabe, wo ein Leben so wenig ist, doppelt schwer empfinden.

Das Wissen müsse besonders auf einem Planeten als Stückwerk
erscheinen, der, aus seinem ganzen Zusammenhange mit der Sonne
herausgerissen, alle und jede Betrachtung unvollkommen läßt. Diese
äußere Zerstückelung wird aber durch das Erlebnis der Einheit im In=
nern gutgemacht. „Wir würden unser Wissen nicht für Stückwerk er=
klären, wenn wir nicht den Begriff von einem Ganzen hätten.“ „Zur
Einsicht in den geringsten Teil ist die Übersicht über das Ganze nötig.“

Goethe trägt diese Übersicht über das Ganze in sich, er weiß, daß
ohne dies Ganze zu besitzen, niemand das Einzelne erkennen kann, daß
alles Vereinzelte immer sinnlos bleibt, und er fühlt andererseits, wie
viel von diesem Begriff des Ganzen für ihn unaussprechlich sein wird. Nur
wenn man ahnt, was für Goethe die Einheit von Gott und Welt war,
dann wird man begreifen, warum für ihn alles einfacher ist als man
denken kann und zugleich verschränkter als zu begreifen ist, warum er
die großen Forscher als Märtyrer ansieht, die ein unwiederbringlicher
Trieb in gefährliche, kaum zu überwindende Lagen geführt, und warum
Goethe so oft auf den Gegensatz von esoterischer und exoterischer Wissen=
schaft hinweist.

Auch Faust deutet auf zwei Arten der Erkenntnis:

Ja, was man so erkennen heißt!
Wer darf das Kind beim rechten Namen nennen?
Die wenigen, die was davon erkannt,

die töricht gnug ihr volles Herz nicht wahrten,
dem Pöbel ihr Gefühl, ihr Schauen offenbarten,
hat man von je gekreuzigt und verbrannt.

„Ich habe es immer für ein Übel, ja für ein Unglück gehalten, daß man zwischen Exoterischem und Esoterischem keinen Unterschied mehr macht." Der Lehrende müsse durch eine Wechselwirkung zwischen Esoterischem und Exoterischem die wahre lebendige Wissenschaft aufbauen. „Alles, was ich eigentlichst und herzlichst zu sagen hätte, könnte bloß mündlich geschehen, denn es ist vollkommen esoterisch."

Das 19. Jahrhundert hat alle jene Zeugnisse Goethes mit Befriedigung angeführt, die ein konsequentes Vordringen zum Wesen der Dinge abzulehnen scheinen. Es hat aber, in der billigen Resignation des Materialismus, wenig darauf geachtet, in welchem Zusammenhang diese Äußerungen getan sind. Wir haben gezeigt, wie Goethes Methode auf dem Schauen beruht, wie er alle Kräfte der Seele und des Geistes zusammennehmen heißt, was die eine Wahrheit für ihn ist, wie er von den Ideen, die er für unentbehrlich in der Wissenschaft hält, verlangt, sie müßten mit den Ideen des Weltgeistes zusammentreffen. Nur wenn das 19. Jahrhundert diese großen Intentionen des Goetheschen Geistes konsequent fortgeführt hätte, wäre es berechtigt, Goethe zu zitieren. Es ist grundfalsch zu behaupten, Goethe habe an den Grenzen der Erkenntnis ehrfürchtig halt gemacht. Er hat sein Lebenlang nichts getan als diese Grenzen durch die Entwicklung aller Geisteskräfte hinauszurücken. Und weil diese Wissenschaft uns das Rätsel unseres Lebens nicht zu lösen vermochte und selbst in das allgemeine Stürzen und Schwanken hineingezogen wird, hat das 20. Jahrhundert, insofern es jene Intentionen aufnimmt, viel eher das Recht, sich auf jene andern Zeugnisse zu berufen, die keine starren Erkenntnisgrenzen zugeben, sondern an ein gradweises Wachsen unseres Bewußtseins glauben, an die Möglichkeit, geistige Zusammenhänge zu erleben, die uns heute noch verschlossen sind. Was Goethe an sich bemerkt, schien ihm nur der geringste Teil seines Daseins zu sein. Das 19. Jahrhundert hat die Menschen leichten Herzens entsagen gelehrt, das 20. Jahrhundert muß einer sich nach Verjüngung sehnenden Menschheit zurufen:

Die Geisterwelt ist nicht verschlossen:
dein Sinn ist zu, dein Herz ist tot.
Auf, bade Schüler unverdrossen
die irdische Brust im Morgenrot.

Goethe hat überhaupt nicht für sein Jahrhundert gelebt. Er hat sich in einem innern Gegensatz zu ihm gefühlt. Er sagt, der echte Künstler bewahre ein anerkanntes Heilige und suche es mit Ernst und Bedacht fortzupflanzen. Das Jahrhundert aber strebe nach seiner Art ins Zeitliche und suche das Heilige gemein, das Schwere leicht und das Ernste lustig zu machen, wogegen gar nichts zu sagen wäre, wenn nicht darüber Ernst und Spaß zugrunde gingen.

Dieses Wort, soweit es nicht für den Zeitgeist jeder Epoche gilt, zeigt, wie Goethe sich über seiner Zeit fühlte. Er vermißte in ihr eine Offenheit, eine geistige Aufnahmefähigkeit, ein Wille, im Innersten befruchtet zu werden. Heute ist manches anders. Unerhörte Erfahrungen, Schmerzen und Lasten aller Art haben dieser Zeit ein Suchen gegeben, was uns fehlte, starre Bindungen lösen sich, etwas ist aufgetan, so daß der Geist einströmen kann, für den Gedanken einer geistigen Gemeinschaft der Nationen bereitet sich, trotz aller Gegenwirkungen, der erste Boden, andererseits haben die Gegensätze eines ganz am Ende angelangten Materialismus und wahrhaft geistiger Bewegungen sich so extrem und sichtbar ausgeprägt, daß sich der Mensch heute entscheiden muß, wenn er leben will. All dies macht ein ganz anderes Sprechen über das Heilige notwendig, das Goethe zu bewahren sucht. Der Ruf des Märchens ertönt: „Es ist an der Zeit!"

Es ist an der Zeit, daß der Mensch die große Wandlung zu vollbringen strebt, durch die der Tempel an das Licht kommt und die grüne Schlange sich opfert, um zwischen den Ländern der Natur und des Geistes für immer die Brücke zu schlagen.

Es ist an der Zeit, daß sich der deutsche Geist seiner höchsten Mission bewußt werde, wie sie sich in Goethe verkörpert. „Denn es ist nun einmal die Bestimmung des Deutschen, sich zum Repräsentanten der sämtlichen Weltbürger zu erheben." Weltbürger aber nicht im irdischen Sinn, im Sinn des Bürgers; Weltbürger ganz im kosmisch-geistigen Sinne!

Wenn der Mensch heute alle Kräfte des Geistes und der Seele zu=
sammennimmt, um bei klarem reinen Bewußtsein, bei völliger Aus=
geglichenheit und Ruhe zu den wirkenden Kräften in allen Dingen
vorzudringen, dann werden ihm die Grundbegriffe des Goetheschen
Denkens eine notwendige Lebensgrundlage, sein. Nur wird er heute
damit anfangen müssen, erst wieder sein ganzes Gefühl damit zu durch=
dringen, wie sehr man jeden Sinn des Lebens verlieren muß, wenn
man bei der Erscheinung stehen bleibt. Der Mensch muß wieder er=
leben lernen, daß Seele und Geist in ihm von höherer Wirklichkeit
sind und mit einer höheren Wirklichkeit außer ihm in Verbindung stehen,
als alles andere, was er mit Leibesorganen wahrnehmen kann. Je
mehr er sich in die Zusammenhänge aller Wesen hineindenken lernt,
desto tiefer und schöner wird er sich im Leben als ein Bürger höherer
Welten fühlen lernen, aus denen das Gegenstandsbewußtsein ihn
herausführt. Eine Versenkung in Goethe wird für jeden, der solches
sucht, eine wunderbare Schule sein. Goethe hat sich bis zuletzt immer
in allen Reichen der großen Einheit von Gott und Natur gefühlt, er
erkennt hier die eigentliche Triebfeder unseres ganzen Strebens.

„Der Mensch, so sehr ihn auch die Erde anzieht mit ihren tausend
und abertausend Erscheinungen, hebt doch den Blick forschend und seh=
nend zum Himmel auf, der sich in unermessenen Räumen über ihm
wölbt, weil er so tief und klar in sich fühlt, daß er ein Bürger jenes
geistigen Reichs sei, woran wir den Glauben nicht abzulehnen und auf=
zugeben vermögen. In diesem Glauben liegt das Geheimnis des ewigen
Fortstrebens nach einem unbekannten Ziele, es ist gleichsam der Hebel
unseres Forschens und Sinnens, das zarte Band zwischen Poesie und
Wirklichkeit.‟

Und zu Eckermann kurz vor seinem Tode: „Gott hätte wenig Freude
daran, diese plumpe Welt aus einfachen Elementen zusammenzusetzen
und sie jahraus, jahrein in den Strahlen der Sonne rollen zu lassen,
wenn er nicht den Plan gehabt hätte, sich auf dieser materiellen Unter=
lage eine Pflanzschule für eine Welt von Geistern zu gründen.‟

So ist der Sinn unseres Lebens nur von oben, vom Übersinnlichen
her, aus der umfassenden Ganzheit aller Reiche zu fassen.

Nur wird auch der neue Mensch wie Goethe alles ablehnen, wo er nicht klar sehen kann, allen Mediumismus, allen Somnambulismus, allen Aberglauben, in dem sich „eine wundersame reiche Welt, von einem trüben Dunstkreis umgeben, bildet". Jenes dumpfe Hellsehen bei herabgestimmtem Bewußtsein hat Goethe immer als etwas empfunden, was dem heutigen Bewußtseinszustand des Menschen nicht angemessen sein kann. Sein geistiges Sehen ist immer mit hellstem inneren Licht verbunden und steht unter der Kontrolle der gesamten Denkkräfte. Es ist die Frucht einer großen Reinheit der Seele und einer hohen entselbstigten Objektivität des Geistes. So verbindet Philipp Neri mit geheimnisvollen, seltsamen Innerlichkeiten den klarsten Menschenverstand, die reinste Würdigung vielmehr Abwürdigung der irdischen Dinge. Man lese seine Außerungen über die Seherin von Prevorst: „Ich habe mich von Jugend auf vor diesen Dingen gehütet, sie nur parallel an mir vorüber laufen lassen. Zwar zweifle ich nicht, daß diese wundersamen Kräfte in der Natur liegen, ja, sie müssen in ihr liegen, aber man ruft sie auf falsche oft frevelhafte Weise hervor. Wo ich nicht klar sehen, nicht mit Bestimmtheit wirken kann, da ist ein Kreis, für den ich nicht berufen bin. Ich habe nie eine Somnambule sehen mögen."

Je tiefer der Mensch aber im weltbürgerlichen Sinn zu dem All=leben der Gott=Natur geistig erwacht, desto mehr wird sich das Ewige in ihm als eine Mitte der Welt empfinden. Der Mensch „der kleine Gott der Welt", ist das Bild des Ganzen, er trägt den Geist der Natur und den Geist des Himmels in sich, er ist dazu berufen, die Geheimnisse der zwei Welten, ihre Polaritäten, Steigerungen, Uberwindungen und Versöhnungen zu offenbaren und die Einheit des Ganzen auszusprechen. Das Wesen des Menschen enthält zunächst das Wesen aller sichtbaren Natur. Er entnimmt seinen physischen Leib der Erde, er gibt ihn der Erde zurück. Er fühlt ihre Schwere, ihre dumpfen Widerstände. Dann trägt der Mensch Pflanze und Tier in sich: die aufbauenden Kräfte des Wachstums, der Fortpflanzung, der Vererbung in seiner elementarischen Natur, die Eindrucksfähigkeit und Begierdenwelt der Tiere in seiner Seele. Das Tier aber geht in der Gruppenseele auf, es ist in ihr geborgen, ganz und vollkommen. Sein Leben ist in ihr erschöpft. Es hat kein ausgeprägtes individuelles Eigenwollen

über dem der Art, kein Erkenntnisstreben, keine persönliche Biographie
(Steiner). In seinem Einzelschicksal ist kein Sinn wie im Menschen=
schicksal. Es ruht unbewußt in einer Ganzheit, die es durch die In=
stinkte leitet. Der Mensch aber lebt in der umfassenden Weltseele
und lernt in ihr jeden Druck der Luft empfinden. Er trägt, als ein
Viertes, jenes gute und mächtige Ich in sich, das so still und ruhig
in uns wohnt. Das Ich aber ist aus der sichtbaren Natur nicht zu
begreifen. Sein Wesen offenbart eine höhere Dreiheit, als wir sie in
der Natur finden; Wille, Denken und Gefühl. Je mächtiger und reiner
er jene höhere Dreiheit entwickelt, desto tiefer verwandelt sich die nie=
dere, natürliche. „Jede Substanz modifiziert die, mit der sie sich ver=
bindet." Durch das Entwickeln dieser Kräfte wird der Mensch zum
Zeugen für die geistige Welt.

Auch Goethe sieht in dem Wesen des Menschen eine reichere Gliede=
rung als die von Leib und Seele. Auch er kennt die sich im Men=
schen wesenhaft durchdringenden Prinzipien, er rechnet mit ihnen, er
beobachtet sie, sie beschäftigen sein Nachdenken.

Im Innern ist ein Universum auch.

„Der Mensch ist eine wunderliche Zusammensetzung."

Kein Lebendiges ist ein Eins,
immer ist's ein Vieles.

„Der Mensch gehört mit zur Natur und Er ist es, der die zartesten
Bezüge der sämtlichen elementaren Erscheinungen in sich aufzunehmen,
zu regeln und zu modifizieren weiß."

Er spricht weiter von dem Unterschied der „geheimnisvollen Syn=
these" und dem bloßen Nebeneinander und Miteinander. „Vor allem
also sollte der Analytiker untersuchen oder vielmehr sein Augenmerk
dahin richten, ob er es denn wirklich mit einer geheimnisvollen Syn=
these zu tun habe, oder ob das, womit er sich beschäftigt, nur eine
Aggregation sei, ein Nebeneinander, ein Miteinander, oder wie das
alles modifiziert werden könnte."

„Was ist eine höhere Synthese als ein lebendiges Wesen? Und was
haben wir uns mit Anatomie, Physiologie und Psychologie zu quälen,

um uns von dem Komplex nur einigermaßen einen Begriff zu machen, welcher sich immerfort herstellt, wir mögen ihn in noch so viele Teile zerfleischt haben."

Die Betrachtung äußerer Gestalt schon führt ihn zu folgendem: „Jedes Lebendige ist kein Einzelnes, sondern eine Mehrheit; selbst insofern es uns als Individuum erscheint, bleibt es doch eine Versammlung von lebendigen selbständigen Wesen, die der Idee, der Anlage nach gleich sind, in der Erscheinung aber gleich oder ähnlich, ungleich oder unähnlich werden können. Diese Wesen sind teils ursprünglich schon verbunden, teils finden und vereinigen sie sich. Sie entzweien sich und suchen sich wieder und bewirken so eine unendliche Produktion auf alle Weise und nach allen Seiten."

Alles was ist oder erscheint, dürfe nicht ganz nackt gedacht werden; eines wird immer von einem andern durchdrungen, begleitet, umkleidet, umhüllt; es verursacht und erleidet Einwirkungen, und wenn so viele Wesen durcheinander arbeiten, wo soll am Ende die Einsicht, die Entscheidung herkommen, was das Herrschende, was das Dienende sei, was voranzugehen bestimmt, was zu folgen genötigt ist?

In Dichtung und Wahrheit heißt es wörtlich: „Wachstum ist nicht bloß Entwicklung; die verschiednen organischen Systeme, die den einen Menschen ausmachen, entspringen einander, folgen einander, verwandeln sich ineinander, verdrängen einander, ja zehren einander auf, so daß von manchen Fähigkeiten, von manchen Kraftäußerungen nach einer gewissen Zeit kaum eine Spur zu finden ist." Und in dem Monadengespräch nennt Goethe den Moment des Todes, der darum auch sehr gut eine Auflösung heiße, eben das Phänomen, daß diese verschiedenen Systeme, die sich während des Lebens zu einer geheimnisvollen Synthese durchdringen, sich wieder trennen, oder wo, wie er sagt, die regierende Hauptmonas — das absolute Ich, das seine Kraft durch alles hindurchträgt — ihre bisherigen Untergebenen ihres treuen Dienstes entläßt. Alle Monaden aber seien von Natur so unverwüstlich, daß sie ihre Tätigkeit im Moment ihrer Auflösung selbst nicht einstellen oder verlieren, sondern um sie noch in diesem Augenblicke wieder fortzusetzen." So scheiden sie nur aus den alten Verhältnissen, um auf der Stelle wieder neue einzugehen.

Auf diese Weise gehen im Tode die verschiedenen Systeme in die verschiedenen Reiche des Makrokosmos auf, um bei der Geburt sich wieder neu aus ihnen zu sammeln und synthetisch zu verdichten. Auch das Bewußtsein des absoluten Ich wechselt zwischen Aufwachen in der geistigen und Einschlafen in der sinnlichen Welt. Nur der völlig erwachte Mensch wird einst das Ganze so in sich tragen wie Makarie.

Um dies zu verstehen, müssen wir uns denken, daß Goethe den Himmel mit ganz anderen Empfindungen betrachtet hat als der Durchschnittsmensch.

> Denn ich weiß, du liebst, das Droben,
> das Unendliche zu schauen,
> wenn sie sich einander loben,
> jene Feuer in dem Blauen.

Für Goethe ist jeder Stern, jeder Feuerball zugleich Ausdruck eines geistigen Wesens. Jede Monade hat das allgemeine Gesetz in sich, nachdem sie sich innerhalb des ungeheueren Ganzen entwickeln und umgestalten muß. „Jede Sonne, jeder Planet trägt in sich eine höhere Intention, einen höheren Auftrag, vermöge dessen seine Entwicklungen ebenso regelmäßig und nach demselben Gesetz wie die Entwicklungen eines Rosenstocks durch Blatt, Stiel, Krone zustande kommen müssen." Diese Intentionen seien unsichtbar und früher als die sichtbaren Entwicklungen in der Natur vorhanden; die Übergangs= und Durchgangs= zustände sollten uns dabei nicht irre machen.

Erfüllt sich auf diese Weise der Begriff des Ganzen mit geistigem Leben, können wir uns diese geistigen Intentionen der Sterne auf= einander wirkend denken, dann verstehen wir, warum Goethe den „astrologischen Aberglauben" nicht einfach ablehnt. Praktisch lehnt er die Astrologie allerdings ab. „Wer die Sterne fragt, was er tun soll, ist gewiß nicht klar, was zu tun ist." Aber theoretisch läßt er astrale Fernwirkung durchaus gelten. „Die Erfahrung spricht, daß die nächsten Gestirne einen entscheidenden Einfluß auf Witterung, Vegetation usw. haben, man darf nur stufenweise immer aufwärts steigen, denn es läßt sich nicht sagen, wo diese Wirkung aufhört. Findet doch der Astronom überall Störungen eines Gestirnes durch andere, ist doch der Philosoph geneigt, ja genötigt, eine Wirkung auf das Entfernteste anzunehmen. So darf der Mensch im Vorgefühl seiner selbst nur immer etwas weiter schreiten und diese Einwirkung aufs Sittliche, auf Glück und Unglück ausdehnen. Diesen und ähnlichen Wahn möcht ich nicht einmal Aberglaube nennen, er liegt unserer Natur so nahe, ist so leidlich und läßlich wie irgend ein Glaube. Nicht allein in gewissen Jahrhunderten, sondern auch in gewissen Epochen des Lebens, ja bei gewissen Naturen tritt er öfter, als man glauben kann, herein.'

Den höchsten Ausdruck eines solchen Glaubens an die geistigen Intentionen der Sterne finden wir bei Goethe nur in Gedichten. Die Bahn jedes geistigen Wesens ist eine „selbsterwählte reine Bahn", und so ist für Goethe die Eigenart dieser Bahn nur aus dem übersinnlichen Wesen der Sterne zu begreifen:

> Das Leben wohnt in jedem Sterne,
> er wandelt mit dem andern gerne
> die selbsterwählte reine Bahn;
> im innern Erdenball pulsieren
> die Kräfte, die zur Nacht uns führen
> und wieder zu dem Tag heran.

Der allbewußte Mensch trägt also nicht nur das Bewußtsein der Identität von Ich und Gott in sich, sondern zugleich das Wissen seines Eingefügtseins in die Sternenwelt, das Hellgefühl seiner eigenen Bahn innerhalb des großen Planetensystems. Dieser Zustand der Erleuchtung ist in Makarie dargestellt und diese Gestalt der Wanderjahre ist für Goethe deshalb so unendlich bedeutend, weil sie zeigt, was höchste Erleuchtung für ihn ist. Es ist kein Geistersehen, kein „Einwirken ins Jenseits", auch nicht das nur bildlich Visionäre christlicher Heiliger, es ist das Bewußtwerden des geistigen Verbundenseins unseres ewigen Ichs mit dem Wesen der Sternenwelt: ein unbeschreibliches Durchsichtigwerden des Naturganzen! Makarie trägt nicht nur das Sonnensystem in sich, sie bewegt sich in ihm vielmehr geistig als sein integrierender Bestandteil.

„Makarie befindet sich zu unserm Sonnensystem in einem Verhältnis, welches man auszusprechen kaum wagen darf. Im Geiste, der

224

Seele, der Einbildungskraft hegt sie, schaut sie es nicht nur, sondern sie macht gleichsam einen Teil desselben; sie sieht sich in jenen himmlischen Kreisen mit fortgezogen, aber auf eine ganz eigene Art, sie wandelt seit ihrer Kindheit um die Sonne, und zwar, wie nun entdeckt ist, in einer Spirale, sich immer mehr vom Mittelpunkt entfernend und nach den äußeren Regionen hinkreisend.

„Wenn man annehmen darf, daß die Wesen, insofern sie körperlich sind, nach dem Zentrum, insofern sie geistig sind, nach der Peripherie streben, so gehört unsere Freundin zu den geistigsten; sie scheint nur geboren, um sich von dem Irdischen zu entbinden, um die nächsten und fernsten Räume des Daseins zu durchdringen. Diese Eigenschaft, so herrlich sie ist, ward ihr doch seit den frühsten Jahren als eine schwere Aufgabe verliehen. Sie erinnert sich von klein auf, ihr inneres Selbst als von leuchtenden Wesen durchdrungen, von einem Licht erhellt, welchem sogar das hellste Sonnenlicht nichts anhaben konnte.

„Diese Gabe zog ihren Anteil ab von gewöhnlichen Dingen, aber ihre trefflichen Eltern wendeten alles auf ihre Bildung; alle Fähigkeiten wurden an ihr lebendig, alle Tätigkeiten wirksam, dergestalt, daß sie allen äußeren Verhältnissen zu genügen wußte, und indem ihr Herz, ihr Geist ganz von überirdischen Gesichten erfüllt war, doch ihr Tun und Handeln immerfort dem edelsten Sittlichen gemäß blieb. Wie sie heranwuchs, überall hilfreich, unaufhaltsam in großen und kleinen Diensten, wandelte sie wie ein Engel Gottes auf Erden, indem ihr geistiges Ganze sich zwar um die Weltsonne, aber nach dem Überweltlichen in stetig zunehmenden Kreisen bewegte.

„Die Überfülle dieses Zustandes ward einigermaßen dadurch gemildert, daß es auch in ihr zu tagen und zu nachten schien, da sie denn, bei gedämpftem innern Licht, äußere Pflichten auf das treueste zu erfüllen strebte, bei frisch aufleuchtendem Innern sich der seligsten Ruhe hingab. Ja, sie will bemerkt haben, daß eine Art von Wolken sie von Zeit zu Zeit umschwebte und ihr den Anblick der himmlischen Genossen auf eine Zeitlang umdämmerten, eine Epoche, die sie stets zu Wohl und Freude ihrer Umgebung zu benutzen wußte.“

So entfremden die himmlischen Erscheinungen Makarie nicht der Erde. Alle letzten Bekenntnisse Goethes sehen prophetisch voraus, daß ein solcher Glaube an das Erwachen des Menschen im Weltganzen von immer steigendem Wert für das Leben selbst sein werde. Alle letzten Worte Goethes weisen ins Leben zurück.

In jenem Gespräch, wenige Tage vor seinem Tode, heißt es: „Sobald man die reine Lehre und Liebe Christi, wie sie ist, wird begriffen und in sich eingelebt haben, so wird man sich als Mensch groß und frei fühlen und auf ein bißchen so oder so im äußern Kultus nicht mehr sonderlichen Wert legen.

Auch werden wir alle nach und nach aus einem Christentum des Worts und des Glaubens immer mehr zu einem Christentum der Gesinnung und Tat kommen.“

Damit sind die zwei höchsten Lebenshoffnungen ausgesprochen: der Gedanke einer Versöhnung der Bekenntnisse durch das Leben, und der Gedanke der Verwirklichung des wahren Christusgeistes auf der Erde.

In dem Gedanken der Versöhnung der Bekenntnisse liegt die ganze Zukunft der Menschheit. Wenn die Urreligion der einen Wahrheit zu seiner Zeit auch nur die Religion der Weisen war, die pädagogische Provinz zeigte, wie sie zu einem Fundament für die geistige Kultur wird. Sie beginnt da, womit man immer beginnen muß: mit dem unbedingten Vertrauen auf die Jugend.

Für alle, die an die zukünftige Versöhnung der Menschen glauben, für alle, die von dem heiligen Willen erfüllt sind, für eine solche Versöhnung, für eine Verwirklichung der Idee christlicher Gemeinschaft in der Menschheit selbst zu leben und zu sterben, für alle, die wissen, daß die Wiederholung solcher Katastrophen die Kultur für Jahrhunderte vernichten muß, für sie alle ist die Tendenz zur Versöhnung in Goethes Geist etwas wunderbar Stärkendes.

Diese Tendenz zur Versöhnung durchdringt sein ganzes geistiges Leben. Seine Natur sei conciliant, der rein tragische Fall könne ihn nicht interessieren, der eigentlich von Haus aus unversöhnlich sein müsse.

Das Unversöhnliche komme ihm aber in dieser platten Welt ganz ab=
surd vor.

Goethe sucht alles, was uns von Gott trennt, nie zu verschärfen,
immer zu mildern. Daher seine Abneigung gegen die Predigt zur Reue.
Die Buße legen sich seine Menschen selbst auf, aber die Reue scheint
ihm deshalb unfruchtbar, weil sie den Menschen nur noch mehr in sich,
in die Subjektivität, ins Vergängliche hineinführt und damit den Zwie=
spalt zwischen Ich und Gott nur vergrößert: Reue fruchtet nichts, nur
Taten fruchten. Es ist die falsche Reue, vor der jede echte religiöse
Erziehung warnt.

Wir sahen das Wesentliche seines Denkens darin, daß er entgegen=
strebende Welttendenzen ruhig zusammen wirken läßt, alle Polaritäten
als Phänomene zunächst bestehen läßt und sie durch Erkenntnis in
höherer Synthese überwindet. Er sagt zu Falk: der Mensch stelle
gleichsam das letzte Produkt der plastischen Natur dar, das mit ihren
Geheimnissen zugleich die zwei Richtungen ausplaudere, die von Ewig=
keit in ihr verborgen liegen, und die trotz allen scheinbaren Gegensätzen
doch erst beide zusammen die eine wahrhafte ganze und vollständige
Welt und Natur ausmachen.

Die Diesseitigkeit, zu der die Versöhnung der zwei Welten im
Menschen strebt, ist aber nicht die der klassischen Welt. Wir finden in
der griechischen Kultur eine Harmonie von Form und Materie, Geist
und Natur, ein Ruhen in Allheit, eine Heiligsprechung des Lebens,
die der neue Mensch erst auf einer höheren bewußteren Stufe, nach
tiefen Wesenswandlungen, nach Ausbildung höherer Sinne wieder
erringen kann. Die Welten können sich nur versöhnen, wenn der Mensch
alle Abgründe, alle Gegensätze wirklich gesehen hat. Die Verwand=
lung geschieht durch „Idee und Liebe"; jene den reinsten Geist ver=
körpernd, diese die Form entselbstigend. Die endliche Versöhnung ist
nicht ein Ausgleich, ein Geltenlassen zweier Prinzipien nebeneinander,
sie ist nicht Folge eines rückschauenden Klassizismus, sie ist immer nur
Ziel und Streben. Wir erleben in der Kunst ihre Versprechungen.
Für uns alle kann, heute mehr denn je, Versöhnung kein Zustand,
sondern immer nur klar geschautes Ziel sein, für das wir in schwersten
Kämpfen stehen.

Dies gilt für jede Art von Versöhnung, auch für den von Glauben
und Wissen. Diese Gegensätze streben sich auszugleichen, ohne daß ein
solcher Ausgleich schon im einzelnen für jeden erreichbar sein könnte.
Dies ist auch der Sinn des Wortes: „Sobald man nur von dem
Grundsatz ausgeht, daß Wissen und Glauben nicht dazu da sind, um
einander aufzuheben, sondern um einander zu ergänzen, so wird schon
überall das Rechte ausgemittelt werden.“

Auch Faust kann jenes „Doppelreich, das große“, das er sich zu
bereiten strebt, noch nicht verwirklichen. Euphorion entschwebt, Helena
entschwindet. Goethes Tendenz zur Versöhnung entspricht der Sehn=
sucht unserer besten Geister nach einem dritten Reich. Es liegt in der
Idee des dritten Reichs, daß es die Zukunft für uns ist. Das Sym=
bol aber dieses neuen Bewußtseinzustandes wird immer das der Ge=
heimnisse sein: das mit Rosen verwundene Kreuz!

Woran liegt es, daß heute alles wieder in Mißtrauen, Haß und
Streit zerfällt, wenn die Menschen der Idee der Versöhnung näher
treten wollen? Ist es mehr fehlende Einsicht dessen, was zuerst und
zunächst zu tun ist, mehr der zähe Egoismus alter Schichtungen und
geistfeindlicher Verbände? Ist es mehr Trägheit, mehr Mangel an
Idee oder Wille? Oder weil niemand Christus lebt? Weil die Men=
schen sich nicht darüber klar werden, welcher Abgrund zwischen den
Forderungen des Geistes und den vererbten Gewöhnungen der Natur
liegt? Wenn alles, was zwischen Mensch und Mensch sein kann, das
Ergebnis eines wahren Gefühls sein soll, dann muß dies Gefühl von
dem ganzen Menschen ausgehen, alle Seelenkräfte müssen es ausdrücken.

Das Christentum kann nur aus dem Ganzen des Menschen auf=
erstehen, nicht allein aus einem neuen Gefühl, nicht allein aus einem
neuen Willen, nicht allein aus einer neuen Erkenntnis. Zu dem Schatten=
und Scheinchristentum, wie wir es gehabt, können wir nicht zurück.
Dreifach lag das Christentum verschüttet: das Geheimnis vom Reich
des Geistes war verloren, die Gefühle aus diesem Reich ohne Wärme,
die Tat, die das „Zu uns komme Dein Reich!“ suchte, ohne Wirkung.
Die Zukunft fordert dreifache Erneuerung: neue umfassende Weltge=
danken aufzunehmen, von neuem die Liebe zu entzünden, die das Leben

228

ist, allem andern voran ein neues Christentum der Tat: die unbedingte Verwirklichung seines wahren Geistes innerhalb der Evolution.

Es ist die große Forderung: jeder muß an seiner Stelle, ohne Kompromiß, das Gute gut und das Böse bös nennen, jeder muß ohne Halbheit alles ablehnen, was die Idee trüben, was die Kraft des Geistes brechen kann. Die Welt mag diesen Geist ausschließen, er wird sich in neuen geistigen Gemeinschaften stärken und von da aus die Welt überwinden. Wenn Wille und Sehnsucht immer da durchbrechen, wo die Not am größten ist, werden sie immer höherem Willen begegnen: Christus selbst sehnt sich, in dem Leib der ganzen Menschheit Wohnung zu nehmen.

Wer will sagen, wann die Menschheit zu einem solchen Radikalismus des Geistes sich durchringen wird? Der Glaube an die Macht dieses Geistes lehrt uns hoffen!

„Erlöse du, mein Herr, das Menschengeschlecht von seinen Banden, ihre innerste Empfindung sehnt sich nach dir!"

Auch die Religion der Tat geht durch Goethes ganzes Leben. Die Tat ist überall entscheidend. Am Anfang war die Tat. Des echten Mannes wahre Feier ist die Tat. Die Sehnsucht verschwindet im Tun und Wirken. Die Tat ist alles. Der Geist, aus dem wir handeln, ist das Höchste.

„Uns rührt die Erzählung jeder guten Tat, uns rührt das Anschauen jedes harmonischen Gegenstandes; wir fühlen dabei, daß wir nicht ganz in der Fremde sind, wir wähnen einer Heimat näher zu sein, nach der unser Bestes, Innerstes ungeduldig hinstrebt."

„Was hilft all das Kreuzigen und Segnen der Liebe, wenn sie nicht täti wird?"

„Es ist ein Artikel meines Glaubens, daß wir nur durch Standhaftigkeit und Treue in dem gegenwärtigen Zustande ganz allein der höheren Stufe eines folgenden wert und sie zu betreten fähig werden, es sei nun hier zeitlich oder dort ewig."

„Handle besonnen, ist die praktische Seite von: erkenne dich selbst. Beides darf weder als Gesetz noch als Forderung betrachtet werden; es ist aufgestellt wie das Schwarze der Scheibe, das man immer auf

dem Korn haben muß, wenn man es auch nicht immer trifft." Alle
seine bevorzugten Heiligen, Philipp Neri, Sankt Rochus, Makarie,
sie sind alle jeden Augenblick bereit zum Opfer, und der schönen Seele
ist bewußt Natalie als Verkörperung des aktiven Geistes der Liebe
gegenübergestellt. „Tätig zu sein ist des Menschen erste Bestimmung,
und alle Zwischenzeiten, in denen er auszuruhen geneigt ist, sollte er
anwenden, eine deutliche Erkenntnis der äußerlichen Dinge zu erlangen,
die in der Folge abermals seine Tätigkeit erleichtert."

Neri sei darin bewundernswert, wie er, unabhängigen Geistes, „auf
einen Zustand los ging, worin das Heilige mit dem Weltlichen, das
Tugendsame mit dem Alltäglichen sich vertragen sollte"

Die guten führenden Geister sprechen von den Kronen, die sich in
ewiger Stille flechten und mit Fülle die Tätigen lohnen sollen. Durch
Tat und Liebe wird die Erde erlöst:

> Die Erde wird durch Liebe frei,
> durch Taten wird sie groß.

Der Himmel aber auf Erden ist erreicht, wenn das Unbeschreibliche
getan ist! Höchste Anbetung dem Geist, der, ewig wirkend, zugleich von
Sohn und Vater Erkenntnis gibt:

> Den Sinnen zünde Lichter an,
> den Herzen frohe Mutigkeit,
> daß wir im Körper Wandelnden
> bereit zum Handeln sein, zum Kampf.

So offenbaren sich auch hier, in uns, die zwei ewigen Richtungen
des Weltwesens: stilles Schauen des Reichs, seiner tiefen Geheimnisse und Zusammenhänge, dort: eine geistige Revolution, die ganz
Tat ist, die Christus lebt, die lieber tausend Märtyrertode stirbt, als
die Halbheit zu verewigen. Die Revolution des Geistes, die über die
Welt gehen soll, wenn sie ihrer Idee getreu bleiben will, sie wird nichts
ausrichten, an der Gewalt der großen Gegenmächte der Welt werden
alle Bewegungen abprallen, wenn sie sich nicht auf ein geistiges Fundament stellt, wenn sie nicht ein tieferes Verhältnis zur einen Wahrheit findet und damit ringt, Christus zu verstehen.

Höchstes Leben besteht nur in Erkenntnis und Opfer; niemals ist Frömmigkeit Selbstzweck. „Frömmigkeit ist kein Zweck, sondern ein Mittel, um durch die reinste Gemütsruhe zur höchsten Kultur zu kommen."

Auch für diesen Pulsschlag zwischen schauender Erkenntnis und konzentriertestem Kampf um die Verwirklichung der reinen Idee im Opfer entselbstigter Tat hat Goethe die höchste Formel gegeben. In Jahrtausenden, wenn alles Historische von Goethe längst verschollen, wenn seine Gestalt längst zur Sage geworden ist, werden solche Verse noch lebendig sein; man wird in ihnen das heilige Vermächtnis eines höheren Wesens ehrfurchtsvoll für alle Zeiten bewahren und in dem, der sie einst niederschrieb, selbst einen jener guten Meister ahnen, der die Menschheit zu dem Bewußtsein dessen hinaufführt, der alles in sich trägt, in dem alles enthalten ist und alles endigt:

> Weltseele, komm, uns zu durchdringen!
> Dann mit dem Weltgeist selbst zu ringen
> wird unsrer Kräfte Hochberuf.
> Teilnehmend führen gute Geister,
> gelinde leitend, höchste Meister,
> zu dem, der alles schafft und schuf.

Nachwort

Die Vorträge, die dem Vorangehenden zugrunde liegen, wur=
den gehalten ·in Darmstadt im Februar 1919, in Heidelberg
im November 1919 und in Mannheim im März 1920. Der Wunsch
vieler Zuhörer bestimmte mich zu ihrer Veröffentlichung. Um das Buch
nicht zu sehr zu verteuern, mußte ich auf Anmerkungen und Quellen=
nachweise verzichten. Bei einer späteren umfassenderen Darstellung
soll dies nachgeholt werden.

Darmstadt, Oktober 1920   Dr. K. J. Obenauer

Inhalt

Gedruckt bei Poeschel & Trepte in Leipzig
Einbandzeichnung von Eduard Ege

Ernst Michel / Weltanschauung und Naturdeutung.
Vorlesungen über Goethes Naturanschauung. br. M 9.—

Wissenschaft war in Zeiten der Kultur: gedankliches Durchdringen der bereits —
durch Offenbarung — gegebenen Wahrheit, ruhevolles Versenken und Ausdeuten.
Sie war die Schwester der Kunst. Die neuzeitliche Wissenschaft, von ihrer
geistigen Wurzel und damit vom Wahrheitsquell gelöst, ist ein Mittel in der
Hand des Menschen, die Welt in Kraft des Wissens und seiner Organisation
extensiv zu beherrschen. Wissenschaft gibt nicht mehr Aufhellung der objektiven
Wahrheit, sondern nur noch Macht im Daseinskampf. Goethe hat als erster neu-
zeitlicher Mensch den Bund mit der objektiven heiligen Ordnung des Lebens wiederhergestellt: er hat dem in Subjektivismus ertrinkenden Europa das Geheimnis
der Gott-Natur von neuem offenbart und die entgottete Natur als göttlichen Offen-
barungsbereich in den Urphänomenen erwiesen. Goethe hat die Naturwissenschaft zu
ihrem Ursprung zurückerlebt und die Einheit von Wissen und Glauben wiederhergestellt.

Ernst Michel / Der Weg zum Mythos. Zur Wieder-
**geburt der Kunst aus dem Geist der Religion. br. M 6.—,
geb. M 11.—**

Tägliche Rundschau: Michel will uns weiterführen auf dem Wege, den die
größten deutschen Geister in den letzten zwei Menschenaltern beschritten: dem
Wege zur Überwindung der Romantik. Zwei stehen vor dem Beginn dieses Dornen-
weges klar und vollendet: Goethe und Hölderlin. Michel zeigt mit feinem
Gefühl für die Wesensart dieser Genien deutscher Religion, wie Hölderlin der
Griechengläubige zu seinem Mythos kam und uns den Weg wies zum Verständnis, zur Bereitschaft für das „Mysterium" überhaupt, sei es nun hellenisch oder
gotisch. Aber weder Hellas noch die Gotik allein können uns Erlösung schaffen
aus der Not der Gegenwart: Goethe, der Mensch, ist es, der uns Erlösung
vorgelebt hat, so wie sie uns einzig not. Er lebte „Mythos", er gestaltete sein
Erdendasein mythisch, d. h. er lebte es symbolisch, so wie es der Romantiker
(Novalis) verlangt. Die Dinge dieser Welt wurden Goethe durchsichtig, gott-
durchwirkt, und er hob damit die Spannung auf, der die Romantiker erlagen,
die Spannung zwischen Ich und Welt. Neben ausgezeichneten Klarstellungen und
Wertungen geistesgeschichtlicher Vorgänge (Gotik, Reformation, Romantik) aus
dem Geiste echter Religion scheint uns die bedeutendste Frucht dieses Buches die
Forderung zu sein, daß wahrhafte Religion eine eigene Ethik der gesamten Lebens-
führung und Geisteshaltung hervorbringen müsse, um in der Verwirklichung dieses
Ideals zum Mysterium in Leben und Kunst zu führen.

Richard Benz / Schriften zur Kulturpolitik

Diese Schriften sind entstanden aus den Bestrebungen, die der Verfasser mit einer Anzahl Gleichgesinnter im Kunst- und Kulturrat für Baden zu verwirklichen suchte. Sie enthalten einmal die Grundsätze einer Kulturpolitik, wie sie ursprünglich für jene Gemeinschaft formuliert und in den Tageszeitungen veröffentlicht wurden, zum andern die Anwendung dieser Grundsätze auf die verschiedenen geistigen Gebiete.

Ein Kulturprogramm. Die Notwendigkeit einer geistigen Verfassung. br. M 2.25

Der Kunst- und Kulturrat für Baden gründete sich nach der Revolution und war wohl die zielbewußteste Organisation der Künstler des Landes. Daß er neben der Regierung herging und nicht Hand in Hand mit ihr, ist nicht seine Schuld. Sein hier vorliegendes Programm ist ein Dokument für die Zukunft.

Über den Nutzen der Universitäten für die Volksgesamtheit und die Möglichkeit ihrer Reformation. br. M 3.—

Die Jugend unserer Zeit empfindet stärker denn je: die heutige Universität leistet keine geistig-kulturelle Erziehung und bildet nur unzulänglich zur Praxis aus. Darum gipfeln die Benzschen Vorschläge einesteils in der Gliederung der Universitäten in Akademie und Fachhochschulen, andernteils fordert er eine Einstellung auf jene Werte der Wissenschaft, aus denen dem Volke geistiger Nutzen erwächst.

Die geistigen Grundrechte d. deutschen Volkes. br. M 2.25

Die Benzsche Formulierung der Grundrechte lag der Nationalversammlung vor, sie blieb stumm. Benz wendet sich jetzt an die Öffentlichkeit und fordert: Das Recht der Volksgesamtheit auf Kunst und Kultur. Das Recht der Kunst und Wissenschaft auf Selbstverwaltung. Das Recht des geistig Schaffenden auf Schutz und Fürsorge. Das Recht des Kunstwerks auf Schutz vor Mißbrauch.

Das Problem der Volkshochschule. br. M 4.—

Unsere heutige Volkshochschulbildung erschöpft sich in unterrichtender Fachbildung und in Charakterbildung (dänische Volkshochschule). Ihr stellt Benz die Volkshochschule des geistigen Erlebnisses gegenüber, das zu gewinnen ist aus der eigenen geistigen Überlieferung. Also Lehrer deutschen Geistes und deutscher Kunst durch Erlebnis des geistigen Bildungsstoffes. Kein Ableger der Universität, sondern Gegenuniversität.

Heinrich Sachs / Entwurf einer Kunstschule. br. M 2.50

Fußend auf der Forderung des geistigen Erlebnisses in der Kunst und auf dem Vorbild der deutschen Gotik und deutschen Musik verlangt der Verfasser die Umformung der Kunstschule in eine Bauhütte. Will die Kunst Leben und Welt im Werk gestalten, so muß sie aus dem Leben und dem Handwerk herauswachsen.

R. Benz / Grundlagen der deutschen Bildung. br. M 10.—

Die Vorlesungen zeichnen — im Anschluß an des Verfassers Blätter für deutsche Art und Kunst — den Grundriß einer deutschen Kultur, indem sie die gewonnenen Einsichten in die Gesetze deutscher Kunst und Sprache auf die Formen der Arbeit, der Wirtschaft, des Rechts und der Sitte anzuwenden suchen. Gegenüber dem materialistischen Intellektualismus des Westens und dem religiös-moralischen Fanatismus des Ostens wird als die Mission des Deutschen die geistig-künstlerische Erfassung und Bewertung der Welt aufgestellt.